郊外を片づける

住宅はこのまま滅びるのか

野沢正光

新建新聞社

発刊にあたって

数年前より野沢正光が執筆をしていたテキストを一冊にまとめました。著者である野沢は2023年に逝去したため、残した言葉や意図がそのまま伝わるよう文章にはあまり手を加えておりません。野沢は、無秩序に開発され住宅だけが集まっている郊外住宅地の今後を気にかけていました。自宅が相模原市にあるため、ここで語られていることは郊外で暮らす自身の経験に基づいたものと言えます。「片づける」という表現は、執筆当初からキーワードとしてたびたび使われています。今あるものを否定するだけではなく、認めつつ工夫をしてよりよくしていくという意味を含んでおり、野沢の建築家としての姿勢が端的に表れた一言だと思います。

野沢正光建築工房

序文

私は、自らが建築の設計を生業としながら、同業の建設業、不動産業のふるまいが気になる。いっぽうで都心での大手のデベロッパーが手掛ける大規模再開発を見上げながらこれは違うと思い、もういっぽうで郊外での今やハウスメーカーをしのぐ勢いのパワービルダーグループがイナゴの大量発生のごとく狭小な住宅を稠密なかたまりとし短期につくり売る風景に違和感以上の失望を覚える。

こうしたふたつの対比的な風景の同時進行と存在は、現在の東京の姿を象徴的に映し出すものであるのだろう。そしてその背後にネオ・リベラリズムの経済原理とその美学が暗躍しているのだろうとも考える。

ふたつの対比的な風景が、いずれも同業の設計者、建築家が関与して生み出される現実を目の当たりにしてユーウツな気分に陥るのは私だけではないだろう。建築、都市の設計を支える規範や倫理がもっと大きな力の野望によって、単なる手段や道具と化し、視野の狭い設計になっているのではないか。

その中でひとりの建築家の行為がいかにもささやかなこと、そして我々の後に続く若き有能な建築家の仕事がいかにも内向きなものになっているのではないかという、うっすらとした思いが交錯する。

住宅地、特に郊外住宅地のこれからについて危惧がある。ある時期まで建築家の仕事の中に都市全体にかかわる視点は必然的に含まれるものであった。少なくとも私が大学で学んでいたころには、建築家のプロジェクトはおのずから都市をその視野に入れたものであった。つまり広域なエリアを考えることとひとつの建築を考えることを等価に考えることを何の疑いもなく引き受けていた。それが建築設計の規範や信頼の一部を形成してきたと思う。

そうした時代に、私が師事した大高正人の仕事においては彼が福島の出身であることによる出自の故か、農村を考えることをも仕事の中に含めたのであった。農村を考えつつ建築を作ることは、都市を考え、都市の中の建築を作ることと大きく異なる。都市と建築には一定の親和性があるといっていい。

私が今、特に懸念するエリア、郊外はついこの前まで農村、田園の風景がそこにあった場所のはずである。イザベラ・バードが称えた日本の風景、その残像が田園そしてその周辺を縁取る雑木林にはあるはずである。であるからこそ、大高正人はどの建築家よりも注意深く農村の建築を考え、田園を主題にしてきたのであった。私もその思考のいくばくかを踏襲したい。それは私自身が東京郊外国分寺に育ったからでもある。人口膨張の時代、郊外は拡張し続けた。しかし人口減少が極端に進むこれからの定常化社会を迎え、郊外は拡張から縮減に向かわざるをえなくなる。特に郊外住宅地に縮減が顕著であろうことに疑いはない。私は縮減はピンチでもあるがチャンスでもあるのではないかと考える。スラムと化した空き家、廃屋が放置された絶望的な風景を思えばそれは危機でもあるが、再びこの国土独自の豊かな自然景観が復活する可能性をそこに思えば千載一遇のチャンスであろう。人口の減少期にあって、すでに有り余る既存住宅はいかに活用されようか。いまある住宅地は再編可能か、よりよい居住のかたちはどこにあるのか。求められる再生可能社会の住宅、住宅地、特に郊外住宅地はどのような形で生き残るのか。こうした郊外地の火急な命題に取り組んでこそ、縮減をチャンスに変え、その先に豊かな自然景観の復活が展望されるのではないか。

これからの人口減少がきわめて急激であることはほぼ確かだ。人口が減ることとは必ずしも嘆くこととは言えないと思うが、人口が縮減したのちの社会像をそろそろ描きながら住宅、住宅地を考える必要はある。特に郊外住宅地を考えることが喫緊のテーマとなっているのではないか。郊外の住宅地を考え、その対応策を模索し、提示することが本書の主な趣旨である。

郊外住宅地は、空き家化による荒廃とパワービルダーによる狭小住宅の侵攻とが寒ざむと拮抗し合っている。このままで郊外住宅地は良い方向に行くのだろうか。きわめて危うい。このままだと滅びかねないのではないか。廃墟のあふれる人影のない荒廃した郊外住宅地の風景、その幻視が私にはある。

東京について言えば一世紀の間に巨大な破壊が二度あった。震災と戦災である。住宅を応急住宅のように短期的寿命とする習慣はこの100年の歴史を根拠とするのかもしれないと思う。しかし今日に至り、それはあまりにも矛盾に満ちた習慣ではないのだろうか。私はそう思うのである。

であればこそ、持続できる住宅と住宅地の回復と創出のために、まずは「郊外」を片づける視点を明確にし、各世代が住宅の価値観を共有し、豊かな住宅資源を継承し、住宅ローンの苛酷な負担から共同して逃れ、暮らしを楽しむ「生活文化」、「住宅文化」をこれから根付かせてゆかねばならないのではないか。それは、実は少なくとも戦後の日本にあって、私たちの先輩の建築家の多くが挑戦してきたテーマなのでもあったと私は考える。その志を私たちは受け継がねばなるまい。そのためにも、今、住宅を建てようとする人はその責任を担うことが求められていることにも気づいてほしい。私の「郊外を片づける」取り組みは、多くの人たちの試みと連帯しながら進めてゆくことになる。

2018年4月　野沢正光

目次

1

住宅は個人のものだろうか

1-1 風景への疑問

中央自動車道を西に向かって走ると、やがて広大な関東平野が終わり奥多摩の山々に入る。あるとき、この山々のかなり上に至るまで住宅地開発が進行し、いくつもの住宅群がそこに張り付くそれまでと異なる光景に出会った。それを目のあたりにした日の驚きを今も印象深く記憶している。それはバブルの頃、90年代初めのことであった。当時、土地価格は異常なほど急騰した。宅地開発は広大な関東平野をすでに覆い尽くしていたから、その結果、奥多摩の山にまで至ることとなったのであろう。もちろんそれよりだいぶ以前に、すでに新幹線から見る東海道メガロポリスと呼ばれる平地のほとんどは住宅で埋め尽くされていた。

その風景、山に登る住宅群に出会った時、直前のブラジル旅行中あちこちで遭遇した不法占拠のまち「ファベーラ」を眼前にした時の驚きを唐突に思い出した。それによりこの記憶は私の中でより消し難いものになったのだろうと思う。もちろん、ファベーラはブラジルの話であり、国政選挙の期間などいわば「お上《かみ》」が忙しい警備の手薄な時を狙って一気に行われる不法占拠である。家のない人々が一夜にして他人の土地、多くは都市郊外の山地にバラバラとバラックを建て占拠し住み着く。もちろん最初から、水道電気などインフラが整う

斜面地を覆うように建つ東京郊外の住宅群

ブラジルの「ファベーラ」と呼ばれる不法占拠地域（写真©南条洋雄）

わけはない。不衛生、不法なエリアである。そしてそれがいつの間にか恒久のまちと化す。インフラも行政が仕方なく最低限の整備をする。人々の多くがそこに住む以上、行政はそうするしかないからだ。ブラジルの大都市周辺の山々はこうしたバラックがあふれ、少なくとも私が訪れた頃そこは警察権力も立ち入らない無法地帯として恐れられてもいたようだ。

東京郊外のケースはもちろんファベーラとは違っている。こちらは少なくとも計画的であり、手続きも至って合法ではある。だが、果たしてこのまちに住む人々は、個人の意思でこの山の上に住みたいと思ってここに住宅をつくったのだろうか。そうではないはずだ。「ハーメルンの笛吹き男」のように誘導する何者か（いわゆるディベロッパー）がいた結果、住民たちは従順にもここに家を買い住むことになったと、私はそう思うのである。彼ら「笛吹き男」の意図による結果、住宅地は山の上に登っていったということではないか。その結果、遠目にはファベーラとさほど違わない風景がここに現れているのではないかと。

いや、むしろファベーラのほうが、実は不法ではあるが「笛吹き男」のいない自発の行動であるだけ、より面白いものに見えたりもするのではないだろうか。私はそう考えた。「笛吹き男」、それは言うまでもなく経済至上主義、金融優先というこの国のおかしなシステムと、その先兵としてのディベロッパーのことである。

さらに思う。日本の国土の大部分は森林であり、緑豊かな国である。この美しい風景をつくる森林を開発し、山間地にまで住宅地が浸食したのである。余談であるが、太田猛彦さんの著書『森林飽和　国土の変貌を考える』［＊1］によると、私たちが知る山野を豊かに覆う緑は近世から戦後にかけて今よりも乏しく、森林の劣化や荒廃が進んでいたという。当時の里山は燃料や材料を供給する基地であり、山村近傍の山々は人々の生存のための木材伐採によりハゲ山であったというのだ。そこは今私たちが雑木林と呼ぶ森である。何のことはない長く薪炭を熱源としていた社会、そこから石炭石油にエネルギー源が急速に変わる。その結果として放置された山野は繁茂し縄文期以前の風景を取り戻したと言えるのかもしれないのだ。読みながらなるほどと納得したことを印象深く記憶する。山村近傍の新しい森が、急速な住宅地化により再びハゲ山と化したのだ。

この時の平地はどのような状況であったのだろう。本来、平地は田園だったはずであろう。そしてその一部に集落が穏やかに存在していたはずである。たどればその風景の名残はあちこちに確認できるのではないか。しかし、そこはすでにほぼ住宅で埋め尽くされていた。都市周辺の平地で農地が急速に消滅し、

＊1――『森林飽和　国土の変貌を考える』太田猛彦著　NHKブックス　NHK出版　2012年刊

住宅地化が急速に進んだのだ。いまや東海道新幹線の車窓風景に住宅が途切れることはない。

拡散した郊外、そこに建つ住宅、その大部分は戦後急速に拡大した、いわゆるハウスメーカーや大中小さまざまな不動産業者の手によるものだ。この国独自の住宅地拡散の景観はこのようにつくられたし、今もなおつくり続けられている。

1―2 右肩上がりのスクラップ・アンド・ビルド

戦後、日本の住宅地は激しく消長を繰り返す。住宅は、築後数十年を経ずに解体される。そして再びそこに新しい住宅が建設される［図1・2］。それを繰り返すことに誰も疑問をもつことはない。しかし、これは決してこの国の長き伝統であるはずはない。戦後につくられたたかだか数十年の「習慣」であろう。過去、私たちの祖先が各世代ごとに住宅をつくるほどの富を持っていたとは到底考えられないからだ。そしてそれによる結果は世界的に見ても非常に珍しい光景であると一度冷静に考えるべきであろう。この国の住宅地の景観の特異さはファベーラと肩を並べる異常なものと言えるのではないかと。

日本の戦後70年間の累計住宅建設戸数は約7500万戸、今日住宅寿命は30年ほど（国交省の住宅経済データ集［図3］によると38・2年）という。スクラップ・

［図1］戦後の住宅着工数の推移

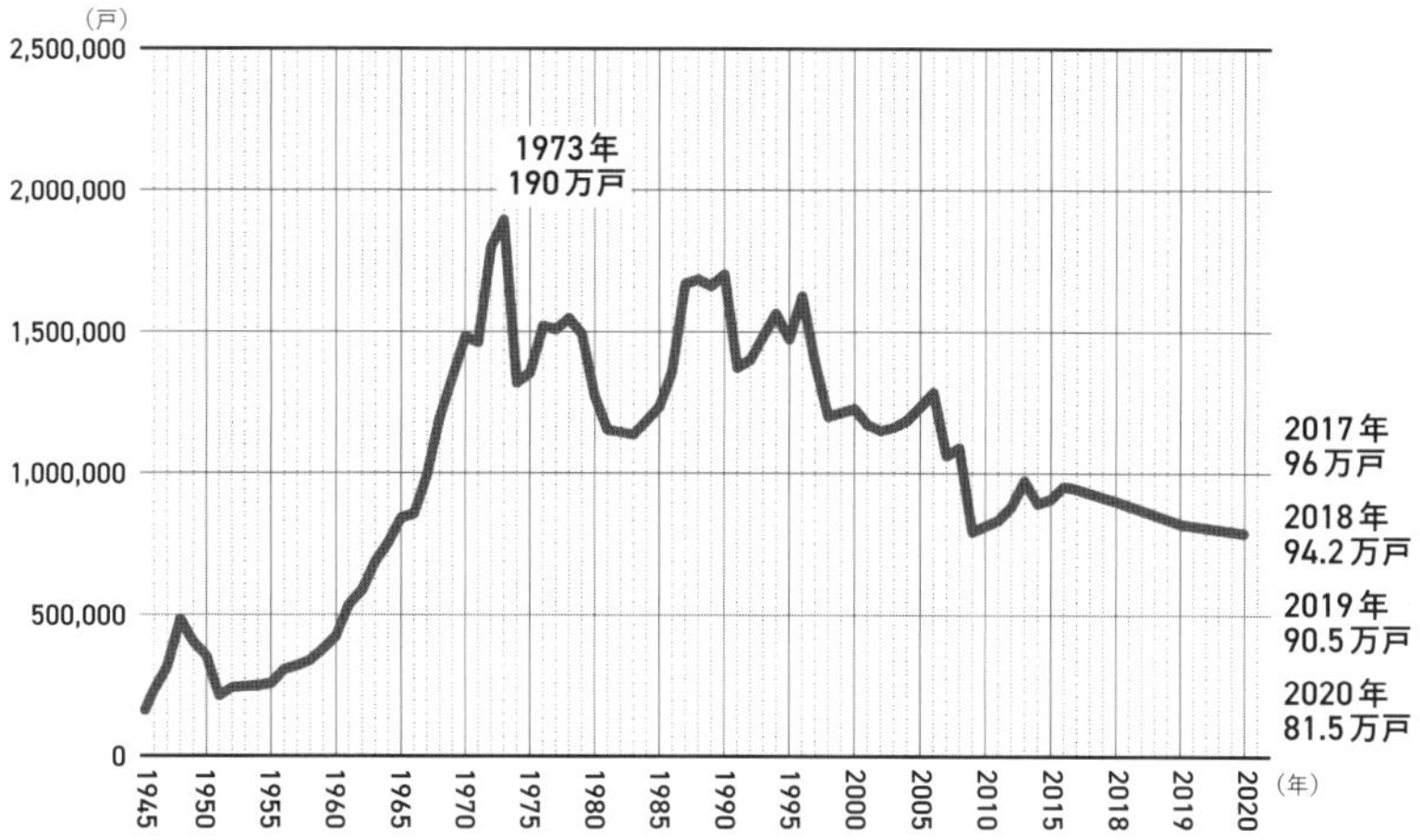

国土交通省「建築着工統計調査」より作成

［図2］住宅ストックと新築住宅累計着工数の推移

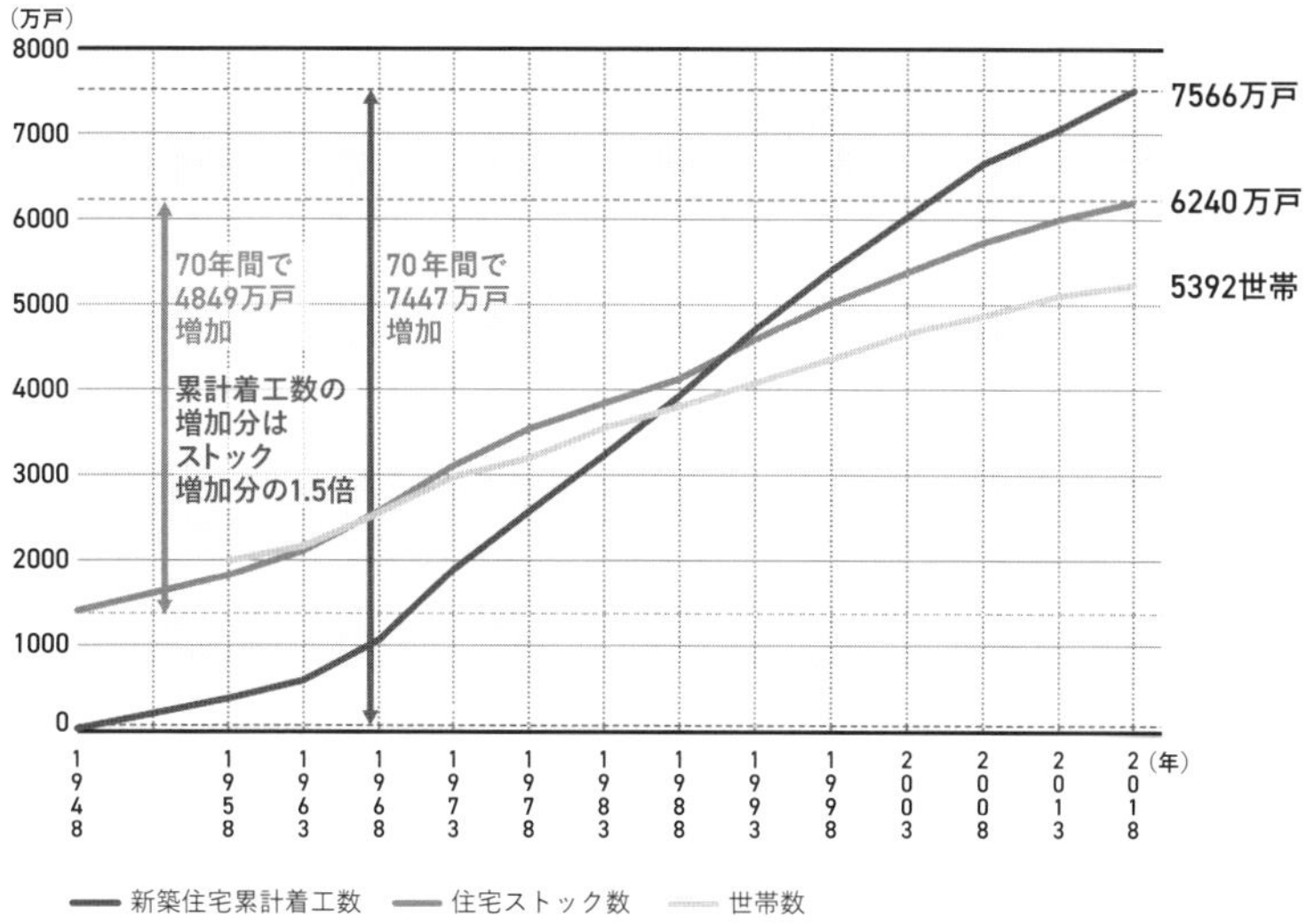

国土交通省「建築着工統計調査」、総務省「住宅・土地統計調査」より作成

アンド・ビルドは、終戦直後の住宅がバラックと言っていいほどの粗末さで建て替えが必然であったことをその出発点とするのであろう。そしてその後の経済成長がそれを加速、極端な人口増加もそれを後押しする。1970年代は年間住宅着工戸数は200万戸に迫ることさえあった。

右肩上がりの社会の中で都市はスプロールし、田園を市街地とさせてきたが、ご存じの通り今日に至り都市の人口は急激に減り始め、市街地が空洞化している。今後2060年までに人口は4分の3に減少し、約9300万人まで激減するという予測がある［＊2］。ピーク時（2008年）の人口1億2808万人の7割だ（ピークの1／2になるのは2090年ごろとされる）。結果、今日から15年後の2035年頃には、空き家率が30％になると予測（野村総合研究所）もされる［図4］。これはすでに始まっていることであり遠い将来のことではない［図5］。現状の空き家の総数は846万戸、全戸数の13・6％にも及ぶ。その状況でなおつくり続ける、なおスクラップ・アンド・ビルドを繰り返すことの愚かさ、そしてそのことの「もったいなさ」に私たちは気づかなければなるまい。後世、とはいっても直近の将来の人々に、大量の空き家や廃墟を残したままでは、「何をしてくれたのか」と次世代が思うのは当然のことではないか。こんな廃墟のような風景をつくったまま我々世代がいなくなる、それはいかにも無責任

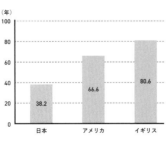

［図3］滅失住宅の平均築後年数の国際比較

国土交通省住宅局住宅政策課「2018年度版 住宅経済データ集」より作成

日本：総務省「平成25年、平成30年住宅・土地統計調査」（データ：2013年、2018年）
アメリカ：U.S.Census Bureau「American Housing Survey 2003、2009」（データ：2003年、2009年）
イギリス（イングランド）：Communities and Local Government「2001/02、2007/08 Survey of English Housing」（データ：2001年、2007年）より国土交通省推計

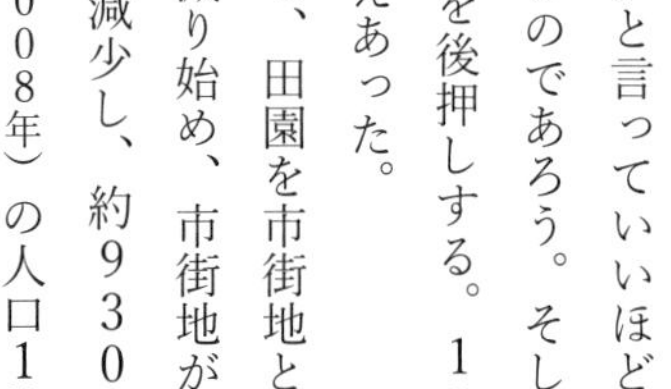

＊2——日本の将来推計人口
国立社会保障・人口問題研究所 日本の将来推計人口（平成29年度推計）死亡中位仮定・出生中位推計

［図4］総住宅数、空き家および空き家率の実績と予測結果

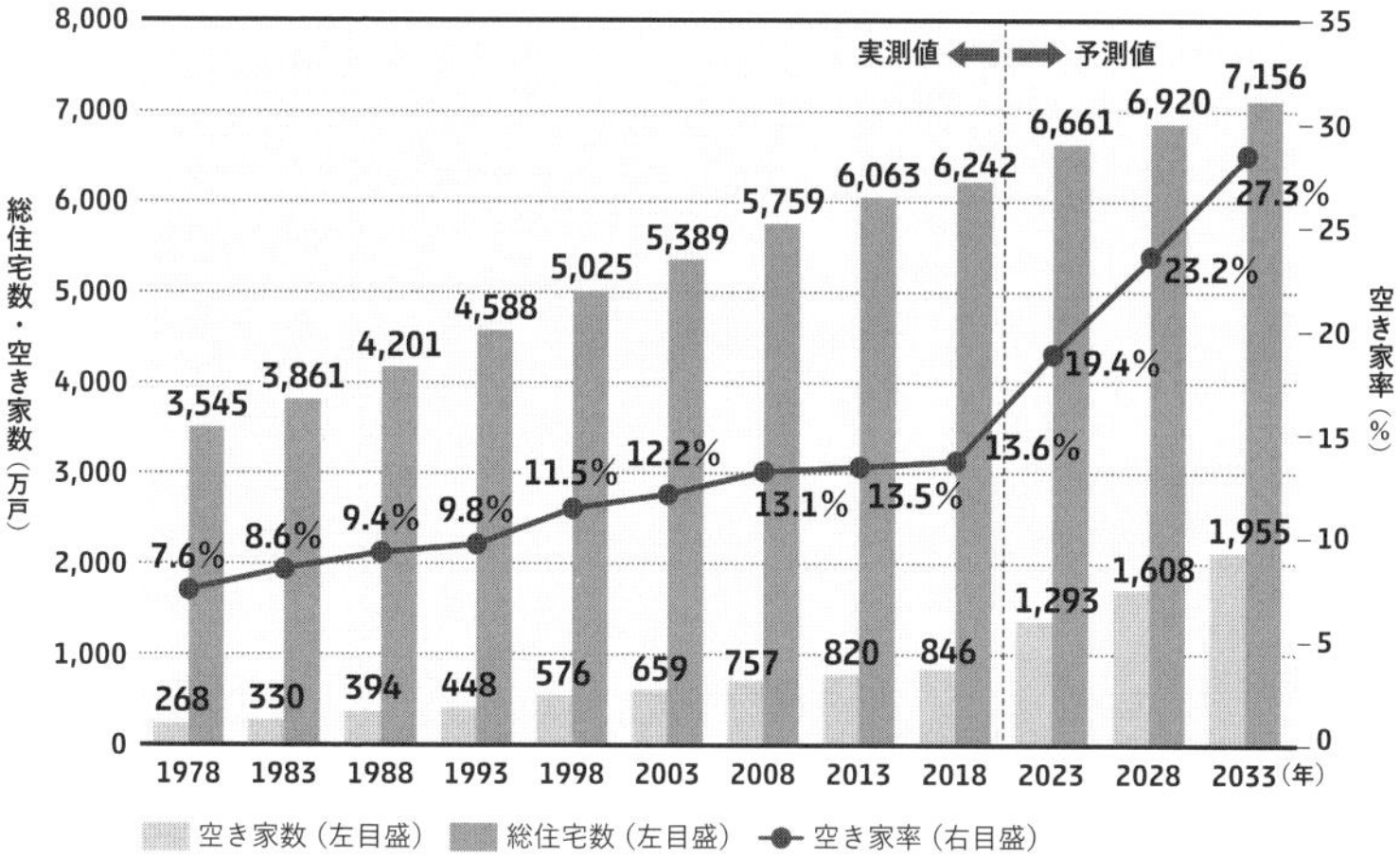

野村総合研究所（NRI）「総住宅数・空き家数・空き家率の実績と予測」2019年6月版をもとに作成
出所）実績値：総務省「住宅・土地統計調査」　予測値：NRI

［図5］高齢化の推移と将来推計

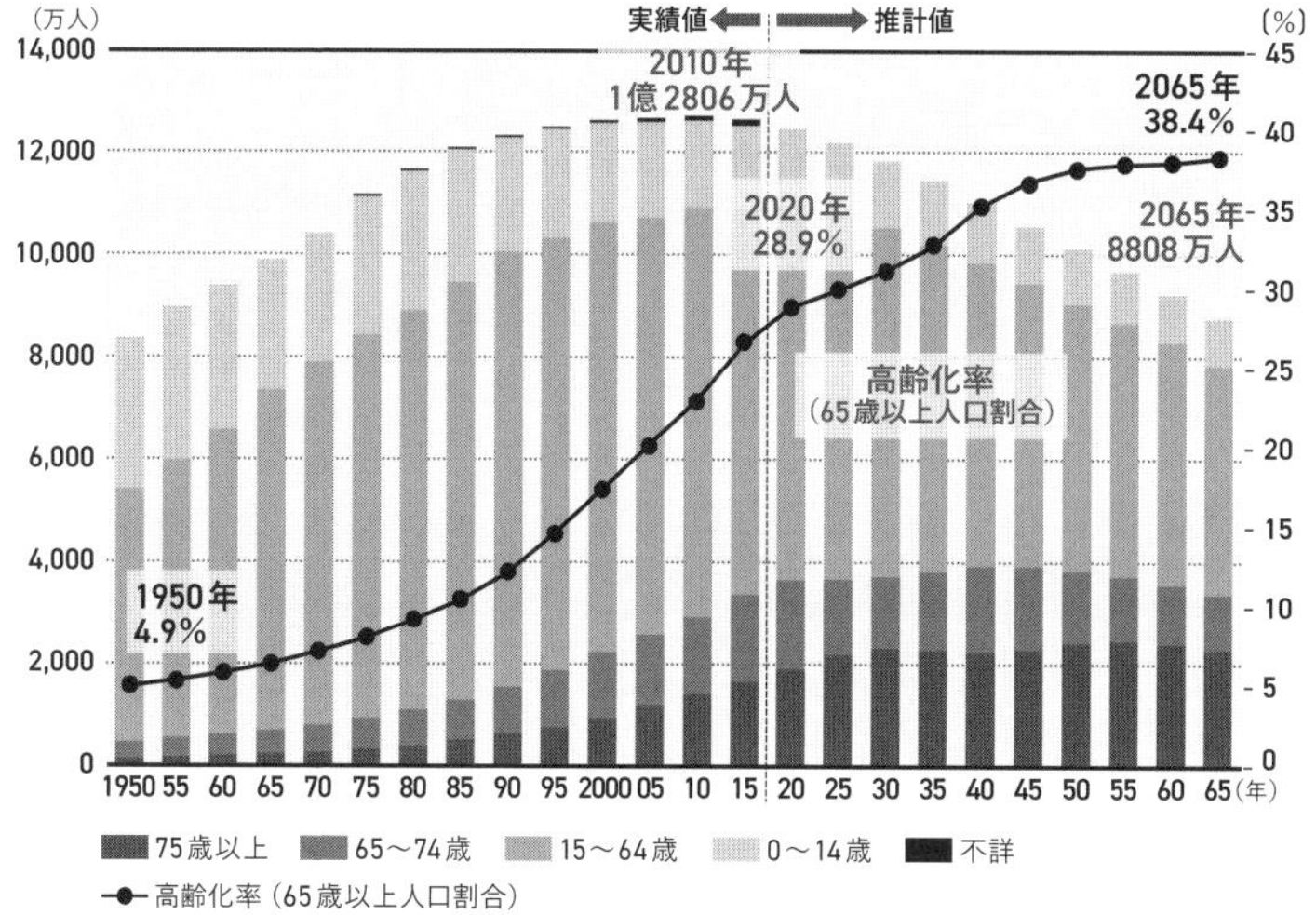

内閣府「高齢化の推移と将来推計」より作成

だと言えないだろうか。今日の制度や習慣、つまり、ひとりひとりの「私」による住宅生産の結果に現れるであろう無数の空き家や廃墟、そしてそれらがつくり出すであろう荒廃した風景、これを片づけるのはひとりひとりの「私」「私たち」によるよりほかに方策はないはずなのである。

戦後の住宅不足の末にいつの間にか、私たちは「私」による自身の家の建設と破壊を繰り返したために住宅は毎世代ごとにつくられてきた。習慣となった持ち家制度、誰もが抱えることを不思議と考えることのない35年の住宅ローン、それにより、果たして私たちの暮らしは豊かになってきたのであろうか。それを考え直す時であろう。むしろその逆ではなかったのかと。

短いサイクルでの住宅消費、スクラップ・アンド・ビルドは経済に大きな貢献を果たす。しかし、それは私たちに過大な経済的負担をもたらすものであることは言うまでもない。しかもこの巨大な建設投資が大きな環境的な負荷となることも容易に想像がつく。木造住宅1棟分の廃棄物の重量は約48tにもなる［図6］。これを30年で償却し除却すると考えれば、木造であっても30年の間1日当たり4・4kgの廃棄物を出し続けた計算になる。

生産から解体までの経済的負荷をライフサイクルコスト（LCC）、その間のトータルのCO_2発生量をライフサイクルCO_2（$LCCO_2$）と言う。住宅にも

［図6］住宅の解体工事に伴う建設廃棄物の発生量と品目別の割合

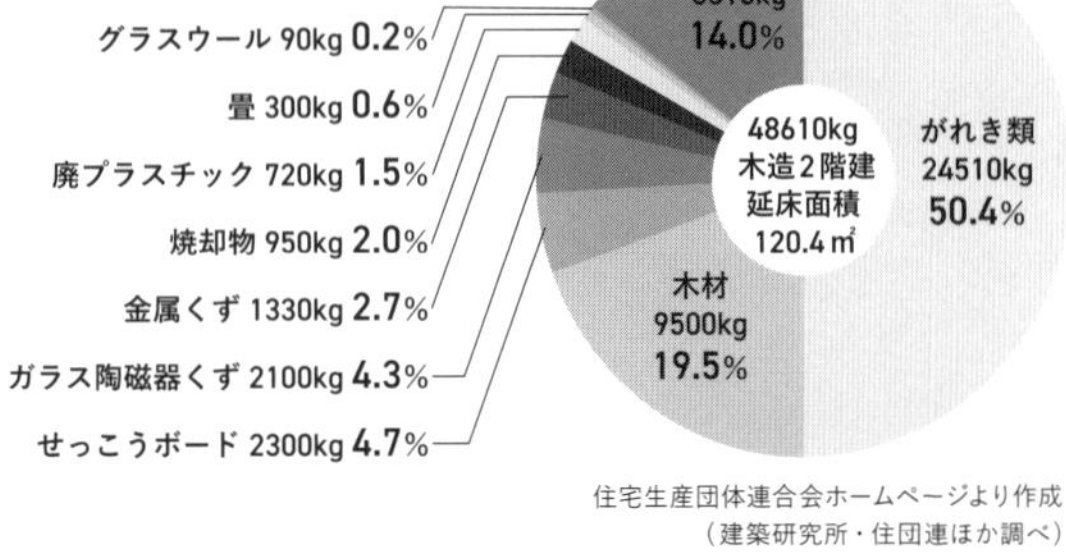

住宅生産団体連合会ホームページより作成
（建築研究所・住団連ほか調べ）

もちろんこれは当てはまる。つまり住宅の経済的負荷、発生するCO_2の総和は建設時、使用時、解体時のそれの和である。「建設時」と「解体時」のCO_2なりコストはほぼ一定である。そう考えれば、LCCなりLCCO_2を削減するには「使用時」を極力長くする、これ以外に住宅が環境的な貢献をする術はない。

1－3 世代ごとの住宅は必要なのか

世界の歴史をふり返ると、私たちの過去を含めあらゆる社会で住宅は社会財として存在している。簡単に言えば住宅は人の寿命をはるかに超えて存在するものという合意、認識、習慣である。その社会では、個人が「私」の意思で建築家に設計を依頼し、個人で住宅をつくることは一部の特殊な人々、例えば上流階級の人々のみの習慣であったと考えてよいだろう。住宅は社会のものというのが習慣である。社会、公が住宅、比較的弱者のためのそれを建設することを任務とするのは、産業革命以降の都市の必須の課題であった。例えばウィーンは、「赤いウィーン」といわれた時代を経て今もなおその名残がある。住宅の建設はもちろん公共によってコントロールされる。市の都市計画を担う部署が中心となり、パブリックコメントなどにより市民の意向を得ながら繰り返し計画をつくる［図7］。そしてそれに沿い民間のディベロッパーや建築家が参加し、エリアをどうすべきか、都市計画的配慮をしつつ住宅地住宅群をつくる。私が見聞したケースは工場の撤退した跡地に住宅群を計画するというものだったが、全戸数の30％は社会住宅（Public Housing／低家賃住宅）の建設を義務付け、ここに数十カ国の国籍の人々の入居が予定されているという。

ドイツ郊外で見た事例も面白い。ここでは地域により策定された狭小住宅を避けるための施策があり、住宅は比較的大きな敷地に長屋型を標準として建てられていた。こうした事例は敷地の小割化によりスラム化し、その結果として風景が荒れることを防止しようとしているのだ。「私」に任さない、「公」と「共」がともに都市、住宅をコントロールし調整する姿である。

ここで私の言う「共」とは「公」と「私」の間にあるもの、責任あるたくさんの「私」の「自発」が「公」を代行する。そんなイメージである。

とくに今日の日本では、住宅地、住宅の建設と開発は過去につくられた一部の公営住宅や公団住宅などの公的賃貸住宅を除いて「公」または「共」の及ばないものとなっていると言っていいのではないか。住宅はまったく「私」的なものとされ、その供給は株式会社、不動産業者、ディベロッパーの手によるのだ。「共」の出番はほぼなく「公」は本来の役割を放擲《ほうてき》し規制を緩めるばかり

［図7］所有関係別住宅ストック数の国際比較（単位：千戸）

	総計	持家	借家				
				民営借家	公的借家		
						公的借家Ⅰ	公的借家Ⅱ
アメリカ（2015）	100.0%	62.8%	37.2%	32.5%	4.7%	1.7%	3.0%
	118,290	74,299	43,991	38,432	5,559	2,069	3,490
イギリス（2015）	100.0%	63.7%	36.3%	19.0%	17.3%	7.1%	10.3%
	22,456	14,296	8,152	4,264	3,888	1,594	2,302
ドイツ（2010）	100.0%	45.7%	54.3%	-	-	-	-
	36,089	16,494	19,595	-	-	-	-
フランス（2013）	100.0%	57.9%	37.1%	20.7%	16.4%	-	-
	28,060	16,250	10,419	5,812	4,607	-	-
日本（2018）	100.0%	61.2%	35.6%	28.5%	3.6%	3.6%	1.4%
	53,616	32,802	19,065	15,295	1,922	1,922	747

※公的借家……各国統計におけるいわゆる「公的借家」の数であり、原則として公的主体が所有・管理する借家をいう。なお、「公的主体」の範囲は、通常、地方公共団体、公益法人であるが、ドイツ、フランスの場合は組合、株式会社も含まれている。
・アメリカ……Ⅰ＝公共住宅、Ⅱ＝連邦（家賃）助成住宅 資料）2015 American Housing Survey 2013
・イギリス……Ⅰ＝公営住宅、Ⅱ＝住宅協会 資料）English Housing Survey Statistical data sets
・ドイツ……資料）Statistisches Bundesamt, Statistisches Jahrbuch Deutschland und Internationales 2012
・フランス……統計にその他を含む 資料）Insee, enquiete logement 2013
・日本……Ⅰ＝公営住宅、Ⅱ＝都市再生機構・公社の借家 資料）総務省「平成25年住宅・土地統計調査」
※日本の統計には所有関係不詳を含む。日本の借家は給与住宅も含む。

国土交通省住宅局住宅政策課「2020年度版　住宅経済データ集」より作成

［参考］住宅価格の年収倍率（欧米主要国）

	単位	新築住宅価格（A）	世帯年収（B）	（A/B）倍
アメリカ（2017）	ドル	343,300	60,336	5.69
イギリス（2016）	ポンド	236,000	41,545	5.68
ドイツ（2006）	ユーロ	145,688	41,868	3.48
日本（2018）	万円	4,759	729	6.53

国土交通省住宅局住宅政策課「2020年度版　住宅経済データ集」より作成

に見える。結果、都市計画的規模をもち、「公」または「共」の関わるべきはずの大型の集合住宅開発、再開発事業の多くは営利を優先し、環境を無視するかたちで行われることとなり、郊外の戸建て住宅エリアにおいては買い手の経済的理由、売り手の相続などの事情、そこに関わる大小の不動産業者たちの思惑により宅地は小割化し、住宅が建て込むこととなる。結果、郊外は混沌とした深刻な景観を呈していると私は考える。先に記したように無計画な開発を尽くした郊外エリアは田園エリアを超え、その向こうの山林を侵食し山の上にまで登ったということではないか。

そうした拡散の結果が今日の郊外住宅地であり、国土の風景なのだ。戦後の人口増、経済成長の時代には都市の拡張にも一理あった。しかしこうした動きはとっくに終息しているはずではないのか。それなのに人口急増を根拠とする過去の産業構造は減速することなく、むしろ賞味期限切れの産業構造そのものが生き残るために猛烈にもがき、加速度を増し、今も駆動し続けている。農地山林のコントロールが効かない宅地化は、豊かであったはずの風景そのものを破壊している。郊外住宅の浸食、変転は今も続いている。大量の空き家の存在が顕在化した今に至っても。

建て替えのたびに住宅地は買い手の懐に合わせて細分化される。「私」によ

田園地帯に建ち並ぶサブリースの賃貸アパート（朝日新聞「負動産時代」2018年7月28日）（写真提供：朝日新聞社）

ウィーンの歴史的公営住宅

る住宅生産は土地の買手の経済力を基準に改変がなされる。狭小化により郊外住宅地の風景はさらに荒れていく、さらにそれは先に述べたように住宅地以外のエリアに飛び火し、農村、山野の風景を破壊する。この大きな社会問題の背景にある、「笛吹き男」の正体、仕組み、愚かさを確認したい。さらにそのことに私たちに何ができるのか、またひとりひとりの市民が、つまり我々の住宅や暮らし方を考え直すことで、いかに日本の風景を再び豊かなものにしていくことが可能かを考えたい。縮退が眼前の今、ついに郊外を片づけ整える仕組みが求められる時である。

都心部や都市近郊では戦前戦後初期につくられた豊かな住宅地があった。にも関わらず、狭小化が進行する。ここから、都市化によってスプロールしていった郊外の住宅地の狭小化、すなわち劣化しているさまざまな要因を整理して考えてみるとしよう。

2

住宅が滅びる根拠

2-1 相続と耐用年数が住宅寿命を短くしている

住宅地の劣化が起きるその直接の原因は、住宅寿命が短命であることだ。そして、「相続」が住宅寿命を短命にしていると私は考えている。相続により、土地取引が起こる。その際、住宅ローンに見合った宅地面積に土地が細分化され、住宅の狭小化が進むことになる。

現在運用されているかたちで相続が法律として定められたのは民法が改正された戦後であり、個人が所有する土地や住宅は多くの場合、一世代ごとに何らかのかたちで相続の対象となっている。30代で家を建て、その人の命が終わる50年後、多くの係累つまり相続人にとっては土地を現金化する必要に迫られる。その結果、住宅地の多くは更地にせざるを得ない。本来の寿命の半分を過ぎたほどの住宅は、あわれ解体の憂き目に遭う。運よく遺産分割による細分化にさらされることなく相続人に丸ごと引き取られるケースもないことではない。それは基礎控除から外れて相続税の支払いが発生した場合でも、相続税の軽減、遺族が住み続ける住宅への優遇や救済措置もないわけではないからだ。しかし、相続人への遺産分配や相続税の支払いに起因する土地の金融化が世代ごとの土地取引を誘導し、結果住宅寿命を決めているということは間違いないのである。

さらに、住宅が減価償却資産であることも住宅寿命の短命化の原因である。

［参考］全国と東京の持家比率

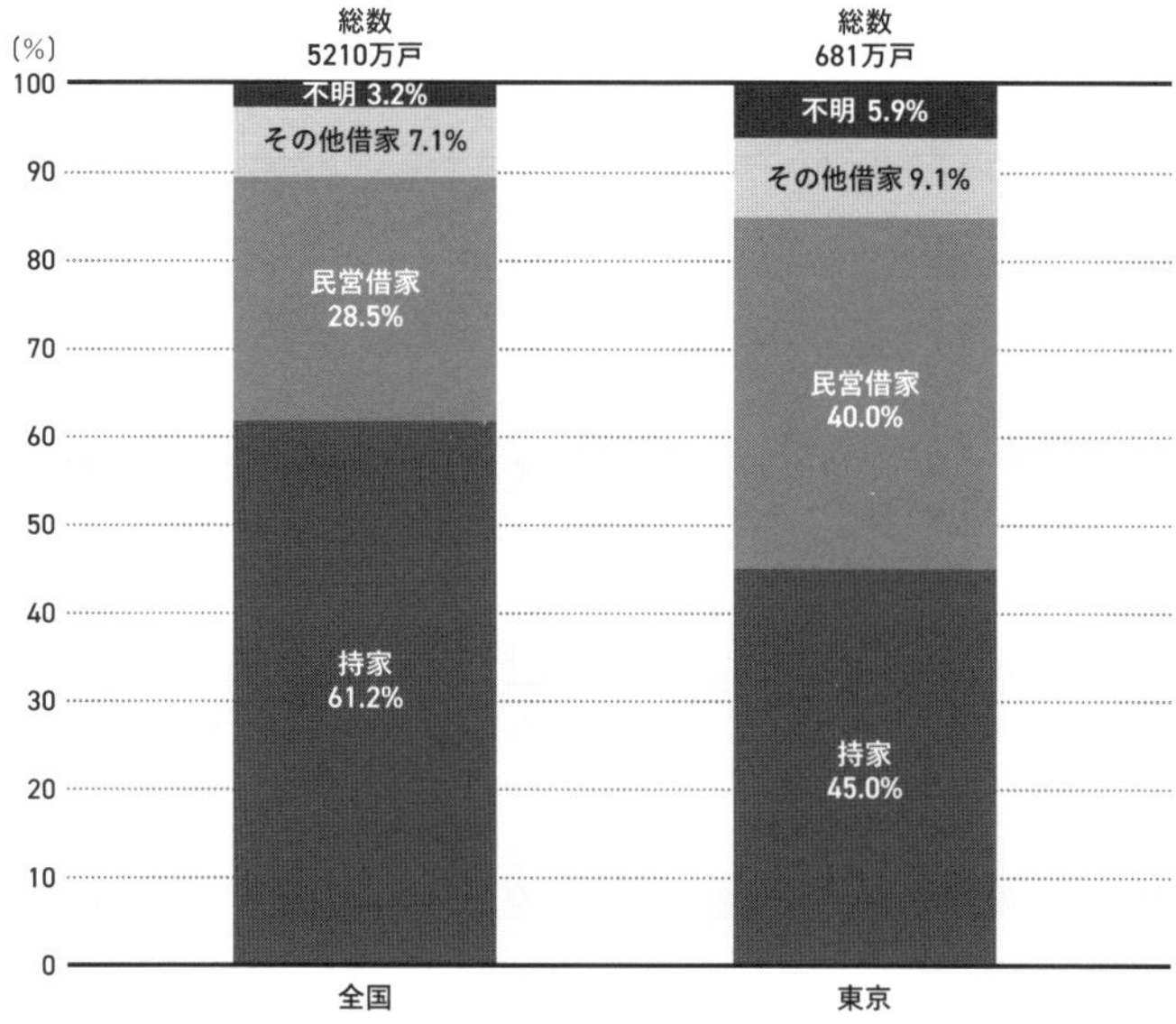

※その他借家とは、公営の借家、都市再生機構（UR）・公社の借家、給与住宅を合わせたもの
総務省統計局「平成30年　住宅・土地統計調査」より作成

［図1］国税庁の示す耐用年数

構造・用途	細目	耐用年数
木造・合成樹脂造のもの	店舗用・住宅用のもの	22年
木骨モルタル造のもの	店舗用・住宅用のもの	20年
鉄骨鉄筋コンクリート造・鉄筋コンクリート造のもの	住宅用のもの	47年
鉄骨造のもの	店舗用・住宅用のもの	
	骨格材の肉厚が	
	4mmを超えるもの	34年
	3mmを超え、4mm以下のもの	27年
	3mm以下のもの	19年

国税庁ホームページ「主な減価償却資産の耐用年数（建物／建物附属設備）」より作成

一般に不動産業界では土地取引の際、建築物がそこにあると撤去費用が土地代から減額される。減価償却を終えると建物の価値はゼロになるからだ。土地取引に不要とみなされれば、たとえそれが新築直後の真新しいものであっても取り壊されてしまう。そのため、相続が発生して土地が他者に受け渡されることになると、多くのケースで住宅の解体が前提となるのである。建物がまだ使えるのに土地以外に価値なしとはなんとおかしな話ではないか。

住宅寿命の短命化の原因は、財務省の定める「耐用年数」にもある［図1］。耐用年数は、住宅の場合木造なら22年、鉄筋コンクリートなら47年である。税法上建築はこの年数を経た後、減価償却され、価値がゼロになるのである。よく考えてほしい。本来はここからが建築物の使い勝手のよい時間が現れる、と考えるのが当然ではないか。減価はゼロになるのであり、この建築は「フロー」から免れ本来の意味での「ストック」として存在するのだ。耐用年数についてまとめられている財務省のホームページを見ると、「減価償却資産の耐用年数」とある。多くの人々がこれを「物理的耐用年数」と混同し誤解を生んでいることが容易に想像されよう。そしてこれを開発業者らの意図的な誤用さえ生んでいるのではないかと私は勘ぐり、指摘せざるを得ない。この意図的な誤用による消費者の勘違いは、まったく反転する意味をもつことになる。つまり、住宅

［参考］ストック戸数をフロー戸数で除した値（年）の国際比較

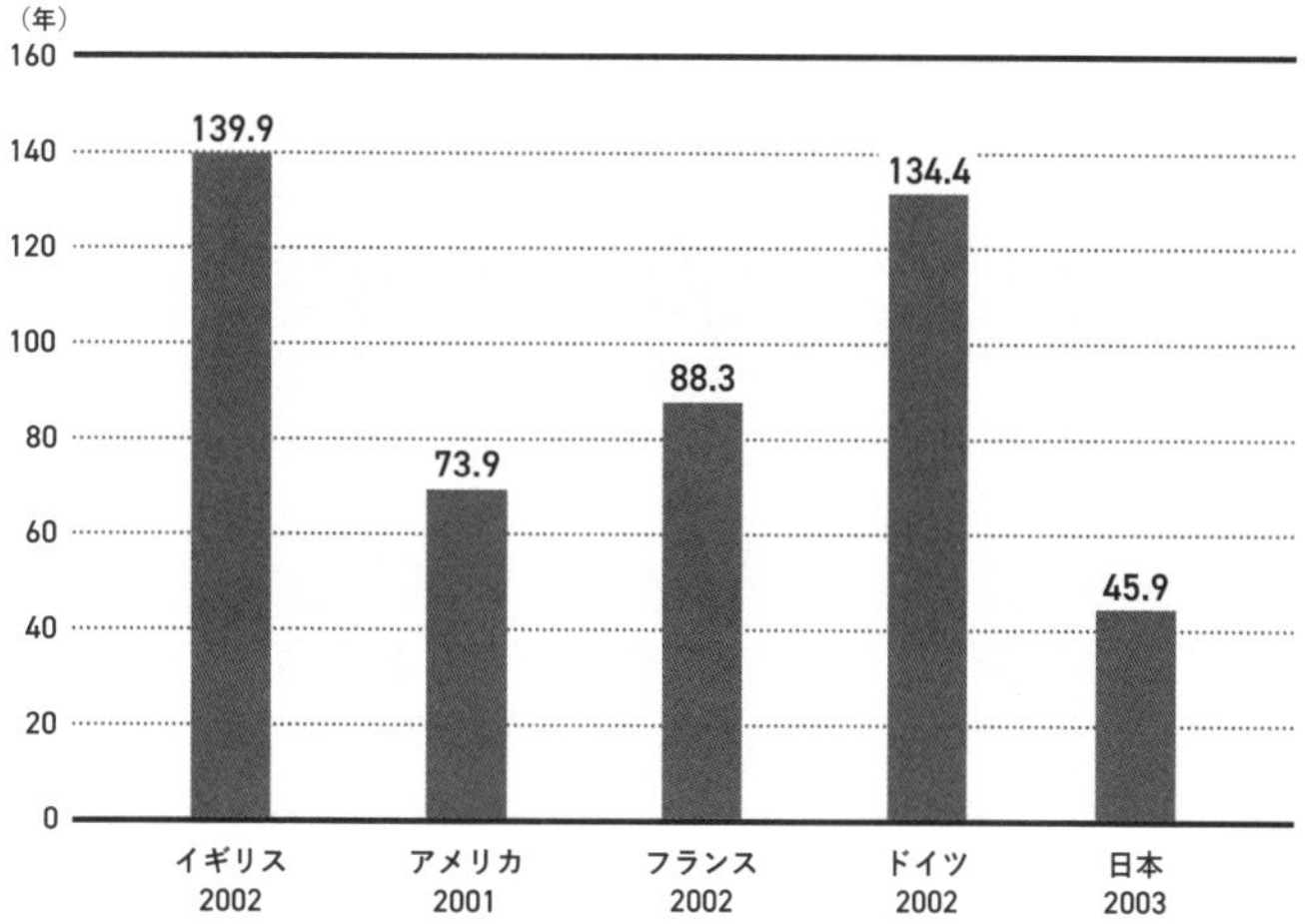

ストック戸数：その国の総住宅戸数
フロー戸数：新設住宅戸数
住宅生産団体連合会ホームページ「ストック戸数をフロー戸数で除した値（年）の国際比較」（国連・総務省のデータ）より作成

［参考］既存住宅の流通シェアの国際比較

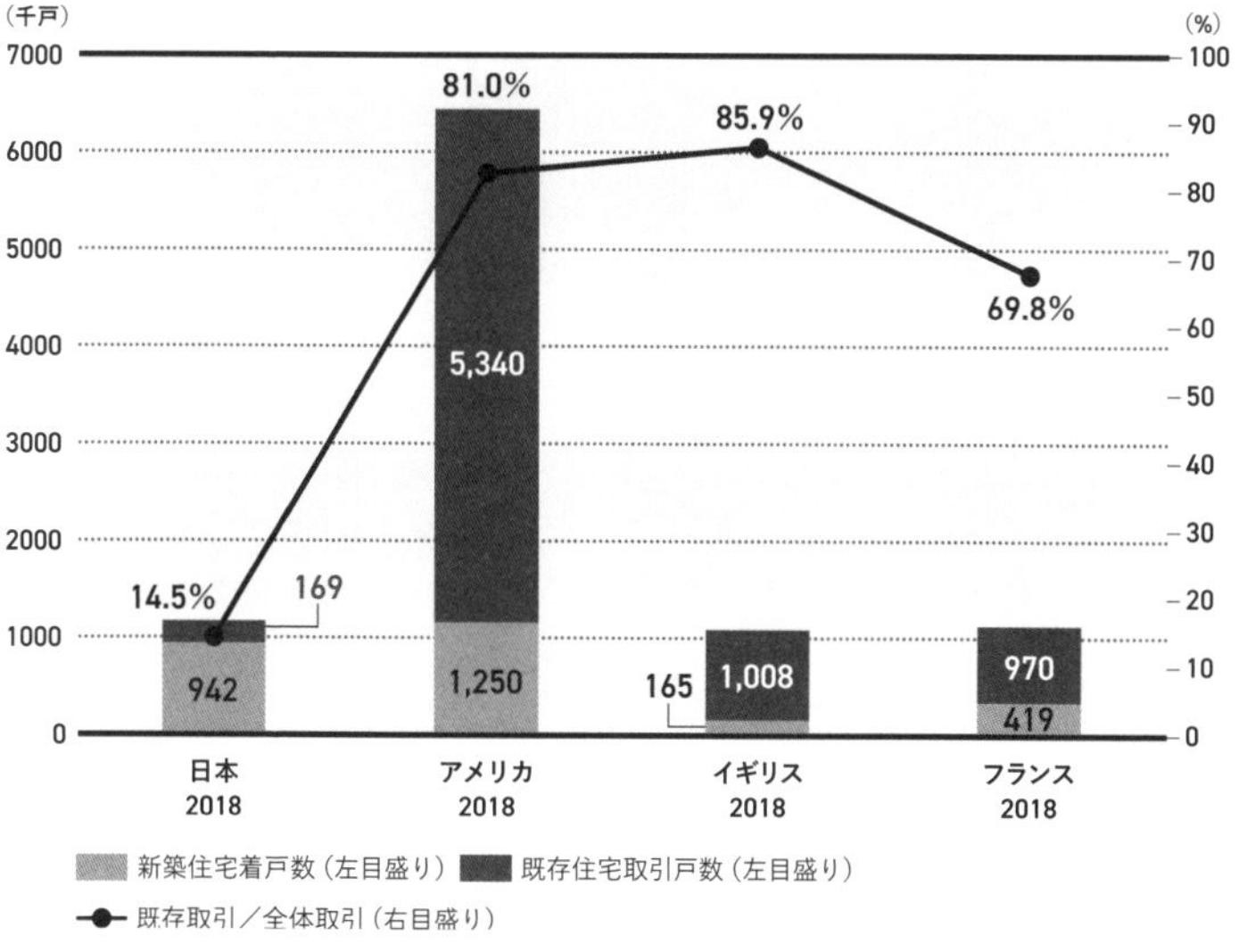

国土交通省住宅局住宅政策課「2020年度版　住宅経済データ集」より作成

の私有に起因しており、これがストックの存在しえない社会をつくる。「ローンを終えたら建築物は解体してもよい」のだとすれば、住宅は永遠に壊され、新築され続け、その結果としてローンを払い続けねばならないことになろう。こんなバカげたことを普通のことと決して考えてはならないと私は思う。

バブル期、住宅・都市整備公団（1955年発足当時は日本住宅公団で現在のUR都市機構）の団地では償却期間を前倒しして建て替えたことさえあったと聞く。鉄筋コンクリート造建築の三十数年での建て替えである。これは建築の物理的寿命とまったくかけ離れた行為であり、公団という組織が生き残るための建て替えだ。なくてもよい仕事を何とかつくり出すためのスクラップ・アンド・ビルドであったと言わざるを得ないのではないか。そしてもしその根拠が国税庁の「耐用年数」であるとしたらまったく呆れるほかはない。

建築がダイナミックにメタボライズ（消長）され住宅地が変貌を続ける状況は、日本だけの特異な風景であるといってよいのではないか。成熟した西欧諸国では、新築はこれほど多くはなく、目にすることは少ない風景なのだ。皮肉を込めて言えば、ほかにないのだから独創的であり面白いといえば面白い。今日の日本が実に多くの「世界的建築家」を輩出している土壌も実はここにあると言ってよいだろう。建築を、とくに住宅を設計し、つくってみる機会が多くあるのだから。結果、住宅設計を新人建築家の登竜門とする建築賞もあるくらいだ。

しかし、相続や耐用年数という制度がきっかけとなって「死」を迎える住宅や建築物は本来それがもつ物理的寿命によって死を迎えるのではないことは、住宅寿命について考える際に押さえておかなくてはならないことだと思う。長年の国の制度や金融の都合で培われてきた住宅の個人所有という習慣があり、それを法＝相続が助長することで、住宅が短命化しているという状況はなんとも不条理ではないか。今日の「法」を前提とした仕組みはストックの継承を許さないのだ。住宅地の劣化、住宅の短寿命化の本質的な解決を目指すためには、長年にわたって培われてきた住宅の個人所有という習慣から考え直さなくてはならない。持続可能性を求める社会の中で住宅を物理的寿命に遠く至らず解体することを防ぐためには、住宅を個人で所有するのではなく、社会全体で共有していく制度やシステムの構築が今後求められるだろう。

社会のコンテクストの転換が必要である時、従前の制度が転換のブレーキになるどころか、むしろそれを積極的に阻む。社会システムが大きくその前提を変えつつある今、「前例主義」はまったく悪弊にしか過ぎないのではないか。その「前例主義」を打ち破るという認識や仕組みがこの社会に今見当たらないように私には見える。

2-2　郊外にこそ住宅が滅ぶ危険性が潜む

大阪、名古屋圏などの大都市に共通するが、ここでは東京を例にとる。大都市周辺の人口増の結果、１９６０年代から開発が進められたニュータウンは半径30〜50㎞のエリアに同心円状に広がっている［図2］。

大規模なニュータウンの開発とそれに続いてさまざまなかたちで郊外へのスプロール化が進み、ニュータウンの立地エリアよりさらに離れた農地や里山であった遠郊外と呼ばれるエリアが、主に民間のディベロッパーなどにより虫食い状に無秩序に開発されていった歴史がある。今日の郊外の抱える問題はここに起因するといってよいのではないか。

同時期に画一的に開発されたニュータウンには、若い世代の人々が同時に入居しており、居住者の年齢構成がきわめて似通っている。入居した世代は同じように歳を取り同じように高齢化する。世帯主が亡くなり相続が発生する時期も同じように重なると想像できる。その結果、土地の細分化や空き家の発生がある時期から急激に進むことになる。

これらのエリアは都心に通勤するサラリーマン世帯の居住を対象としていることから、用途地域が住居専用地域や住居地域として定められていることが多い。住宅以外の用途が規制され商業活動に制約があることが、今後こうしたエリアが地域として自立し定住型の多彩で豊かな住むだけでない多様な活動の場に更新していくことを難しくしていると考えられよう。

経済活動が盛んで都市の新陳代謝が起こりやすい都市部や、自然豊かで一次産業がありインバウンドが期待できる農村・山間地と比べ、用途や人口構成に多様性のない、もっと言えばまさに寝るだけの郊外住宅地、ベッドタウンとしての郊外住宅地は、早晩、住宅が亡びる危険性を最もはらんだエリアと言うことができる。

一般的に、都心から離れるにつれて高齢化率は上がり、将来もその傾向は変わらないと考えられるが、人口統計と人口推計をもとに郊外の高齢化の変化を追うことで、将来相続が発生し、住宅が滅びていく可能性のあるエリアを推測してみることにする。

40~41頁に示す［図2］は、1985年から2015年の65歳以上の人口割合増加率を市区町村ごとに色付けし、地図上に示したものである。多くのニュータウンが開発された1970年代に多くの新住民がここに30代で入居したとすると、彼らは1985年にはまだ高齢化していない。2000年頃には高齢化していると推測されるので、1985年から2015年までの高齢化率の変化を追うことで、1970代ごろに開発され、人口構成が急激に変化した郊外を浮かび上がらせることを試みた図である。

全国の高齢化率は、1985年には10・3%であったものが2015年には2・59倍の26・7%となり、高齢化社会となった。地図上で濃く着色されている市区町村は、全国平均より急激に高齢化した場所である。東京を中心とする半径20~40kmの同心円状に広がるエリアである。これは、1960年代以降に開発されたニュータウンの位置とおおよそ一致している。私たちが郊外と聞いてまず思い浮かぶのは、おそらくこのエリアだろう。

42~43頁の［図3］は、人口問題研究所の市区町村に出されている人口推計をもとに、2015年から2045年の高齢化率の変化率を地図上に示したものである。2015年に26・7%であった全国の高齢化率が、2045年には1・41倍の37・7%となる。それを図1と同様に平均を上回る変化率を示した市区町村を着色すると、東京を中心とする半径40~60kmのエリアの色が濃くなることがわかる。［図2］で色が濃くなった郊外のエリアよりもさらに外側のエリアの高齢化率の増加が顕著である。推測するに、大規模なニュータウンの開発が行われた後、住宅地が開発されたエリアはさらに遠いエリア、いわゆる遠郊外に移っていったことを示すのであろう。高齢化率が37・7％になり、約２・５人にひとりが高齢者になるであろう２０４５年には、東京を中心とするかなり広範なエリアで老朽化し、住み手がおらず、ストックとしての価値がない郊外住宅地による風景を目にすることになる。この解析はそのことを示すものであるのかもしれない。

今もさまざまな理由により無秩序な住宅地開発は行われている。繰り返すが、住宅地が危機を迎えている理由は、大きく言えば住宅の個人所有が前提になっているという事情である。それ以外の選択肢は見えない。私たちから見ればまったくストックにならないような住宅であっても、マイホームを手に入れるしかない。長く続くデフレの中、財布がしぼんでいる状況で払える金で所有せざるを得ないのだ。35年間で払える総額が土地の大きさを決め、住宅の立ち姿を決めているということになる。いっそのこと集合住宅か長屋にしてしまえばよいのではないかと思うが、そうすると躯体や壁など共有部分が出てきてしまう。金融の都合がそれを阻む。金融機関は取り立てやすい個人に金を貸したいのだ。マンションの区分所有もそのために編み出された苦肉の策であり、ここまで区分所有が盛んに行われている国は世界的に見ても珍しい。いっぽうで住宅地では、民法２３４条の許す敷地境界から50㎝ずつという隣棟間隔で狭小戸建住

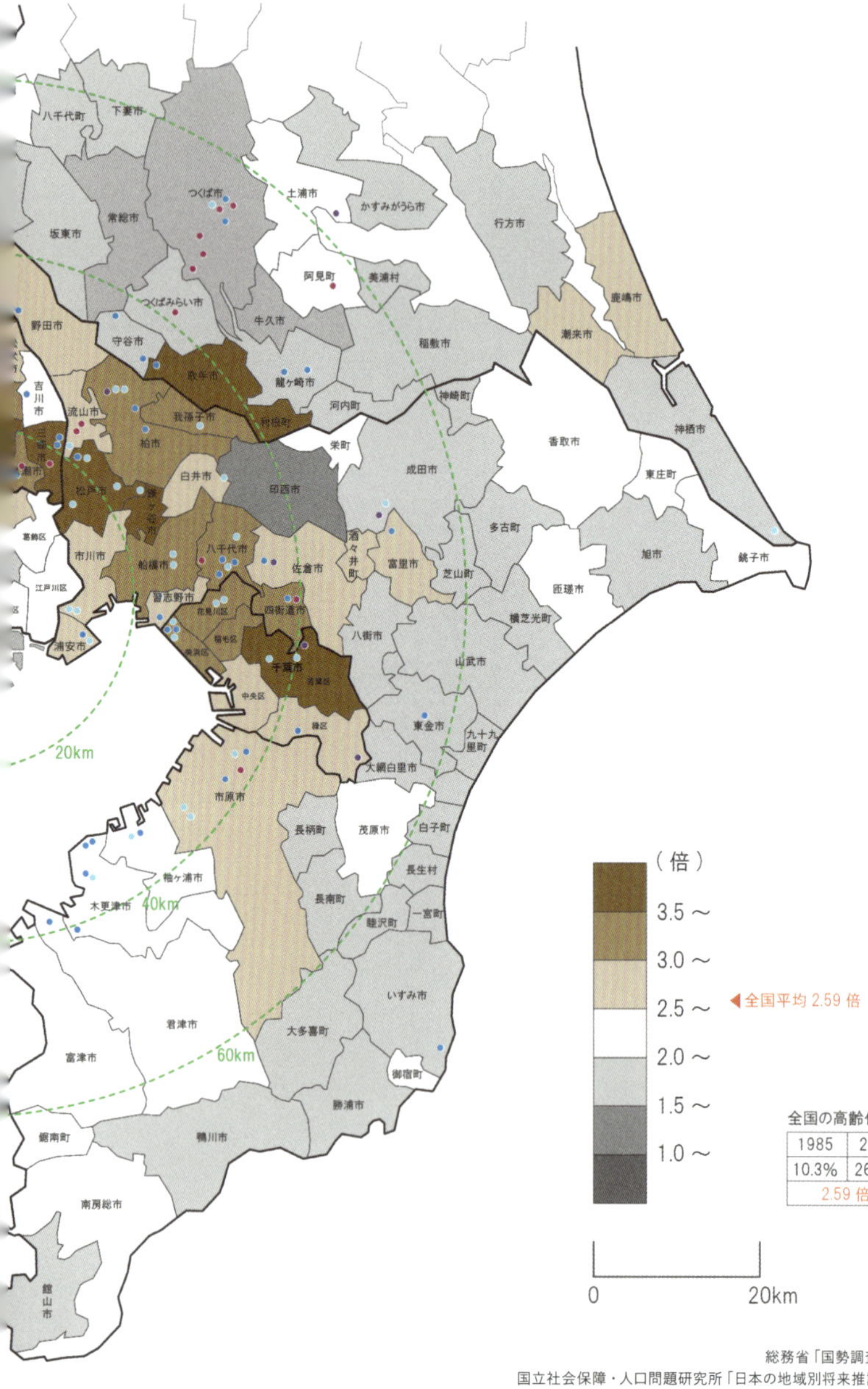

全国の高齢化率の推移

1985	2015	2045
10.3%	26.7%	37.7%
2.59 倍	1.41 倍	

総務省「国勢調査報告(1935年)」
国立社会保障・人口問題研究所「日本の地域別将来推計人口(2018年)」
国土交通省「全国のニュータウンリスト」(2018年度作成)

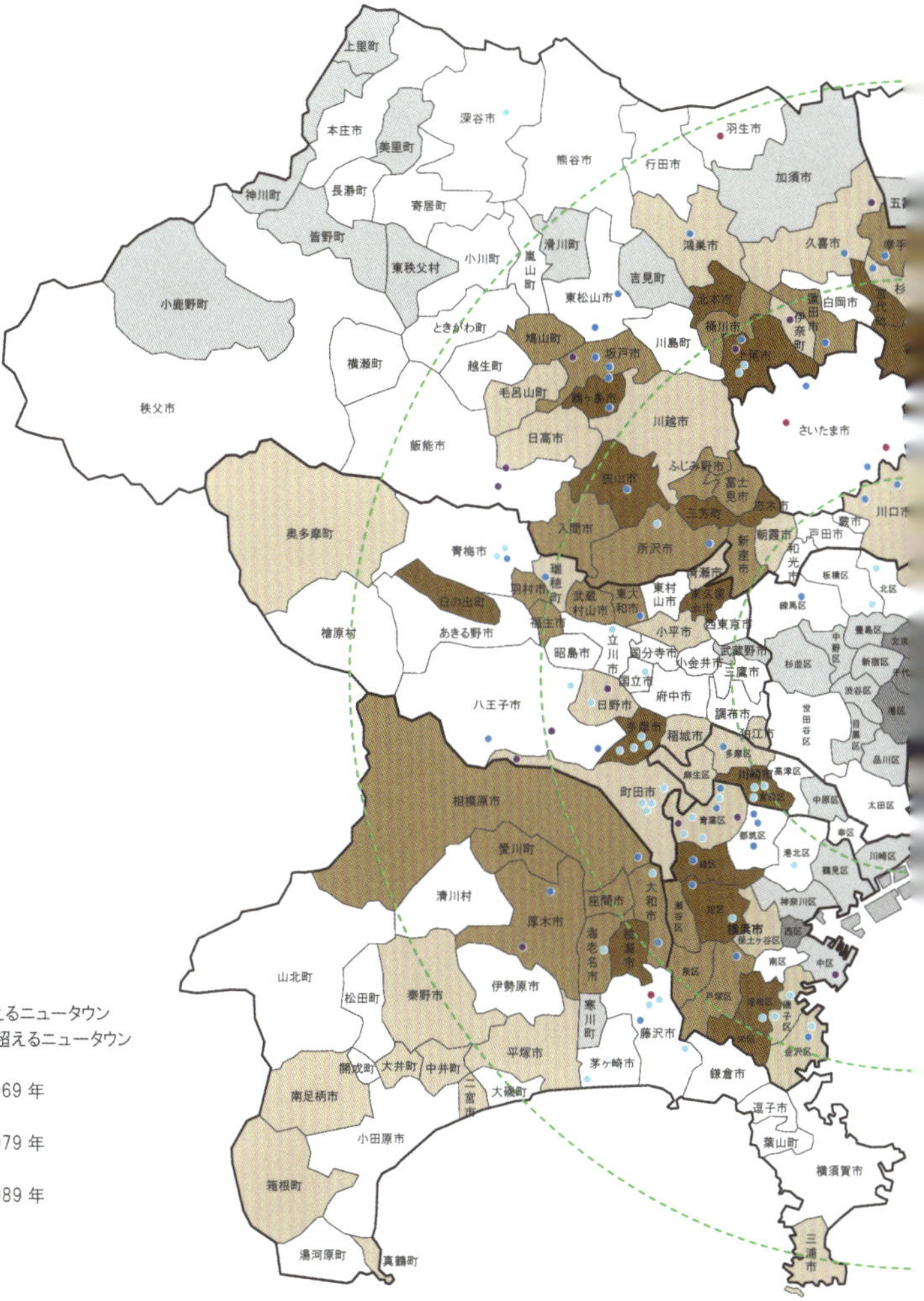

開発面積が100haを超えるニュータウン
計画人口が10000人を超えるニュータウン

- 1955年－1969年
- 1970年－1979年
- 1980年－1989年
- 1990年－

事業開始年

1985年時点では、70年代以降に開発されたニュータウンや住宅地に移り住んだ居住者の多くが65歳に達していないと考えられる。2015年までの約30年間で高齢化率が高い市区町村は半径20～60kmに集中しており、70年代以降の開発によって人口構成に大きな変化があったことを読み取ることができる。

[図2] 65歳以上の人口割合の増加率(1985→2015年)

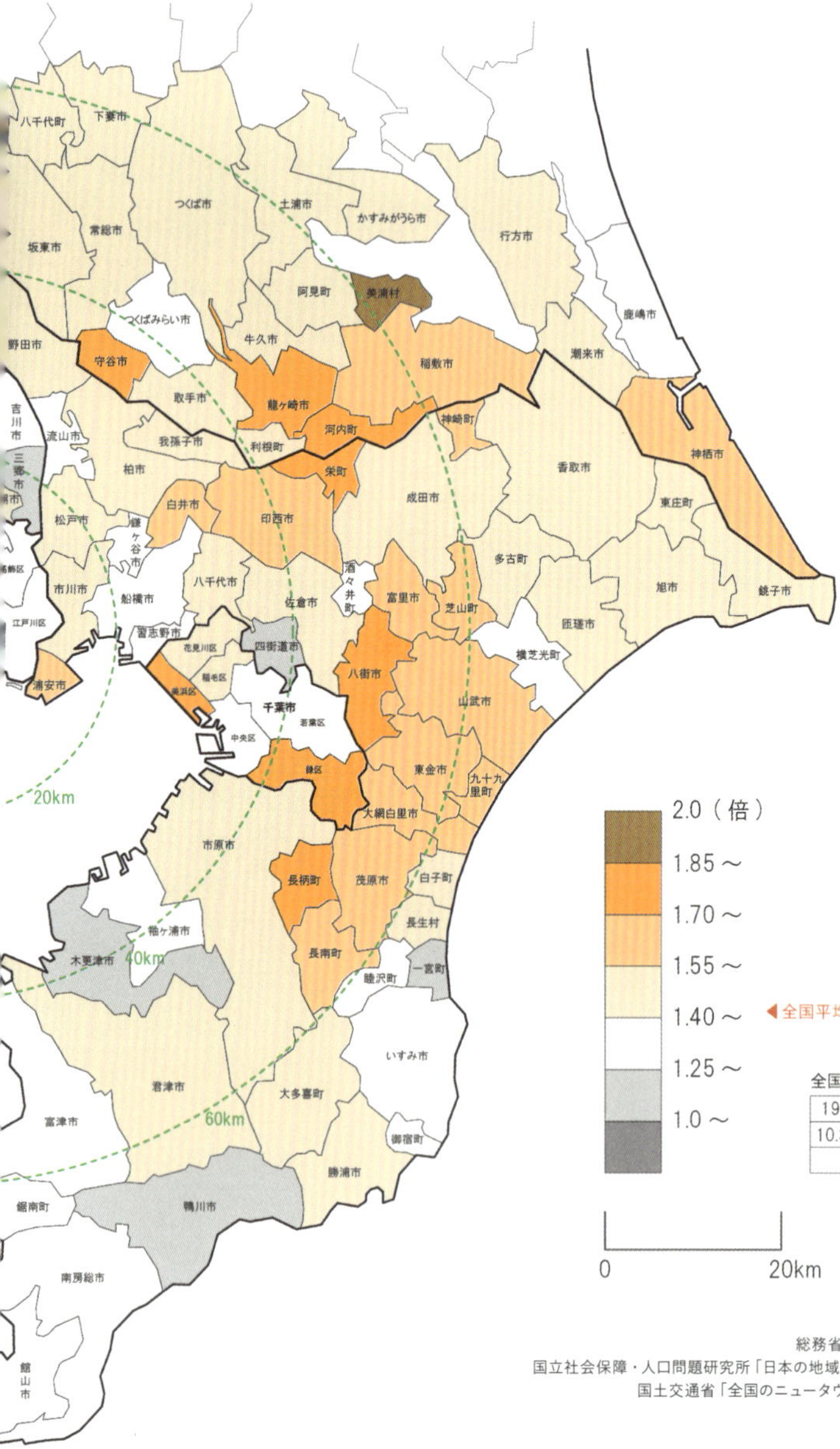

全国の高齢化率の推移

1985	2015	2045
10.3%	26.7%	37.7%
2.59 倍	1.41 倍	

総務省「国勢調査報告（2015年）」
国立社会保障・人口問題研究所「日本の地域別将来推計人口（2018年）」
国土交通省「全国のニュータウンリスト」（2018年度作成）

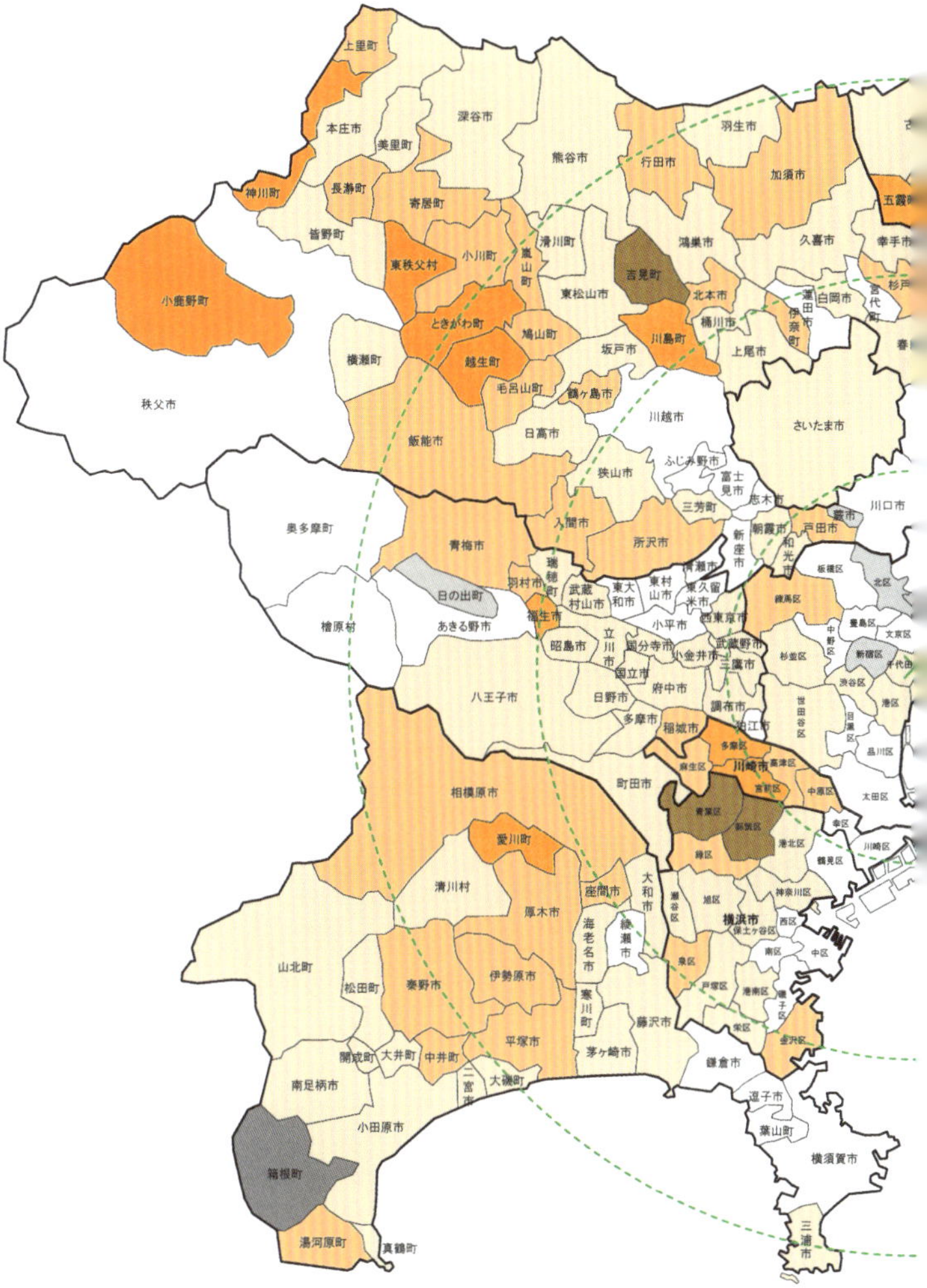

（参考資料）人口推計は、国立社会保障・人口問題研究所の「日本の将来人口推計」出生・死亡中位を参照。ニュータウンは、『全国のニュータウンリスト』（国交省2015年度作成）を参照している

［図3］65歳以上の人口割合の増加率（2015→2045年）

宅が稠密に建て込み並ぶ劣悪なこの国だけの風景が生まれているのだ。この風景の根拠は融資を考えるとわかる。銀行は個人に対して融資することを求める。ローンを組むサラリーマン（住宅取得者）の給料はそれほど多くはないのだ。

この風景をつくり出しているパワービルダーの出現は2000年以降のことで、その拡大はデフレの進行とともにある。いまやあるひとつの巨大グループ、パワービルダーの供給する狭小住宅の総数はこの国の分譲住宅数の3割を超え年間約4万戸という。彼らはそれを近く5割にすることをもくろむ。

これを許す仕組み、制度を根本から改めないと、20〜30年後には大都市の郊外そして遠郊外は目も当てられないような風景が広がっている可能性が高い。郊外住宅地は滅びてしまうであろう。

2-3 相続されず所有者不明のものが増えている

誰のものかわからない土地が膨大に増えているという問題が指摘されている。『人口減少時代の土地問題』［＊1］によると、国交省が2014年に行ったサンプル調査の結果を国土全体の面積に当てはめたところ、所有者不明の土地が国内では九州の面積を超えているという。

さらに人口減少が進む中で土地の相続の放棄が始まるだろう。相続を放棄し

＊1――『人口減少時代の土地問題「所有者不明化」と相続、空き家、制度のゆくえ』吉原祥子著　中公新書　中央公論新社　2017年刊

［参考］着工新設住宅の利用関係別割合（2020）

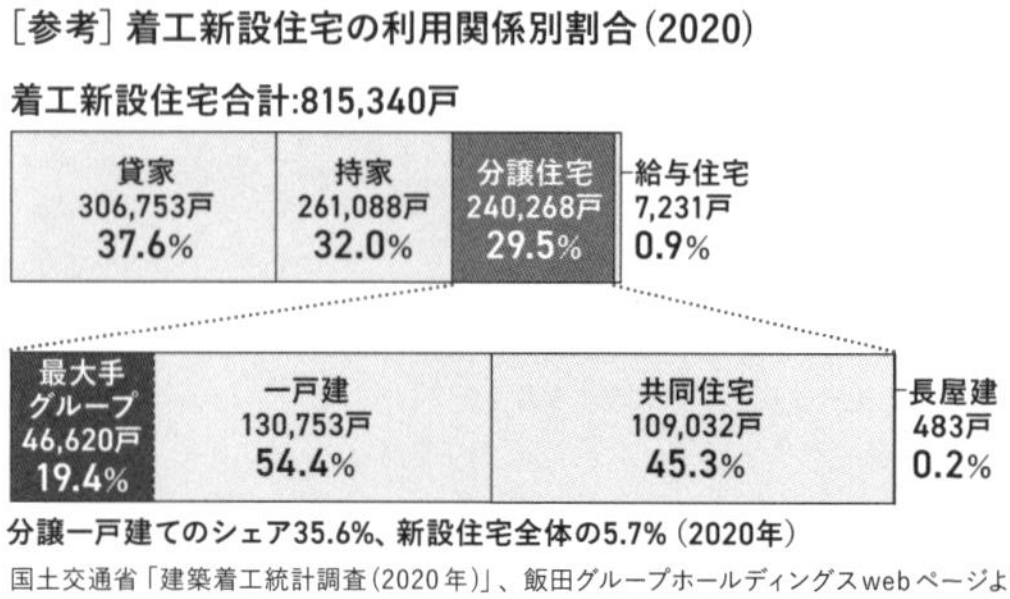

国土交通省「建築着工統計調査（2020年）」、飯田グループホールディングスwebページより作成

たあとの家や土地をどうするか、その解決を企てる制度はいまない。誰も片づけることをしない廃屋が長期にわたり建ったままの状態になっていく、その可能性は捨てきれないのではないか。放っておけば荒廃は急速に進行するだろう。前例がある。80年代、サッチャー政権時代のイギリスの郊外団地で不法占拠が頻発しバンダリズム、つまり暴力行為が頻発したことがあった。これと類似の事象は実はヨーロッパ各地でも頻発していた。日本でも今後こうしたことが起こる可能性を私は考える。放置すればまもなく大きな社会的問題になっていくだろう。

これら今後大量に発生する可能性のある余剰の住宅、住宅地は公共が片づけるのだろうか。先に述べたように日本の住宅についてはあくまでも公共が登場しないことがその原則になっているはずではなかったか。住宅や住宅地はあくまでも私的な財産であり、現在の制度で公共がこれを「片づける」手法は行政代執行以外にはなく、有効な対策はとれていない。仮にそれを片づけるとき、税金をそこに投じてよいのかという話にも必ずなってくるのではないか。万一行政が片づけることが可能であるとして、その土地の所有そして運用はどうなるのか。

8章で詳しく述べるが、そうした放置された土地や住宅を何らかの方法で

「共」のものとして運用し利活用していく道や仕組み、制度を考えるべき時期に至っているのではないかと考える。

2―4 よりよい住環境を持続可能とするために

世代ごとの住宅取得と消滅の「無駄」は、実に膨大である。「持続可能」を意味する「サステイナブル」とは「何とか使えるものを直し持続させて使い続ける」というほどの意味であると聞く。ミレニアムを機に国連のブルントラント委員会が提唱したサステイナブル・ディベロップメント（持続可能な開発）とは、国税の求める「耐用年数」がつくり出すものとまったく対極のイメージなのではないだろうか。メンテナンスを続ければ少なくとも3世代は何とかなりそうなものをなんとその1／3の寿命で更地にすることの愚。あちこちで見る解体現場、重機ではぎとられた住宅を見ると多くの場合、柱も梁も何の損傷も劣化もないことがわかる。解体されるそれがたかだか数十年または数年しか経ていないのであれば、なんというサステイナブル＝持続可能とはまったく反する本来あってはならない行為ではないか。今日の木造住宅の多くは外国からの輸入材によっているのである［図4］。ご存知だと思うがフードマイレージと同様ウッドマイレージという指標がある。この場合木材が運送の過程でどれほ

［図4］日本の木材供給量と自給率の推移（用材部門）

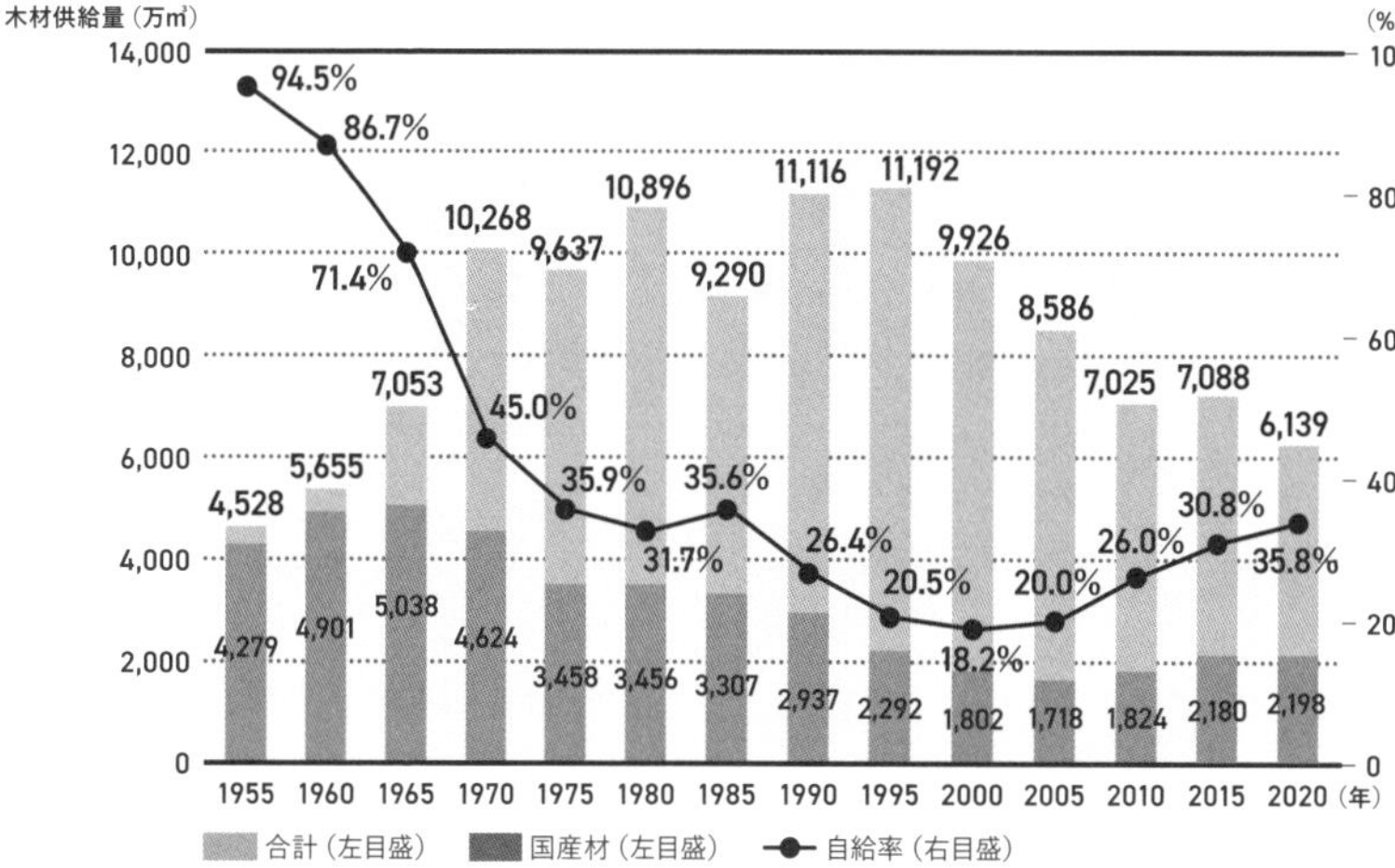

林野庁「平成29年木材需給表」より作成

［参考］持ち家・一戸建て住宅における住宅規模の全国比較

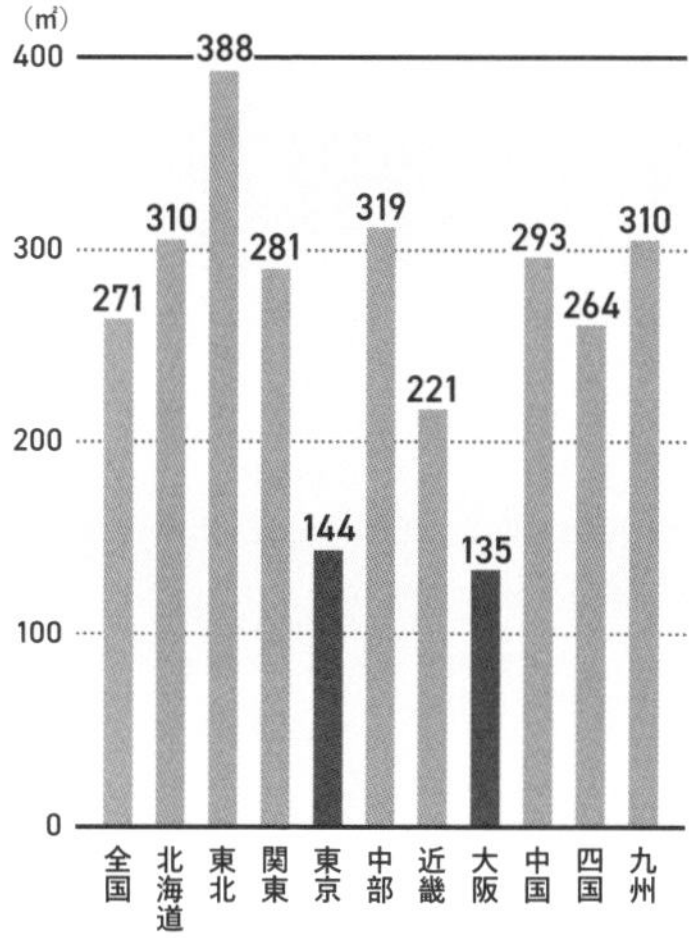

総務省「平成25年住宅・土地統計調査」より作成

［図5］各国のウッドマイレージの比較

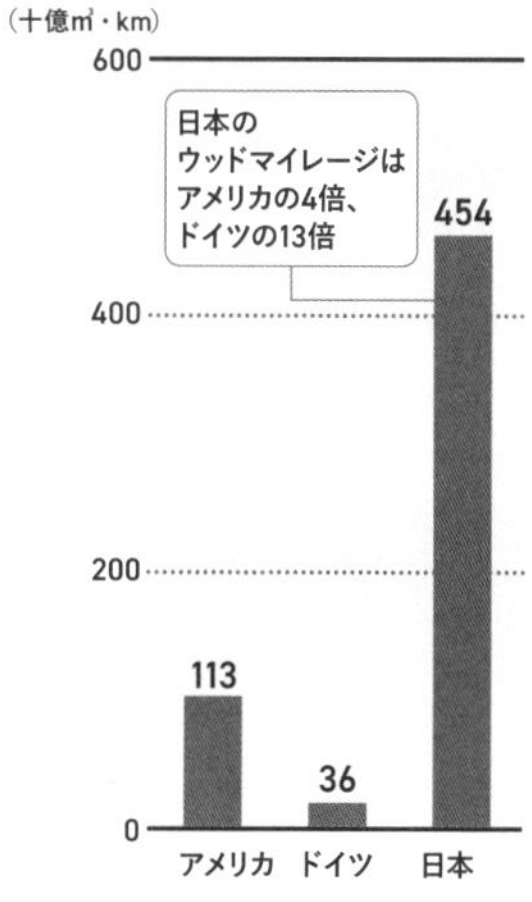

一般社団法人ウッドマイルズフォーラム
webページより作成

どのCO_2を輩出しているかを示す指標だ［図5］。外材の使用ももちろんサステイナブルではない。言うまでもない、安価な外材使用はハウスメーカー、パワービルダーの最大利潤のためであろう。

いっぽうで１００年住宅など住宅の長寿命化が謳われる。地球温暖化防止条約の条件を満たすため住宅の高性能化は必要であるという理屈である。旗印は国際社会からの要請であり、サステイナブルソサエティ実現のために２０２１年から小規模の住宅で建築物省エネ法への適否についての説明が義務化されることになった。当初は、２０２０年までに新築住宅・建築物について段階的に適合の義務化をすることになっていたが、３００㎡以下の小規模住宅の適合義務化は見送られた。省エネ性能を高めた新築住宅への税の優遇処置もある。今日の長期優良住宅制度［＊2］である、ただそれで建設される多くの住宅は決して次世代次々世代が使い続けることがあるとは思えない狭小住宅である。これらの多くが助成の恩恵にあずかっている。無駄、無為の連鎖に気づき、制度の改変に手を付けることが喫緊の課題ではないか。解体、更地化による結果としての土地細分化と住宅の狭小化、緑の消滅に歯止めをかけるべきである。

現行の制度そして法律は大きな矛盾を抱えるものである。21世紀国際社会の

＊2——長期にわたって良好な状態で使用するための措置が講じられた住宅であり、劣化対策、耐震性、省エネルギー性（断熱性等の向上）、維持管理・更新の容易さ、可変性、バリアフリー性等を主な認定基準に掲げている。２００９年から制度が施行され、長期優良住宅として認定されることで、税金や住宅ローン金利で優遇を受けることができる
（一般社団法人住宅性能評価・表示協会ｗｅｂサイトより）

求めるサステイナブルソサエティを阻む。そしてストックを許さない。これが景観の成熟を大きく阻害しファベーラのような風景をつくっている。このことを声を大にして指摘せざるを得ない。

3

住宅と住宅地の変遷

3-1 かつての住宅地は広く豊かだった

戦後の人口急増が、これまで指摘した個人所有による住宅地とその風景が消長を繰り返す習慣をつくった。ただし都市の郊外への展開、いわゆるスプロールの歴史はもう少し古い。

東京では1923年の関東大震災がその引き金を引いたのだと思う。巨大災害に見舞われた人々は被災の現場から逃げたのだ。おそらく呆然と立ち尽くしたであろう場所の悲惨な風景の記憶は彼らの中で何度もフラッシュバックする。井伏鱒二の『荻窪風土記』［＊1］に描かれるように、震災以降、都心から多くの人々が今日の郊外と呼ばれるエリアに転居し、郊外住宅地は自然発生的に誕生した。当時の土地取引は、個人対個人の交渉により行われたのであろう。井伏が描くケースもそうであった。郊外に流入する人々と地元の土地をもつ農民との交渉により、農地を少しずつ宅地にしていく。それは一反（300坪）や一丁部（10反）という農地の単位をいくつかに切り分けた新たな「住宅地」の出現であった。結果、宅地のひとつの面積は300坪を3つに区画し100坪ほどであったり、1／2に分割して150坪ほどであったりしたわけである。その頃の一戸当たりの敷地面積はおおむねそのようなものであり、郊外住宅地の「豊かさ」は広い宅地面積とそこにしつらえられた「庭」によっ

＊1――『荻窪風土記』井伏鱒二著　新潮社　1982年刊

て築かれたと言えよう。当時の郊外住宅地にとって「庭」は習慣であり必然であった。

都市化が進む中、関東では西武鉄道（1912年開業／武蔵野鉄道）や東京急行電鉄（1922年開業／目黒蒲田電鉄）など、関西では阪急電鉄（1907年開業／箕面有馬電気軌道）など電鉄会社が競って宅地開発を行う。今では高級住宅地である田園調布（東京都大田区）、六麓荘町（兵庫県芦屋市）などがつくられる。そのモデルとなったのは英国のエベネザー・ハワードの田園都市構想である。サラリーマンという種族の誕生が背景にあるのだろう。こうした事業を展開した人には西武の堤康次郎、東急の五島慶太、阪急の小林一三がいる。彼らの目的はもちろん鉄道事業を軌道にのせるため、商売のためである。であるにせよ田園都市の理念や社会的な、文化的な、さまざまな任務を感じながら、一定のビジョンをもって宅地開発をしていたのであろう。彼らのつくり出した分譲住宅地の姿からそれは窺えよう。もちろん彼らはそれより前の起業家たちの存在にもそれなりの影響を受けていよう。松永安左エ門、原富太郎（三渓）、渋沢栄一など明治期の創業者たち、彼らは経済人でありながらも文人であろうとしたし社会的文化的任務を担おうとした。そうした流れも住宅地に関わるその後の経済人の中にいささかはあったであろう。田園都市を参照する彼らのそれを見る。

土地を買収しながら鉄道を敷設していく。初期は鉄道を使い通勤するサラリーマンの数はそれほど多くはなかったであろう。鉄道経営にはまだまだ不安もあり、彼らは乗客を増やすための工夫をする。周知のように阪急の小林は宝塚に少女歌劇団や遊園地をつくる。多くの他の鉄道事業者がそれを真似てアミューズメント施設を沿線の終着駅付近につくった。また大学を誘致し新しい住宅地をアピールした。堤は、住宅地開発の目玉として都心にあった一橋大学を国立に誘致する。民間鉄道というインフラを活性化したいと考える住宅地開発者のまちづくりには、ある理想とする社会、共同体のイメージがあったのかもしれないのだ。[*2]

3-2 戦後の人口増加と住宅不足＝公営住宅について

戦後の様相はこれとはまったく異なる。戦火による都市の破壊と急激な人口増加による住宅需要の高騰で、住宅不足が深刻となる。江戸期までほぼ一定できわめて穏やかに推移してきた我が国の人口は約3千万人台。これが、明治以降の近代化や「産めよ、殖やせよ」により終戦時、1945年に約7千万人あまりとなる[図1]。ことごとく破壊された都市の住宅は焼尽し、言うまでもなく7000万人のための住まいは払底していたのである。[*3]

*2――[参考文献]『私鉄郊外の誕生』片木篤編　柏書房　2017年刊

*3――[参考文献]『現代日本ハウジング史 1914〜2006』住田昌二著　ミネルヴァ書房　2015年刊

[図1] 日本の総人口の長期的推移

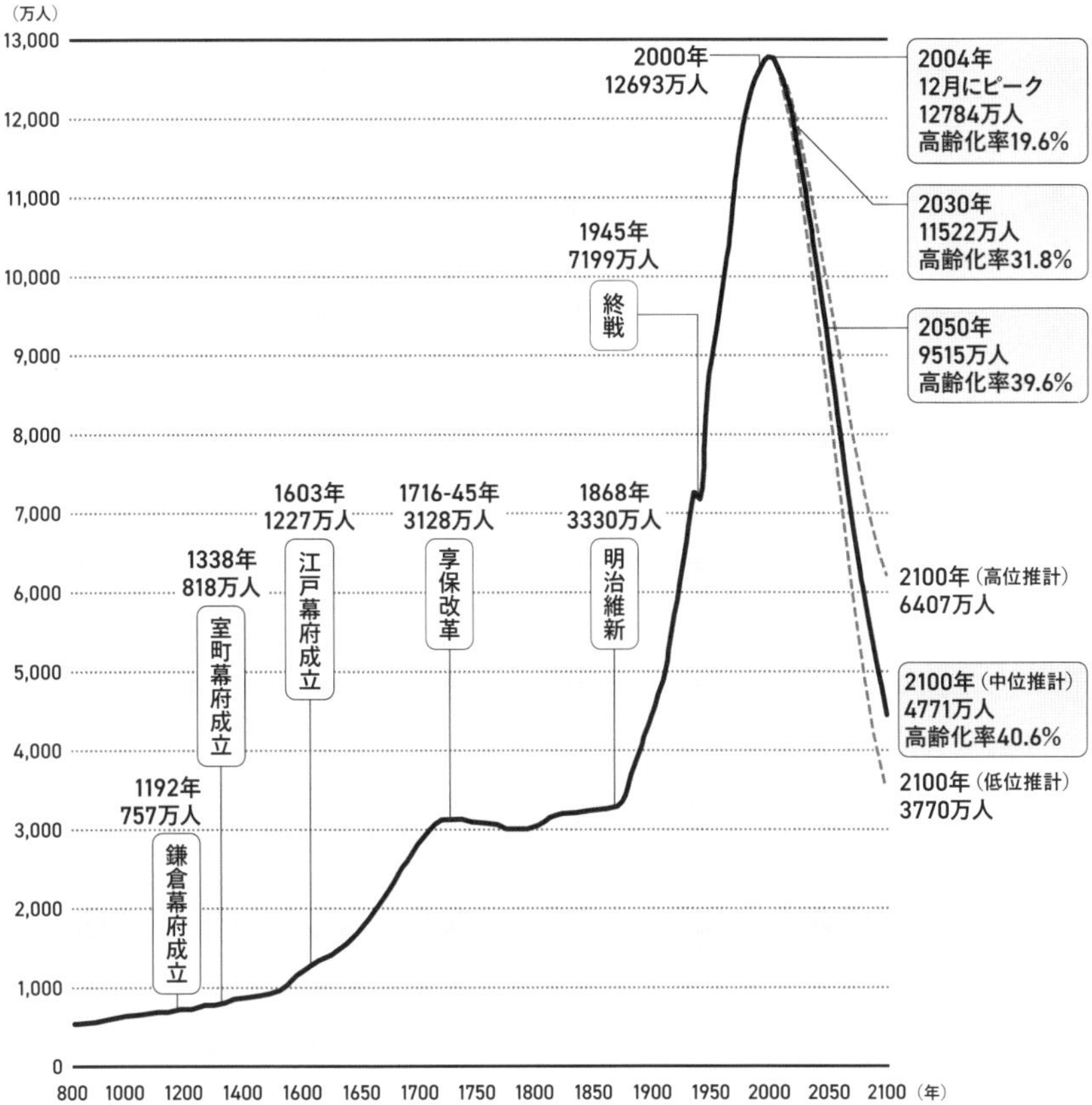

国土審議会政策部会長期展望委員会「国土の長期展望」中間とりまとめ
「わが国の総人口の長期的推移」より作成

人々の健康と安全は脅かされていた。制定された日本国憲法には、ご存じの通り生存権として第25条に「すべて国民は健康で文化的な最低限度の生活を営む権利を有する。」と謳っている。健康で文化的な生活、これは「住宅」に素直に結びつく主題である。最低限の生活はどこの役所が担うべき職務であろうか……。そう考えると、当時の厚生省（1938年設立）、現在の厚生労働省（2001年〜）を思い浮かべるのがごく普通であろう。この時期、健康で文化的な生活を支えるべく、まずはストックとしての公的住宅（社会的住宅）の大量の供給を厚生省の所管で行う、これこそ国家が国民にサービスすべきものであったはずであろう。圧倒的な物と金不足の中であっても、公共が社会財としての住宅ストックをつくるごく真っ当な住宅政策が必要だったはずだ。公営住宅はあくまでも生活弱者のための住宅である（当時、ほとんどの国民が弱者であったと考えていいのかもしれないのだが）。戦後に限らずいつの時代であっても、公共が一定の規模でこうした住宅を提供することの社会的意義は失われることがないものだと私は考えている。

戦後の膨大な住宅不足は解消せず、1950年には住宅金融公庫法が制定された。低利で住宅建設、購入資金を融資し、民間による住宅の供給を進める持ち家政策であった。1951年には公営住宅法が制定され、地方自治体に

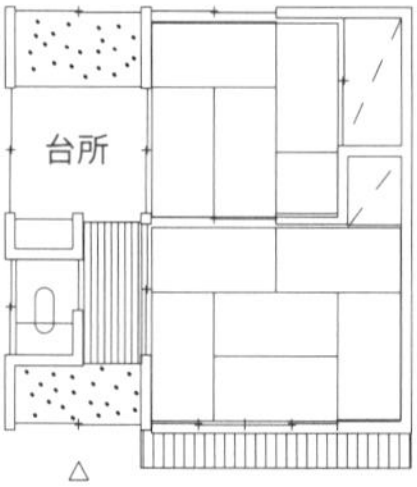

［図2］初期木造国庫補助住宅　平面例（東京都営住宅）
「住まい学体系101　五一C白書　私の建築計画学戦後史」鈴木成文著
住まいの図書館出版局　2006年刊

よって公営住宅の建設が始まる［図2］。それでも住宅不足は続き、１９５５年に日本住宅公団が設立されると、宅地開発や団地建設、ＤＫプラン［図3］の普及などが行われた。しかし、１９５０年代半ばから始まった高度経済成長とそれによる都市部への人口集中によって住宅不足は依然解消せず、やがて大規模なニュータウンの開発へとつながっていく。［＊4・5］

この国の住宅事情は、現代はおろか戦後ですらも公共が十分な社会的ストックをつくるようなものにはなっていない。戦後の住宅の早期整備は喫緊の課題であったにもかかわらず、産業の復興が優先され、住宅政策は後回しになったのだ。中でも公的住宅供給は行われることは行われたが、国民の多くがこうした住宅サービスを受けることなく、いわばささやかに行なわれるにとどまる。そして住宅は経済成長のための道具となっていくのである。

住宅を「私」がつくる、「私」がつくらせる、このことが経済成長を促す、という主張に基づく政策が台頭する。１９６０年代前半には、いわゆるマンション法と呼ばれる区分所有法やニュータウンの開発について定めた新住宅市街地開発法が定められ、１９７０年代に入ると住宅金融専門会社が設立されて個人が住宅ローンを借りるための環境が整えられる［＊4］。住宅をつくれば家具を新調する、カーテンを買う、電化製品を新調するなど経済的波及効果が

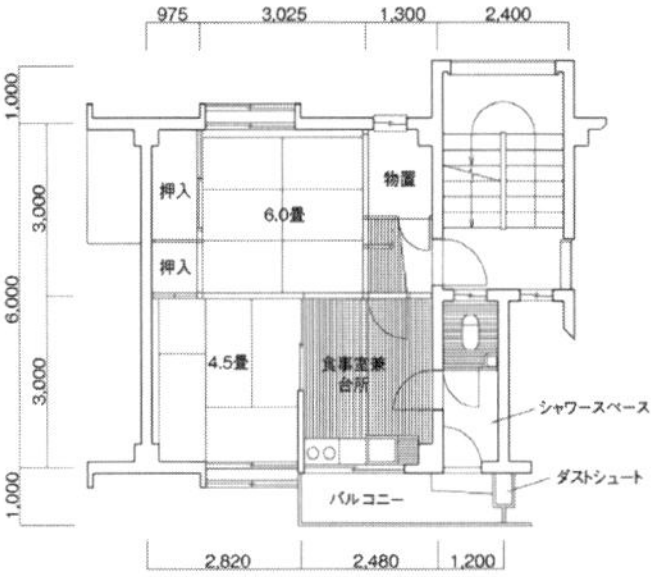

［図3］DKプランの元となった「51C型」住宅
「集合住宅をユニットから考える」渡辺真理＋木下庸子著　新建築社　2006年刊

＊4――［参考文献］『人口減少時代の住宅政策　戦後70年の論点から展望する』山口幹幸・川崎直宏編　鹿島出版会　２０１５年刊

＊5――［参考文献］『新築がお好きですか？　日本における住宅と政治』砂原庸介著　ミネルヴァ書房　２０１８年刊

高いという呆れた主張である。「健康で文化的な生活」から「建設産業」へと軸足が移る。住宅政策は福祉的な厚生省の領域から徐々に逸脱し、通産省や建設省が主導する領域になっていったということになろう。

金融の影も大きい。住宅をつくらせれば建設産業の裾野を広げる、結果、経済成長につながるという、住宅は経済の道具ということになっていくのだ。今日まで続く住宅のきわめて短期の償却消費もここに端を発すると言ってよいだろう。2章でも述べたが、住宅を個人でもつ、個人がローンを組み住宅を入手することを普通のこととし、住宅獲得のために生きるという今日の仕組みもそのひとつで、金融産業がそれを後押ししたことは言うまでもない。

3-3 共有を目指した日本住宅公団

戦後の住宅不足に直面して大量に共同住宅を供給する社会的な動きがまったくなかったわけではなく、もちろんあった。1955年に設立されたばかりの日本住宅公団（以下住宅公団）だ。公団という組織は国、「公」によってつくられてはいるが、いわば「アソシエーション」として社会的な住宅供給を担う立場であり、新しい社会財としての住宅の姿を提示するものであった。

1950〜60年代にかけて大量につくられた集合住宅は、ストックとして

［図4］設立以来の公団の建設戸数

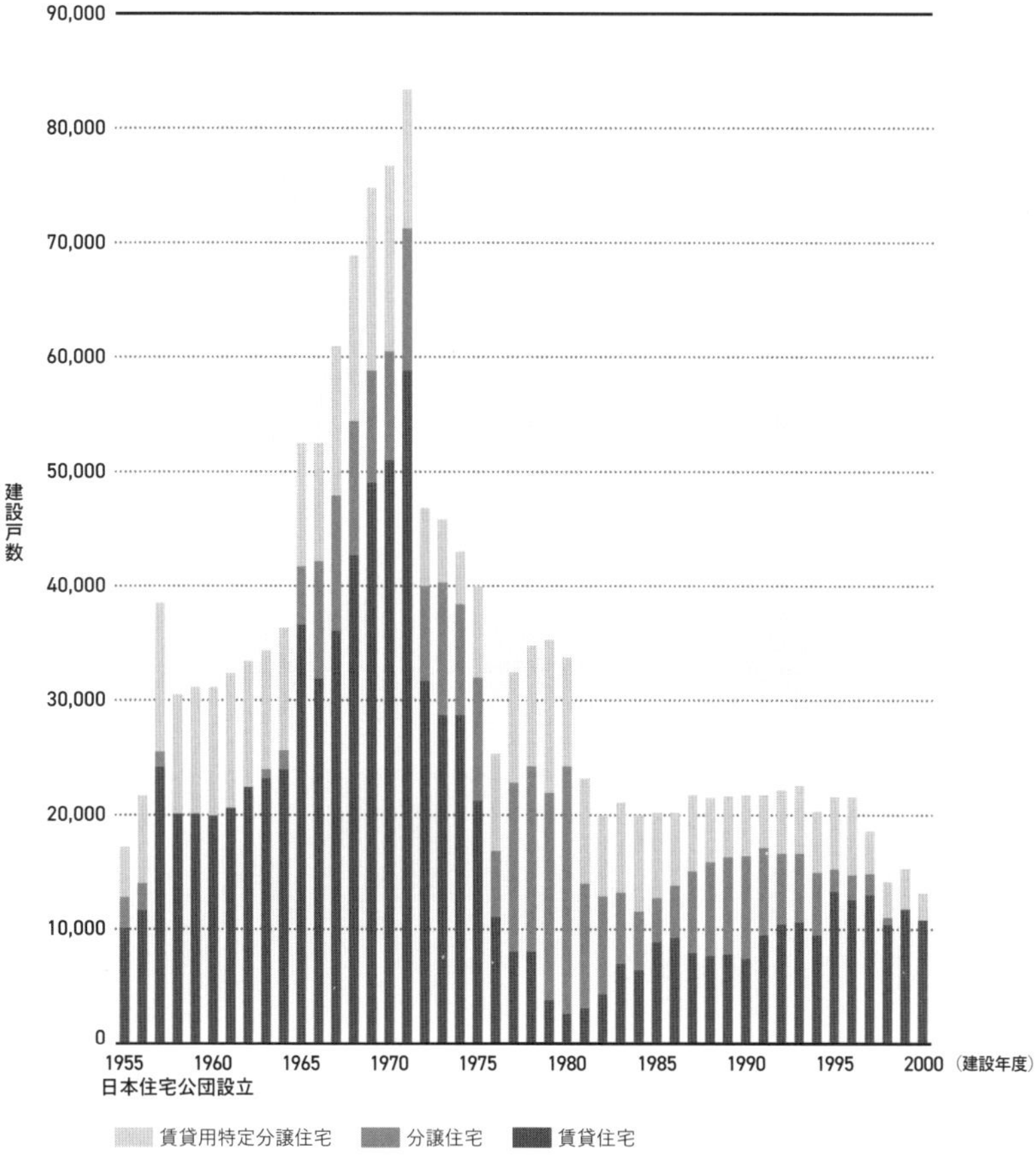

「集合住宅をユニットから考える」渡辺真理＋木下庸子著　新建築社　2006年刊

の住宅供給を想定していたと考えてよいだろう［図4］。当時供給されたほとんどの住宅が賃貸であったことがその何よりの証拠であろう。住宅は公共財であり一定の時間が経つと住む人が入れ替わるという前提で住宅を考えていたのだ。それは新しい住宅政策を予感させるものであり、そこには「共」のものとしての住宅像があったと考えられよう。

公団初期の団地計画の多くを手がけた津端修一さんはその旗振り役の人だった。映画「人生フルーツ」［＊6］の主人公として津端さんをご存知の方も多くいるのではないか。公団に籍を移す前、津端さんは、アントニン・レーモンドという当時最も花形の建築家の事務所に所属する若き建築家であった。彼は発足時の公団の意義を重く受け止め、求人に応募した人だ。昔、彼と会ったとき「私たちの役割は一定の時間を経た後、つまり住宅不足の終息が見えた段階で、任務終了するものと考えていた」と話していた。当時の公団の立場、不足する住宅を「共」のものとしてつくることを言い表す言葉だろう。

公営住宅、社会的住宅が、どちらかというと低所得者向けとすると、公団住宅のつくるものはもう少し上の所得層のためと位置づけられるものだった。そこに入居するのは、中産階級の証明であった。多くの人々は公団の住宅で初めて今日のライフスタイルとつながる洋式トイレや、ダイニング・テーブル、ス

＊6——映画「人生フルーツ」監督：伏原健之　製作・配給：東海テレビ放送　2016年

テンレスの流し台で調理をするなど新しい生活様式を知り、体験した。

新たな様式とはいえ、ひとつひとつの住戸は標準設計をもとに計画されたため、個々の住戸は決して豊かな住空間とは必ずしも言えないが、当時の公団住宅は住棟配置を含むアーバンデザインがきわめて秀逸で面白いものがたくさんあった。大都市の郊外には、高根台(1961)、花見川(1968)、百草(1970)、高幡台(1971)など、興味深い住宅団地がたくさんつくられた。初期の団地の配置計画は、今見ても目の覚めるようなもので、新しく優れている[図5]。ひと昔前、黎明期の公団によるこれら住宅団地をいくつか見学にいったことがあった。どのように敷地形状に合わせてレイアウトするか、日照などを考慮して住棟間隔をどうするべきか、緑地をどうするべきか、公的なショッピングセンターなどの施設をどう配置するかなど、住宅地をトータルにどのようにデザインするかということがずいぶん検討されている。

イギリスやドイツでも戦後の住宅不足に対して住宅団地のデザインがされていた時期で、とくにロンドン近郊のニュータウン計画には学ぶべきものがあった。またその情報は細部にわたり公開された。公団もそれらに大いに刺激を受けたはずだ。日本だけで宅地のことをやっているという意識ではなく、世界的に同時代としての任務を感じながら仕事をしていたのである。直面する住宅問

高幡台団地(1971)

百草団地(1970)

[図5] 初期公団の団地計画

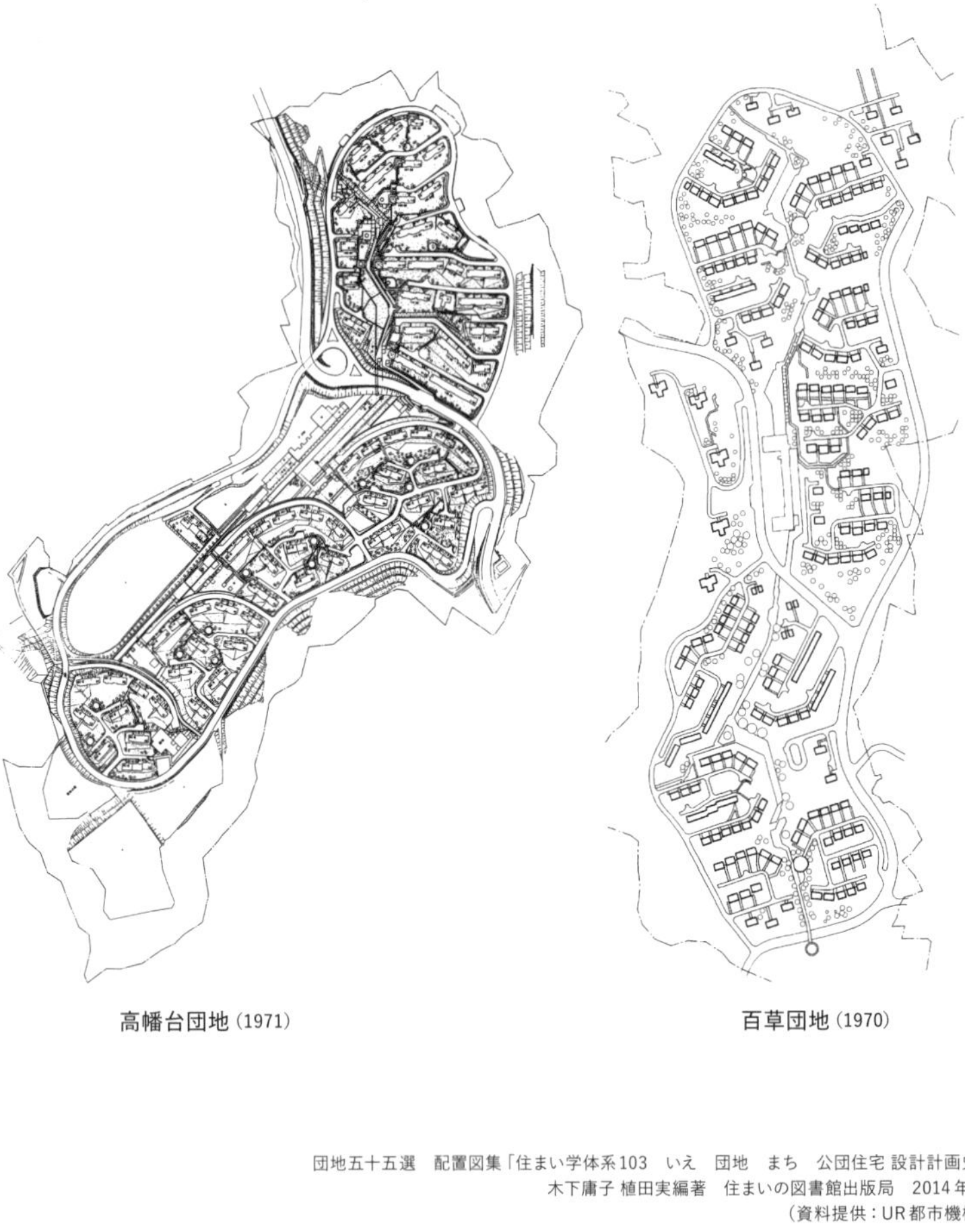

高幡台団地 (1971)　百草団地 (1970)

団地五十五選　配置図集「住まい学体系103　いえ　団地　まち　公団住宅 設計計画史」
木下庸子 植田実編著　住まいの図書館出版局　2014年刊
（資料提供：UR都市機構）

題を何とか解決したいという意識でこれらの開発に関わった建築家の存在を忘れてはなるまい。

3-4 集合住宅黎明期の都市的な意義

現代に至るまで政府も自治体も公的住宅政策を積極的に行っているという話を聞いたことがない。しかし、戦後の広島市は、いわゆる原爆スラムのクリアランスという大きな課題を抱えていて、住宅の改良に果敢に取り組んだ自治体であった。

私が所属していた大高建築設計事務所では「広島市営基町アパート」(着工1969年、竣工1978年)を設計していた。

言うまでもなく広島は戦争による最も甚大な被害を受けた都市である。戦後長くその修復は続くのであった。いわゆる「原爆スラム」の最終的な解決策としてこの住宅群の計画はなされたのである。大高チームは、敷地が市の中心に近く市民公園としての役割を担うべく住宅を地表には置かず柱のみとするいわゆるピロティ形式として計画した。当時の公営住宅の建設基準がいつまでもそのままでよいはずはないと考え、構造体を2層おき10m×10mの柱間隔とし躯体を長期の使用に耐えるものとして計画した。住戸は時に応じて改変可能にするという考えである。今日、基町団地ではふたつの住戸を一戸とするなどの改変もなされている。

基町団地の例に比べると、やはり住宅政策に責任をもつべきプロであるはずの人々にそのための知恵が欠落していたのではないか。または公的住宅の建設への熱意、住む人々への共感、最低限の健康で文化的な生活を獲得することの大切さについて為政者側が重要と感じなかった結果ではなかったか。金がない土地がないからこれしかできないということであったとしたら、それはなんという言いぐさであろう。確たるものとして住宅が本来もっていなければならない「性能」についての認識などもない、住宅のあり方、とくに公的住宅は都市計画的視点、建築技術的視点、生活者の視点、福祉的視点、環境的視点などの総体として、そして今日的な視点を付け加えれば持続可能性（サステイナビリティ）への視点が何より重要のはずであり、その結果として獲得する成果はその都市をきわめて豊かなものにするはずであろう。総体を顧みない結果、実に住みにくくストックになり得ない家を供給してしまうことが戦後から高度成長期まで続いていたのではないか。公的住宅供給はきわめてささやかにしか行われていないのである。そして住宅はひとりひとり自らが自らの資金で獲得すべきということになった。

基町団地（1969-74）

言うまでもないが、さまざまな分野に、専門家集団がいなくてはなるまい。専門家として考え提示し、提言する、もちろんその結果に彼らは責任をもつ。専門分野の知見は尊重されるべきであろう。例えば議会は彼らの提言の専門性を尊重しながら社会総体の課題と専門家の提言との間に橋を架けることを任務とするのではないか。住宅地そして都市もそうした分野であるはずだ。

3-5 建築家による社会的住宅供給への取り組み

住宅が不足する1950年代における、戸建て住宅供給の動きを見てみよう。迅速かつ大量の住宅供給が何よりの課題であり、建築家も対応を迫られていた。そのためこの時期、清家清、池辺陽、前川國男、坂倉準三、増沢洵など多くの建築家が、住宅の量産、標準化、プレファブリケーション（工業化、以下プレファブ）を模索し小住宅を考え、提案している。プロトタイプとしての意味をもつものであった。

これらのプロトタイプとしての住宅は、60年を経た今日も振り返って考えるべき意義をもつ。これら「住宅」の多くは個人のため、個人の趣味に寄り添うものではなく、長期にわたり一定の役割を担うものとして構想されたと考えられるのだ。個人の住宅としての意味の先に社会財、ストックとしての意味をもつものとしてあったのである。

清家清の自邸「私の家」（1954）は、当初パネル化（工業化）を考えたものであったし、広瀬鎌二の「SHシリーズ」（1953〜1971）は、鉄骨造プレファブ住宅を追い求めたもので、最小の材料に取り組むものであった。ナショナル住宅産業の「松下1号型住宅」（1961年）として発売され、大阪の工務店の建物として現存している。前川國男の「プレモス」（1946〜1951）や池辺陽の「立体最小限住宅」（1950）もそうだ。とくに前川國男の「プレモス」は戦後急成長した炭鉱の住宅いわゆる「炭住」として大量に建設されている。坂倉準三の、戦争中の応急住宅をその後展開したA型住宅（1950年）もそうしたもののひとつであり、そのうちの一棟は今も軽井沢に存在する。

こうした例は建築工法、精度の面できわめて洗練されていて工業化による住宅のひとつの到達点であったと言えよう。現存するそれらを私は産業遺産として保存したいとさえ思ってもいる。

3−6 商品住宅市場の形成と郊外へのスプロール

いっぽう、時を経て戦後を少しずつ抜け出す1960年頃から（経済白書に

A型住宅（板倉準三）

松下1号型住宅（広瀬鎌二）

「もはや戦後ではない」と書かれたのは1956年）経済的な余裕を手にした人々が住宅に新たな期待を託すようになる。住宅市場が形を変え新しい住宅産業という姿が見え始め、勃興の時期を迎える。

都市への人口集中が常態化し、住宅不足は慢性化、深刻化していた。とくに戦後すぐに建てられた住宅の質の問題も顕在化し、家を新たにつくらざるを得ない時代が始まった時期とも言えるであろう。鉄道会社の分譲地であれ、農地の切り分けであれ、自分で土地を取得して家を建てること、それが普通のこと誰もがやっている疑いのないことになる。

平地の開発が飽和し、住宅地が丘を浸食し始めるのも1960年頃からではないだろうか。住宅公団が都心から離れた郊外に開始し始めたのだ。多摩ニュータウン（1966年事業着手）、千里ニュータウン（1961年着工）などの大規模団地の開発は丘陵地帯に至った。分譲住宅地は畢竟《ひっきょう》ひな壇状に造成されることとなる。丘の傾斜をなぞりながら伐ることと盛ることを繰り返し平らな敷地をつくり出すのだが、もっぱら効率的にたくさんの住宅地を生産することがその目的であることは言うまでもない。平らな敷地を最も求めたのがプレファブ住宅など規格型住宅メーカーであることも言うまでもない。そのほうが一律の住宅に対応しやすいからである。結果、分譲住宅地からは一木一草は消え失せ雨水は浸透せず側溝を下ることになる。別荘地での分譲にこのようなことがないのは、一木一草がそこでは重要であり比較的敷地規模に余裕があるからであろう。別荘地で見るように自然地形であることがそこに住宅を置くことと矛盾することは本来はない。むしろそのほうが敷地にあった住宅が考えられるはずである。宅造による平地化はもっぱら安きに向かい利潤に向かう方途であるというしかないだろう。初めに触れた山に登る住宅群は「笛吹き男」による宅地開発、宅地造成の結果であった。

3-7　集合住宅が公的なものから商品化へ向かう

集合住宅の様相も変化し始める。1960年代の標準設計の住戸面積は1住戸あたり50㎡ほどであったが、当初考えるほど賃貸住居の居住者の更新はなされず、供給と需要の関係がうまくいかないこともあったのであろう。民間ではマンションが登場し、経済成長を果たした80年代頃から公団住宅も「商品住宅」的な対応をするようになっていく。その結果として公団が賃貸から離れていった。建ててすぐ金になる分譲住宅を主流とするようになる。多分、致し方なく。国会議員などからの、理不尽なプレッシャーがあったようだと聞く。社会財、ストックなどつくらずに、もっと金を回せというプレッシャーである。

残念だが、ストックの必要性とその意義を考えぬ政治の性急さがその背景にあったと私は思っている。さらに経済一辺倒の社会がそれを推す。つくったらすぐに売り、資金を回収する。

無知なプレッシャーは公営住宅の建設にもブレーキをかける。公営住宅団地に駐車場をつくるだけでも、「車は贅沢品だからなぜ公営住宅に必要なのだ」という圧力が後々まであったと聞く。この国の今日を決めた「経済成長」とはいわばすべての活動をフローとして捉え、ストックを放棄するというものであり、本来ストックとなるべきものさえ減価償却を寿命の基準とする乱暴で幼稚な、真の豊かさを求めないものであったのではないか。長寿命の住宅をストックして、減価償却後の存在こそが利用価値という「価値」の確認がそこにはない。この問題こそ今日から明日への大きな問題ではないだろうか。将来を見据えることを役割とすべき立場の人、政策を担う人々が、長期的視野でものが見られず、責任をもつべき分野にまるでアマチュアであるように金を回せ回せという社会。公団は「ハウジング・アソシエーション」としての本来の役割から転身し、住宅供給「会社」になっていく。

3―8　住宅の商品化が専門性を排除した

戸建て住宅も商品化していく。住宅産業は成長し、プレファブ技術を着々と積み重ねていく。つまり建築家が関わったプロトタイプから変貌していくのだ。ストックを目指した初期の工業化住宅は意匠を纏い顧客にわかりやすい定型を求め多彩な商品となって立ち現れる。

「住宅展示場」という諸外国にはまず存在しない住宅販売形式が現れるのももちろんこの頃だ。「ＡＢＣ モダン住宅展示場」（１９６６年）が国内最初と言われている。住宅の商品化が極まる。住宅展示場の存在が住宅取得の手段として一般化し普通のこととなっていくプロセスはもちろん、分譲住宅地という商品の一般化とセットだったことも忘れてはなるまい。住宅地がひっ迫せず平地に住宅を建てている時代から分譲住宅地は存在する。先に触れた私鉄沿線などの私企業による分譲住宅地は戦前からのものであり〈サラリーマン〉＝〈月給取り〉という種族の発生に伴うものと言えるのかもしれない。

建設省も住宅を産業の一翼を担う経済活動として捉える。商品化せよ、たくさん供給しなさい、たくさん儲けなさい、それにより経済成長を促しなさいということになる。儲けの道具になっていくのだ。住宅は、急速にユーザーの要求を採り入れるようになるのである。売り手（セールスマン）もそれに追随する。

売るための誘導をする。つくる側の専門家としての主体性や矜持はマーケティングの前に消滅する。住宅は本来あるべき姿に対する判断が専門家によるものではなく、商品として売りやすいものになっていくのである。いつのまにかそれが既知のもの、見慣れているものになり、「シンプル・イズ・ベスト」のモダニズムの志向からポピュリズムに彩られた多彩なものになる。スペイン風になりフランク・ロイド・ライト風になりさまざまな装飾オーナメントが加わっていく。今日の郊外住宅地の景観は主にこれらの工業化住宅によってつくられていると言えよう。

余談であるが、日本の住宅は昔からモジュール（基準となる寸法）がある。畳のスケールがそれである。畳の歴史は古く、寝殿の板の間に座所、寝所として部分的に置かれたものが起源であり、いつの間にか床の全てを畳で覆うようになる。畳はいわば「ベッド」であり、それゆえ人体寸法に適合する。結果、ヒューマンスケールによる住宅プランを成立させる。8畳、4・5畳など日本人はなんとなく部屋の広さの単位を生まれながらに知っている。あまり気がつかないが、これは世界的に見るとかなり珍しいことなのだ。組積造を伝統とする国々にはレンガというモジュールはあっても我々の畳のようなモジュールは存在しない。このシステムの上に和小屋を載せる。どんなかたちのプランにもこの和小屋は載せることが可能なのだ。伝統的に大工は「手板」に描かれた平面図1枚で住宅をつくった、実に可変的なシステムであった。結果として工業住宅、プレファブもこの可変的システムを援用する。工業化住宅、プレファブのくせに、間取りの制限の多いものではなく多様なプランを成立させるこうした畳をモジュールとする「工業化住宅」が開発供給され、これが一般の人々にとり自らが手にする「住宅」ということになる。工業化、規格化と多様化は矛盾なく両立したということになる。

3-9 住宅は都市の重要な構成要素である

高度経済成長に伴って、戸建て住宅も集合住宅も、どちらも大きく変質してきたことは、すでに述べた通りである。その原因のひとつは、社会の極端な商業化である。住宅は購入するものであり、住宅ローンを背負って消費する、つまりは金融主導の住宅消費という論理が定着していったのだ。

もうひとつの大きな要因は、地価の高騰だ。14階建ての高層の高島平団地ができたのが1972年である。郊外の住宅地も不足しつつあった。人口急増に対応するために、あるボリュームが必要ということで住宅が高層化・高密度化していくひとつのきっかけとなった。それまでは、比較的都心に近いところであっても4~5階の中層住宅であり比較的住棟の間隔も十分な空地率の高い住宅地が普通であったがそれが変貌を始めるのだ。以降、規制は緩和され続ける。社会の人口構成や産業構造と集合住宅の歴史はみごとに繋がっている。

あまり知られていないが、例えば横浜市磯子の汐見台団地のほとんどは、膨大な社宅群として構成されている。丘上の住宅群は壮観だが、その多くは眼下に広がる京浜工業地帯で働く人々のための社員用住宅であった。

ここで「都市計画」の視点で、住宅地を概観する。戦後、国土を回復していく中で最も夢のある仕事と考えられた職業のひとつが「都市計画」だった。荒廃した都市を新たな理想に基づいてつくり上げる、そうした仕事としてあった。都市計画家の仕事は多くは公共なものであり、経済的に豊かとは言えない社会においてさまざまな制約があり、理想の実現が難しい場合であったとしてもまずは公共がそれを担い工夫しながら都市はつくられるはずであった。「基町アパート」の事例で述べたように、100年それを使い続け維持し続ける、そのためのストックの建設が都市計画家の任務であったはずだ。都市、そして都市を構成する建築群が、当初から短期に収支を合わせるためではないことは当たり前のことであろう。本来そこにこそ公共の役割がある。

いつの間にか公共が都市から撤退しディベロッパーがビジネスとして広大なオ

フィスエリアを開発し、集合住宅建設を行うようになる。言うまでもなくそれは商売として成立しない都市開発や住宅供給は行わないということを意味する。経済原理に基づく民間分譲マンション建設は当然ながら、公団もまた当初の理念とはまったく異なる住宅供給であり、いつの間にかこれが一般化する。そして今日に至ることとなる。2000年代に入り、「民活」の名の下に容積を緩和し景気浮揚の道具としての住宅建設を煽り、ますます経済活動としての軸足が増すという流れになっていく。もちろん公共を担う自治体は、ディベロッパーと協議の中で一定程度の規範や条件を示してはいるのであろう。ただし、あくまでもこうした開発の主体は株式会社という株主への報酬を一義的な目的とする組織によっている。協議はその前提の中でのことでしかない。公共の論理は後退する。これは一時輝いていた「都市計画」という思想の大幅な後退でもあろう。

第二次産業の衰退やインターネットの普及など産業構造や流通構造も急激に大きく変わりつつある。品川の港湾エリアの倉庫街はコンテナ流通の普及により役目を終え跡地はいわゆるタワーマンションにとって恰好の立地となっている。購入者の多くは実は投機目的であるという。ここでの「住宅」とは投機的商品でしかなく「健康で文化的な生活」とはまったく無縁異質なもの、ということになる。

コラム1　木造モダニズムの開花

戦後、一部の人々は建築家に自らの住まいの設計を頼むようにもなっていく。もちろん戦前において、建築家は一定の富裕層の住宅のデザインを担った。当時、建築家は公共建築を手掛けるいっぽう、こうした住宅の設計を担う存在であった。フランク・ロイド・ライトに学んだ遠藤新設計の豪邸「加地邸」（1928）は今も葉山にある。吉村順三の師、アントニン・レーモンドもたくさんの個人邸を設計している。もっとたどれば明治期のお雇い建築家のジョサイア・コンドルによる「岩崎邸」など建築家の設計による住宅はあったが、それらはあくまでも巨大なものであり豪商や政治家など権力者のためのものであった。

1964年の東京オリンピックを背景に社会にある種の明るさが現れる。明治期の建築家とは大きく異なるものではあるが中産階級が建築家に住宅の設計を依頼するケースが現れる。50年代のプレファブを目指した小住宅、そしてその後の建築家による中産階級のための住宅群、これらが「戦後モダニズム住宅」と呼ばれるものではないだろうか。

「戦後モダニズム住宅」と括られる一群の住宅作品はとくに海外にも知られる存在である。この時期は我が国の住宅建築がいちばん生き生きとし、建築家が住宅を設計する中でたくさんの冒険ができた時代であったのではないかと思う。

この時代、住宅を標準化するという影の宿題

清家清「私の家」（写真提供：東京科学大学　那須研究室）

があったことが、建築家たちの視野を小さなものに留まらせなかったのであろうと私は考えている。グローバルに考え、これからの社会や風景のあり方を提案する希望のようなものがあり、建築家もそれを信じ生き生きと活動していたのではないだろうか。

この動きとそうした活躍は、海外からも注目されることになる。日本の戦後モダニズム建築の試みは急にインターナショナルなものになる。

ロックフェラー財団のサポートにより設立されたニューヨーク近代美術館（ＭｏＭＡ）でアーサー・ドレクスラーがキュレーター、フィリップ・ジョンソンがサポートした「Japanese Exhibition House」（日本家屋）展（１９５４〜55年）において、吉村順三が書院（後に松風荘としてフィラデルフィアに移築）を建てたのもそのごく初期の例だろう。その展示の屋根を取り除けば、柱と梁による構成であり、まさにモダニズムそのものに見えるというのがジョンソンなどの見立てだったわけである。日本側の意図もそこにある。モダニズムに通じる合理が日本の建築は伝統としてある。それをアメリカで見てもらおう、というのがこの展示のもくろみだったのだ。

清家清の初期のいくつかの住宅「斉藤助教授の家」(1952年)、「森博士の家」(1951年)、「宮城博士の家」(1953年)、「私の家」(1954年)などに惚れ込んだヴァルター・グロピウスも、清家をアメリカに招聘した。こうしたことにより日本の建築家にも、この国の伝統建築が実は直接ヨーロッパやアメリカのモダニズム建築に繋がっているものに見えたのである。日本の伝統である柱と梁による建築がヨーロッパにおけるこれまでの組積造、コンクリート造から離れ、新たな展開を見せた。鉄骨造の建物、ヨーロッパには伝統として存在しなかった柱・梁による建築のプロパガンダとしての役割を果たすことになる。もちろんこの国の柱と梁、その精密な架構は彼らにとって目を見張るものであったのもこのことと無縁ではない。大工の技の洗練こそがこの国の「木造モダニズム」を支えたものであったと考えるべきであろう。

コラム2　住宅に必要な基本性能——防災と温熱環境

建築の中には、構造、設備など縦割りになった専門がある。その「専門家」を疑う必要があると私は思っている。建築を構成する要素は実に多様である。建築には耐震性、環境性能はもちろん求められる。そして工業化、材料、設備、地域性、環境性能、景観などなどである。多くの場合「専門家」、「研究者」はそのうちどれかひとつの「専門家」、「研究者」である。成果は他の専門性から往々にして検証されないのだ。

防災の観点から話をしよう。函館の大火がきっかけとなり、不燃を考えた中村鎮（1890〜1933年）は、自ら開発したコンクリートブロック（通称：鎮ブロック）の公営住宅を北海道で量産する。燃えないことに限ってはこの選択は間違いでないが、北海道の住宅と寒さとの関係を彼は考えることができなかった。これを克服するまでには、その後長い時間が必要となる。コンクリートブロックの住宅は、学者である中村にとっては素晴らしい耐火建築であるけれども、もちろんこれだけでは耐寒建築にはなり得ない。コンクリートブロックの公営住宅に住んだ人は、コンクリートブロックに対する恨みをもつということになってしまっている。

また、大きな吹抜けのあるリビングルームは格好がよい。しかし、冬に寒さを招き夏に灼熱を招くこと、コンクリート打放しの家が冬季に夜間の冷気を溜めて日中も寒い。そのうえ夏季は日中の熱を蓄え夜間の室内を耐えられないものにする。建築の挙動は時にそれに関わった専門家の思いとは異なる結果を招くものであったりもするのである。もちろん技術は、欠点や失敗に気づいた後、それを克服する力をもつ。さまざまな領域の協働によりそれらはより優れた技術へと変化するのである。今日の北海道のコンクリートブロック住宅はブロックを二重に積むことにより温熱的にもきわめて優れたものとなっている。ブロックの蓄熱性がむしろほかにない快適な室内気候をつくり出しているのだ。吹抜けのある住宅の温熱性能も壁や戸の断熱性能を向上させる。今日ではこれまでになかった輻輳する条件を総合的に解くシミュレーション技術の向上もそうしたことに一役買っている。

　戦後よちよちと歩き出した建築は、大切な要素のうち、構法や構造などだけを手がかりにしてつくってしまった傾向があるのかもしれない。目に見える部分がまず注目されたのであろう。住宅に限ることではないが、建築がまず主題としたことはその姿そのものにあった。建築の第一の魅力は、その大きさ、そのそびえたつ姿にあった。写真には写らないこの最重要であるはずの分野、温熱と環境は置き去りにされたのかもしれないと思う。そして最も遅れたのが温熱環境の分野かもしれない。先に触れた寒冷の北海道などでは建築はまずこのことを宿題とせざるを得ない。エネルギー問題が大きな課題となる今日では、寒冷地だけの問題でないことはご存じであろう。

〈環境〉と一括りにされるが、さまざまなファクターがある。地域ごとに異なる気候条件（寒さ暑さ、湿気、風）は、当然ここに含まれる。建物の室内環境はその外部環境の質に大きく左右されよう。そうであれば周囲の環境を整えることも建築や住宅を考える重要な要素としなければなるまい。とくに南北に長い日本では地域ごとの気候の違いは実に大きい。日本列島、宗谷岬から鹿児島までの緯度は、ヨーロッパに置き換えるとイタリア北部からアフリカ大陸モロッコに至る。

もうひとつ横道にそれることを承知で話そう。日本海側の東北・北陸エリアは世界でも有数の豪雪地帯である。ジェット気流が上空にあること、水を供給するための湖や海が西にあり東に山々が連なること、というこの条件にまったくみごとに合致しその規模が他のふたつの地域に比べ圧倒的に巨大なのが日本列島なのだ。ジェット気流が西側の水源からの大量の水蒸気を山々にたたきつける、その結果が豪雪というわけだ。日本列島の日本海側ほどこの条件に合致するところはない。日本列島の気候の多様性はそれぞれの異なる気候に適した住宅を求めている。気候の異なる場所に建つ住宅は自ずと異なる性能を求められるはずだ。そういうことを踏まえた性能のものにしなくてはならないはずなのに、そのことについてこれまであまり考えられてこなかったのではないか。それができなかった理由は先にも触れた経済的な貧しさが大きいのだろうから、必ずしも非難すべきではない。しかしこの国の住宅の寿命が短い原因のひとつがこの性能の不足にあるとすれば、専門家がきちんとそのことをテーマとしてこなかったことに一定の責任があると考えるべきではないだろうか。建築という領域にはもうひとつの「専門性」としてさまざまな条件を「統合する人」が必要なのだ。

滅失住宅の平均築後年数が日本では38・2年、アメリカは66・6年、イギリスは80・6年という数値がある（国土交通省／滅失住宅築後年数の国際比較より）。ほかの諸国に比べ短い。きわめて短い時間で建て替えられている。その端緒は戦後のバラックにあるのだろう。とくに戦後初期の住宅は、バラック（仮設建築物）のようなものだったとよく言われている。10年〜15年くらいでその頃の住宅のほとんどは建て替えているからだ。

それらは木材など主に自然の材料でつくられた。そのうえ使われている資源の質量がきわめて小さいため、建て替えたところで環境の負荷はそれほど大きくはない。とすればその頃の住宅はメタボライジング＝消長を繰り返してもそれほど悪くなかったのだと言えるのかも知れない。頻繁に建て替え変化し続けるまちに発展のダイナミズムを感じる、活力あふれるものと考えられなくもない。

もっと遡れば関東大震災という住宅の喪失がある。今和次郎が調査しスケッチした関東大震災後のバラックの記録に各被災者の人々が、思い思いにつくったセルフビルドのバラックが採取されているのを見たことがある。被災した人々が雨風から自らを守るために焼け跡にある木、波板などで工夫したそれらバラックは実に個性的で、不謹慎ではあるが実は面白く興味をひかれるものであった。いま災害に備える応急住宅はプレファブ化された既製品として備蓄され準備されている。我々はそれを当然のことと考える時代である。

戦後モダニズム住宅をリードしたのが、広瀬、増沢、レーモンド、吉村、清家らの住宅だ。その中で特筆すべきなのは清家、吉村のふたりではないか。彼らの建築は、ただシンプルなだけではなく、設計した小さな住宅の多くに床暖房が装備されていることに驚かされる。彼らは住まいがもつべき統合された性能を考えていたのだ。つまり、偏りのないものとしての「建築」をつくる意思が彼らにはあった。

もうひとり、藤井厚二もそうした建築家として挙げておきたい。京都と大阪の間の山崎に彼の住宅が今もある。「聴竹居《ちょうちくきょ》」（1928年）と名付けられた彼の自邸実験住宅は第一の課題を気候に置く独創性の高いものである。

戦前、大正デモクラシーといわれた時期に、ヨーロッパやアメリカの情報を手にした人々がいて、海外渡航経験のある人などが、そこでは課題とされている豊かさを知ることになった。彼らが気づいていた住宅の豊かさ、そして性能に対する知見が戦後の住宅設計に生かされたと考えてよいだろう。

藤井厚二「聴竹居」（写真提供：竹中工務店　撮影：古川泰造）

4

規制と緩和が奇景を生む

現代は規制ばかりが多くなっている時代だ。私が独立して建築設計事務所をはじめた1970年代半ばに比べると昨今は、建築基準法の運用もきわめて厳格になった。そうした規制が、豊かな環境と面白いまちにつながるのであればそれはそれでよい。しかし、パワービルダーやハウスメーカーなどのつくり出す「合法的」住宅群の姿を見よ。規制を遵守してできる合法的建築の集積によるまちが、1章で述べたファベーラのような姿を呈するとは、皮肉なこととしか言いようがない。建築を法がしばる。多様で豊かな明日の都市を見据えた見方はなく、現行法制度は、むしろ豊かな環境づくりを阻んでいるといってもいい。最小限と言いながら法の許す最大限を実は誘導するのだ。

その結果が今日の景観である。建築がつくり出す景観の良し悪しを判断することは実に難しい。もちろん規制だけにその原因を求めることはできはしない。しかし今日、法がつくり出すまちは決して豊かな景観をつくり出しているとは言えないことは確かではないか。順法であることで生まれる奇形について、この章では語りたい。

4-1 最低敷地面積は果たして適切か

市町村によるが、一般に都市圏では500㎡(約150坪)以上の土地の住宅地開発をおこなう場合「開発行為」となるため都道府県知事の許可が必要となり、市街化調整区域においては規模に関わらず許可が必要である。良好なまちづくりと生活環境の保全を図り、よりよい住宅地の提供をすることがその目的である。しかしながらこのケースであったとしても、規制される一戸当たりの住宅敷地はこれも市町村によるが１００㎡（30坪）ほどでしかない。この敷地規模から民法による隣地と外壁との最低限度の距離である50㎝と駐車場分の空地を差し引き、建ぺい率ぎりぎりの住宅を置くとしよう。前にはやっと一台の車が停まれるほどの余地が現れるだけである。想像しよう。隣地との境は左右、そして背後とも50㎝ずつ、計１ｍほどの隙間である。窓を開けられるだろうか。植樹はもちろん無理である。この隙間はメンテナンスのための通路として、またはエアコン室外機の置き場でしかない。「開発行為」の許可を経ても、良好なまちづくりと生活環境の保全を図りよりよい住宅地の提供がなされているのであろうか、と疑問をもたざるを得ないのである。

一般の分譲住宅において敷地は地域の住宅取得者の給与水準に基づき区割りされ、法律上許される最小の区割りとなる。開発行為の許可が必要というハードルが最低の底をかろうじて支えているといえよう。

この最低条件ですら開発行為の許可が不要な住宅地開発、つまり５００㎡以下の敷地では守られることを必要としていない。いわゆる「ミニ開発」である。こうした住宅地においては敷地規模は70㎡か80㎡という。それは郊外住宅地、一昔前の一定の環境水準を保ってきた中規模住宅地の多くに見られるケースである。高齢化による更新、つまり端的に言えば「相続」という制度がつくり出すケースである。１００坪あまりの土地を四分割し唐突に風景を変えるのである。

仮に70㎡の敷地規模の周囲を50㎝空け駐車スペースを何とか確保すると住宅規模は42㎡ほどとなり60%の建ぺい率に収まってしまうのである［図1］。50㎝では立木の1本も立つことがない。窓を開いた先は隣家の外壁かアスファルトの道路である。これが郊外住宅地の目指すべき景観であろうか。多くの場合こうしたミニ開発も、いわゆるパワービルダーやディベロッパーの手によることが多い。短期に土地取得から販売までを行うノウハウが彼らの強みであり、それにより傘下のビルダーを束ねる。本来地域の景観を担い地域の守り手であろうとする地域工務店など比較的誠実な担い手は手が出ないのである。彼らの仕事は考える仕事である。時間がかかる。いっぽう多くのパワービルダーは用地取得後、ただちに事業を進め一時の猶予なく開発を終わらせる。時間こそが最大の利潤を生むからだ。

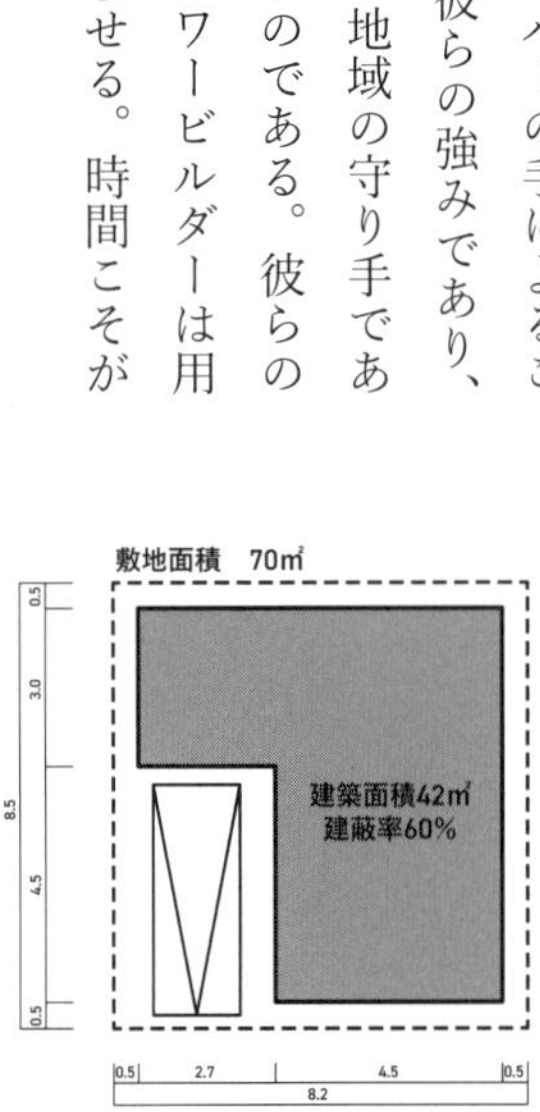

［図1］ミニ開発によってできる住宅の例

住居系の地域は低層から中高層を認めるものまである。その中で最も制約条件が多いのが第一種低層住居専用地域であるが、そこですら多くの地域で建ぺい率が60％までと設定されている。敷地が100坪あれば40坪の庭が残るが、敷地が小さくなると建物の周りに少しだけ残せば60％は達成でき、合法になってしまうのだ。つまり法令は本来それが前提とした状況から乖離した現況に対しまったく無力なのだ。規制は実は「最大限」であり販売業者は自己の都合に合わせそれを活用する。そしてその結果が立木1本もない殺伐とした住宅地の風景である。

敷地規模の最小条件は拡大すべきであり、建ぺい率は厳しくしなければならない。規制は実質上規制として働いてはいないのである。郊外住宅地の規制は将来的には最小敷地面積を少なくとも150㎡ほどとすべきであり、建ぺい率は3割ほどとすることを目指すべきだろう。現下の規制のつくり出している風景とこれを比較すれば今2棟が並ぶ敷地には1棟の住宅が建つ、そんな環境である。ざっと計算すると現況において規制ぎりぎりの6割の建ぺい率で建つ住宅が仮に隣地を取得し庭なり農園としたと仮定すれば、建ぺい率は一気に3割程度になる。迫りくる縮減社会への方策としてこうした郊外住宅地像が実現できることを望みたい。そのための制度の準備をすべきと考える。郊外がそんな豊かな景観となることを期待を込めて夢想する。

夢想を実現するための方策はあるか。唯一あるとすれば商品としての住宅取得を止めて住宅を長く使う、中古やストックとしての住宅使用を常態とすることにより土地価格を引き下げるしかないのではないか。

つまり順法だけではよいまちにはならない。むしろ順法が地域の環境を阻害しているのである。

4-2 法律に忠実であっても、よい建築とは限らない

建築基準法とそれを根幹とする建築と都市にかかる法体系そしてその運用の矛盾は沸点に来ていると私は思う。建築の構造計算書を偽装した「姉歯事件」は記憶に新しい。建築の安全性を守るための構造耐力が基準に達していなかった事件だ。そののちに法体系の運用はきわめて厳格になった。厳格になることは必ずしも悪ではない。しかしあの事件をひとつの根拠とすることによっていわば「性悪説」としての法の運用が普通となり、それがまかり通っていることに大きな疑問をもつ。住宅の着工数は年々減少しているため、その結果、審査件数は減じている。審査はより緻密に行うことができる。そのうえ確認業務は新たに制度化された民間の検査機関にほぼゆだねられている。民おろしだ。こ

れにより官の業務役割は大幅に軽減されたことになる。官は民間の確認機関の業務内容を監督することが仕事となったのだ。結果、確認業務は法の「文面」により忠実であることが徹底されることになったと言えるのではないか。建築の良し悪しは文面に忠実であるかにより計られるものではない。法は建築のあるべき最小限の姿を想定しているという。例えば斜線制限とは、それ以上を許さないぎりぎりのボリュームであるが、もちろんそれが最善というものではない。文書が誘導するもの、文書に従うことが建築を優れたものとすることはない。

逆も多くある。東京のある区が確認済証を交付したワンルームアパートのひどさを私が知ったのは数年前のことである。当時、旗竿敷地いっぱいに建てられたこの建築は周囲の住民の抗議の渦中にあった。建ぺい率算定の基準となる敷地面積に建物が建っていない竿の部分も含まれているため、旗の部分に建つワンルームアパートが周囲の家々に比べて敷地境界に迫って建てられているのだ［図2］。抗議は既に建つ自らの住宅のプライバシーを侵された近隣の住民によるものであった。現場を見たがこれが許されるのかと思うほどのひどいものであった。この建築も、建設前に確認申請書を自治体に提出し、確認済証の交付を受けている。その許可を出した区の審査課の責任者は「まったく問題がない」と言い張った。文書に忠実であることの結果である。行政の法の運用がこ

［図2］法に適合した異様な建築の事例

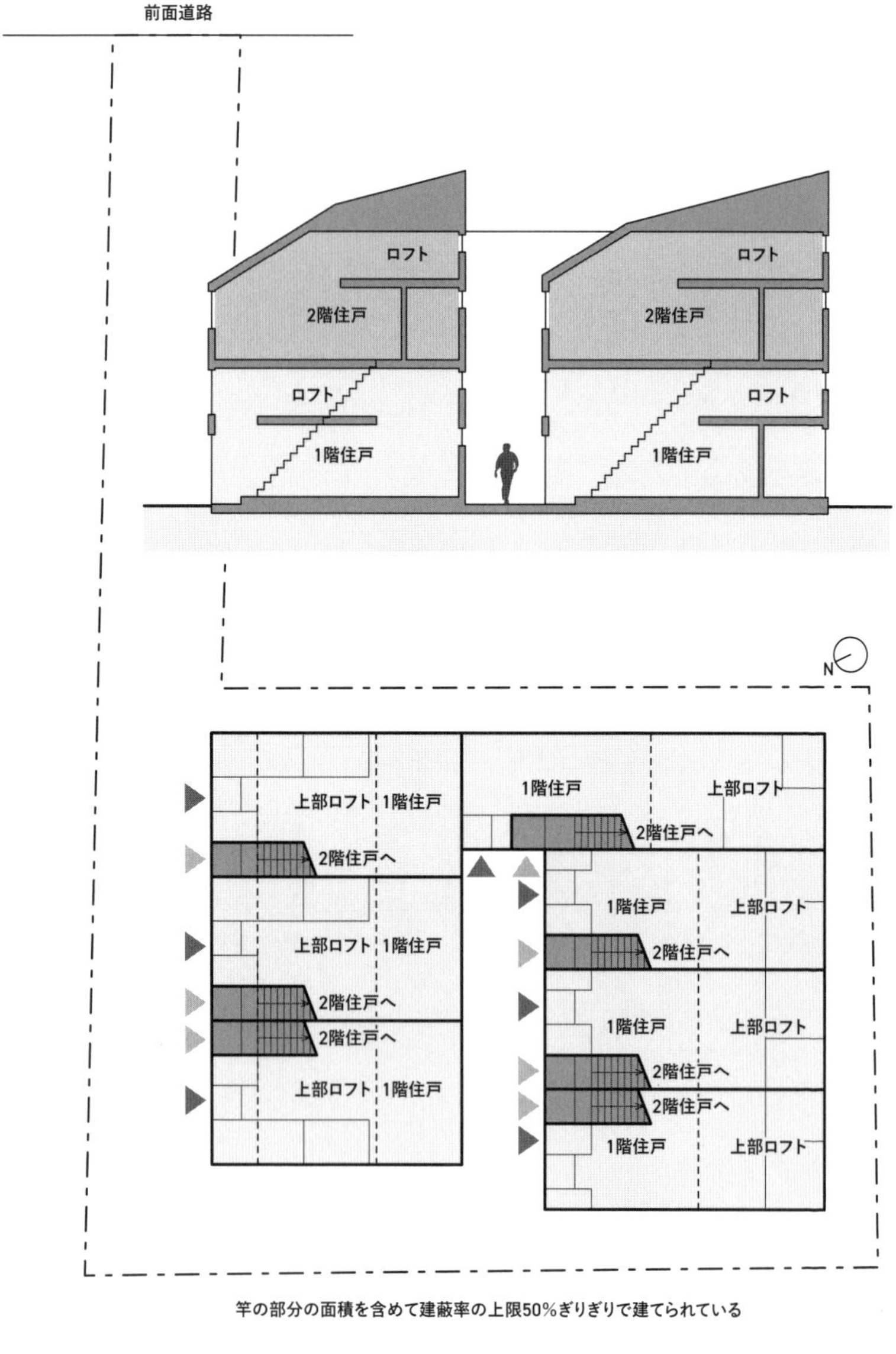

竿の部分の面積を含めて建蔽率の上限50％ぎりぎりで建てられている

のとおりであるのであれば、建築確認行為を民間に下請させるシステム下では、民間審査機関が文書にのっとった判断以外の審査をすることはできないのである。機関の審査が文書に厳密であることは機関の存亡に関わるからであろう。万一、彼らが認可が取り消されでもしたらと考えることは容易に想像できよう。妻子が路頭に迷う。つまらない一字一句に拘泥すること、そしてそれが性悪説によることでつまらない仕事となる。煩瑣な条文にかかる意味の感じられぬ応答が我々の生産性を低いものにする。奉り上げられた法の条文そのものは、まちを豊かにするものではない。

今日の法がつくり出した混沌とした景観も異常であり、規定され誘導された建築群も異様である。とくに都市レベル、景観レベルの規制のゆるさはひどすぎる。郊外農地などで見られる建築による景観の深刻な荒廃はそうした事例である。

4-3 文書主義を超える創造性

さていっぽうで、法を超えるチェックはあるのだろうか。社会的な任務を担う専門的な視点でのチェックだ。例えば法規が予想しない「変なもの」、現行法には触れるがしかし何らかの提案を秘めたもの、明日を予感させるもの、新たな都市像を感じさせるもの、善意に基づく「変なもの」を面白いとし、それらを許さないのではなく、それを試みることで明日を考える。そんな作業を許す社会でなければ、前を見据えたフレキシブルな提案は起こり得ないし、それが起こり得なければ実につまらない前例主義の社会へと固定される。そしてその社会には新たな果実は決して実らないだろう。

もちろん明日の予感が悪意に基づくものであることは許されない。悪意の侵入を排し新たな果実に賭ける。それを担うのはいまだここにない「共」の役割であるとしか考えられないと私は思うのである。「共」とは責任を伴う性善説を前提とした、市民社会の真っ当な姿であろう。明日を考える市民によりまちがつくられ、マネジメントされ　さまざまな試みがなされることが「共」だと私は思う。そこから現れる「共」、それが自らの責任でさまざまに試みた景観を積極的につくるのではないか。そしてそれを模索し続け、市民にさまざまな可能性を提示することが行政の本来の職能であり責任であろう。もちろん市民とともに。

行政の中にいる建築士、建築主事はそのまちのあるべき姿について専門家としての見識が本来的に求められるはずである。手柄と責任を担う仕事である。

海外のユニークな事例を紹介しよう。ニューヨークのセントラルパークの近傍にフランク・ロイド・ライトの設計した「グッゲンハイム美術館」がある。貝殻のような螺旋形の特徴ある建物だ。訪れた方もご存知の方も多いだろう。

この建築は法令に違反している。周囲の建築を見ると一定の形状で隙間なく並ぶ、都市のコードは一定の建築が隙間なく並ぶ街並みになるよう厳しく規制されているのである。ライトの提案はこの規制に著しく抵触しているが、市の建築主事との話し合いの中でこれが了承されコードに従わないものであることが許容されたのである。

オランダ、ユトレヒト郊外に「シュレーダー邸」という住宅がある。ヘリット・リートフェルトという建築家の作品だ。この色鮮やかな小住宅は一列に行儀よく並ぶレンガ色の連続住宅の端部に連なっており、きわめて異質な姿で建つ。この住宅は、登録時、世界で最も小さな「世界遺産」でもある。これもこの地域の住宅に課せられたコード、ルールから逸脱している。しかし市の建築主事との応答の中で建設が可能となったのである。主事の社会に対する任務は決して文書主義ではない。文書主義であればグッゲンハイムも、世界遺産であるシュレーダー邸も存在しないであろう。このふたつの建物は半世紀以上も前に建てられたものであり、当時と現在ではさまざまな条件が異なる。その公を担うものの社会的任務とは自らの責任で法令の求めるところを理解し時によってはそれを逸脱することすらを自らが背負うものであることを示す好事例である。繰り返すが下請けとしての民間の確認審査機関が勝手に社会的任務を担うことは制度上あり得ない。頑迷な文書主義は自らが考えない従順な市民をつくる。そして公が明日を思い描かない社会をつくる。このことを深く危惧する。

4-4 理想の建ち方とは

原則に立ち返れば住宅は果たしてどのようにそこに建つとよいのであろう。住宅の建ち方は「屋敷型」と「町家型」のふたつに分別できる[図3]。敷地境界があり、敷地の一部に家が載る建ち方を「屋敷型」という。いっぽう、京都のように高密度に家々が連なる姿は「町家型」の典型である。

「屋敷型」は本来、郊外型、田園型の住宅のあり方である。広い敷地がまずあり、そこに主屋や畑、庭、付属家などがある。地方の農村の家の姿である。家の境には生垣や防風林があり、野菜は庭先にあり、塵芥は畑の隅に埋めればいい。敷地は生産的である。屋敷林は微気候をつくり、風は穏やかに家に吹く。家は敷地に支えられ自給し完結する。ひるがえれば「狭小地型」[図4]の50cmという隙間は敷地が最も小さくなり家が最大化した結果としての姿である。隣地との隙間50cmは「屋敷型」がもつ敷地の役割のすべてを放逐した姿なのだ。

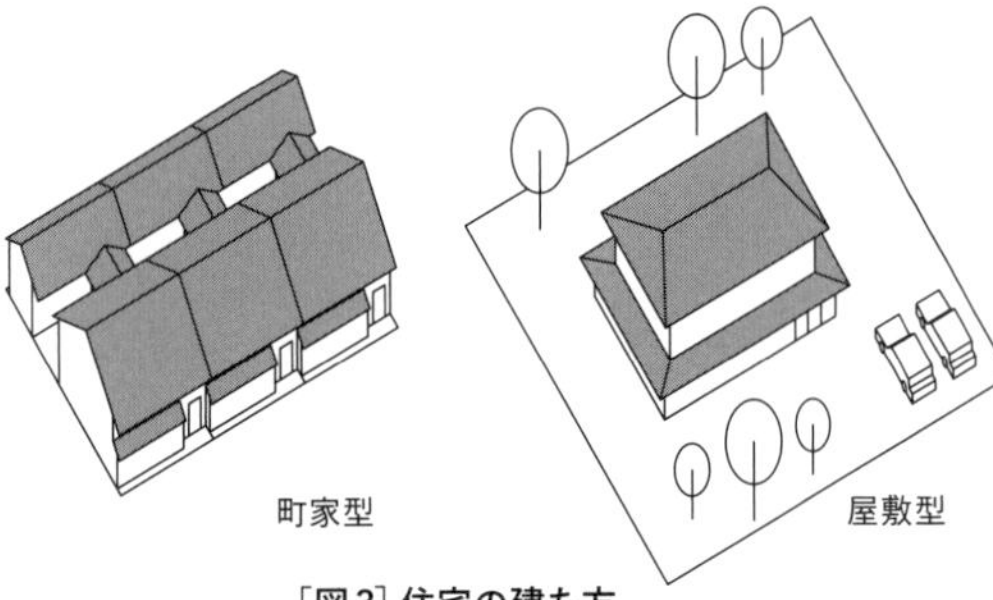

[図3] 住宅の建ち方

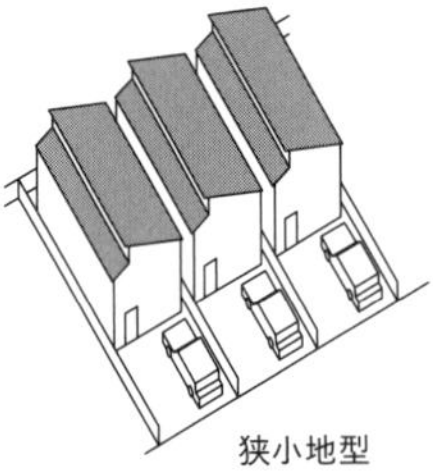

[図4] 都市部の建ち方

塵芥は市の収集車が頼りであり、野菜はスーパーが、気候はエアコンが頼りである。それなのになぜ「屋敷型」と同様の建ち方になるのだろうか。言うまでもなく、相続を前提とした一世代ごとの建て替え、個人目あての金融機関のローンのメカニズムである。このほかに理由はまったく見当たらない。住宅がコモン=共であり一世代ごとの解体を前提にしない社会財として存在するのであれば、郊外においても家々は連続するであろう。結果、意味のない50㎝の隙間は消滅するのではないか。そして家々の前そして後ろに庭が幾ばくなりとも出現するであろう。たとえ敷地面積が今のままであったとしても、である。

住宅は都市に近づくに従い「町家型」になる。住宅と住宅が接続する「町家型」住宅タイプをゼロロットと言う。ヨーロッパの都市の隙間なく連続する街並みを思い出してほしい。郊外の連棟型住宅は主にこのヨーロッパにおいて近代、都市の膨張の中で考えられたものでありタウンハウスという名でおなじみではないか。いわば「屋敷型」と「町家型」の間のかたちをとるのである。とくに都市の郊外において、計画的につくられた家々は長く接続し、前に庭、後ろに農園をもつ。ゼロロットの典型がタウンハウスである。密度の比較的高くない立地においては2軒ごとに接続し建つセミデタッチドハウス（接続していることを前提とした言い方）という形態もある。片面は隣家と接続、もういっぽうは接続しないタイプである。工夫の仕方はさまざまに存在する。

最小の敷地の上の最大の「屋敷型」の家と敷地境界の間の50㎝の隙間、これがいかにつまらない根拠によるものであるのかを考えたいと思う。「私」による住宅所有、「敷地」の著しい縮減と「住宅」の肥大、残余としての「敷地」の隙間化、これが今日の郊外の景観をつくる。分譲住宅業者は利潤追求としての住宅産業の担い手であっても、まちづくりの担い手ではない。「まち」はそこに住む私たちひとりひとりにより健康で文化的な（少なくとも）最小限の生活を営む場にしていかなければならないはずではないか。

5 資源としての住宅を考える

——木造ドミノ住宅というブレイクスルー

これまで、住宅供給に関する問題点を指摘してきた。本章では、私たちが開発した「木造ドミノ住宅」という名の、新しい在来工法でつくる住宅を紹介する。先述の問題を何とか解決しようという試みである。簡単に言うと、これは耐震性と断熱性の高い外皮＝サポートを装備し、ＯＭソーラーというきわめてエコロジカルな熱源をもつ住宅であり、さらに言うと内部の改変がまったく自由な住宅システムである。耐震性と断熱性の高い外皮＝サポートを次世代あるいは次に住まう人に継承し、設備や間取りは住人が時代ごとに自由に改修しつくることができるというものである。つまり世代を超えて長く使うことができるものである。なぜそのような住宅に辿り着いたかを説明する前に、まずはその原点となったＯＭソーラーという仕組みと私の関わりについて少し紹介しよう。

5－1　空気集熱のＯＭソーラーと歩む30年

ご存知の方もいるだろう。ＯＭソーラーとはその名の通り太陽エネルギー、特にその熱を住宅に利用する仕組みのことである。ＯＭソーラー協会が組織として発足したのは１９８７年で30年以上前になる。その５、６年前、数人の建築家有志が集まり、ソーラーハウスを研究するソーラー研究会、略して

「ソーラー研」を始めたのがこの組織のルーツであった。もちろん石油ショックなどが端緒となった省エネルギーを志向する当時の世相がその背景であった。

東京藝術大学時代の私の先生である建築家の奥村昭雄と彼の奥さんでこれも建築家の奥村まことが中心となりささやかな勉強会は始まった。太陽熱を利用して住宅の温熱環境を考え暖房を工夫すること、それがテーマであった。きっかけは奥村研究室のメンバーの親の家で試みた類似のソーラーシステムが思いのほか上手くいかなかったことにあった。奥村は面白い工夫をする人であった。石油ストーブの煙突にもうひとつのカバーを設置し、煙突からの廃熱を回収しつつ床下に導入し上下の室温を一定にする工夫なども試みていた。こんな流れの中で熱源を太陽に求めることにしたい、研究会はそんな中での発足であった。「ソーラー研」のユニークなところは、当初から通常使われている水を媒体として使うのではなく「空気」を媒体として太陽熱を搬送する仕組みを考えていたことであった。

空気を使う仕組みについては実はそれ以前から試みられ、フランク・ロイド・ライトや吉村順三に端を発するのである。寒冷地で快適な空間をつくるための暖房として用いられていた。吉村順三は主に別荘建築で床下に波状の鉄板、デッキプレートを敷きその穴に温風を通す温風暖房を試みている。通常の水式の床暖房は一定の室温になるまでが長い、この時間が別荘のような住宅には適さない、また水によるパネル暖房は寒冷地で凍結の問題もある、それを解決する工夫である。当時、それは石油ボイラーで温風をつくるものであり太陽熱によるものではなかった。

シカゴを主な仕事場としていていたフランク・ロイド・ライトは、住宅の地下に空間をつくりそこに温風を導入し上部の部屋の床下を暖めるという仕組みを工夫している。彼が重力暖房（Gravity Heating）と呼ぶものだ。『自然の家』［＊1］という彼の著書にあるが、帝国ホテルの施主の一人である大倉喜八郎の家でごちそうになったときのことが、この暖房のヒントになったという。招待された日本家屋が寒くひどい環境だったが、食事の後のお茶で庭先の韓屋に導かれ暖かく快適なオンドル部屋が天国のようであったと書く。ここでのオンドル体験がシカゴでの床暖房につながっていくのである。ちなみにライトの床暖房はその後温水を熱源とするものに変わったようだ。地下空間をそのためにつくることがあまりにも大きな負担だったのだろう。

＊1──『自然の家』フランク・ロイド・ライト著　富岡義人訳　ちくま学芸文庫　筑摩書房　2010年刊

5－2　高気密高断熱への道

屋根で暖めた空気を床下に蓄熱し、ためる。これは案外うまくいくのではないかという直感はあった。この組み合わせはとてもわかりやすいものであり、大げさなものとは考えないでよいものでもあった。住宅のすでにある部位（屋根、床下の空間など）を集熱や蓄熱の部位としてを使うのである。鉄板の屋根は冬でも熱くなる、床下には湿気が上がらぬよう土間コンクリートがある。コンクリートは熱を蓄える能力が高い。屋根の熱をコンクリートにためれば室内の暖房ができるのではないか、あとは空気を屋根から床下へ搬送する仕組みを考えればいいと思ったのである。そしてここで登場するもうひとつの、しかし最も大きな問題は蓄えた熱をいかに逃さないか、ということであった。当時東京周辺に建つ住宅が蓄熱や断熱を大きなテーマとすることはほぼなかったからである。これは新しいテーマだった。そこで私が懇意にしていた雑誌「建築知識」の真鍋弘編集長と特集号の企画を兼ねて、北海道の住宅を見に行こうということになった。北海道の住宅はすでに高気密高断熱が求められ、関東では見たことのない建材、例えば透湿防水シートや気密シート、断熱材が存在した。私はこの時これらの建材を初めて見たのだった。二重ガラスも北海道では一般化していたが関東エリアではまだまだ特別なものであった。関東の工務店の常識には断熱という考えはほぼなかった。であるから断熱強化は必ずしも反応はよいものではなかった。断熱材も入れてはいるけれどなんとなく入れているというような感じではなかっただろうか。北海道住宅見聞はさまざまなことを教えてくれた。

ソーラー研のつくり出した最大の成果は、この単純な仕組みを当時市場に現れたポケット・コンピュータ（ポケコン）や、出たばかりのパーソナル・コンピュータを使って何とか予測可能にしたことにある。気象データと建物の熱性能、この両者が関係する複雑な計算には両者のデータの存在が必須だ。そしてこれらを解くプログラム、そしてその計算をこなす演算能力、この時期にやっとそれらが整いつつあった。奥村はそうした難しい宿題を楽しみながら組み立てて解く特別な人であった。少しずつではあったがこれらの武器、ツールが整う中で空気集熱式太陽熱利用暖房システム、のちのＯＭソーラーシステムとなるものは誕生することになった［図1］。

住宅の性能を何とか向上させたいそのさなか、少しずつ追い風が吹いてくる。地球温暖化が大きく問題になってくるのだ。国土交通省や環境省、経産省が動く。住宅の断熱や気密に対する基準が整備され始めてきた。もちろん住宅以外の建築物についても省エネ基準がつくられ整備されていった。そして今日では全ての新築住宅・建物の省エネ基準適合義務化に向けて段階的に法の改正が進められている。ＺＥＨ《ゼッチ》［＊2］と称するゼロエネルギー住宅規格がつくられ、

＊2――ZEH：ネット・ゼロ・エネルギー・ハウスの略。外皮の断熱性能等を大幅に向上させるとともに、高効率な設備システムの導入により、室内環境の質を維持しつつ大幅な省エネルギーを実現した上で、再生可能エネルギーを導入することにより、年間の一次エネルギー消費量の収支がゼロとすることを目指した住宅のことである。経済産業省では、2020年までに標準的な新築住宅で、2030年までに新築住宅の平均でZEHを実現を目標とし、普及にむけた取り組みを行っている（経済産業省　資源エネルギー庁webサイトより）

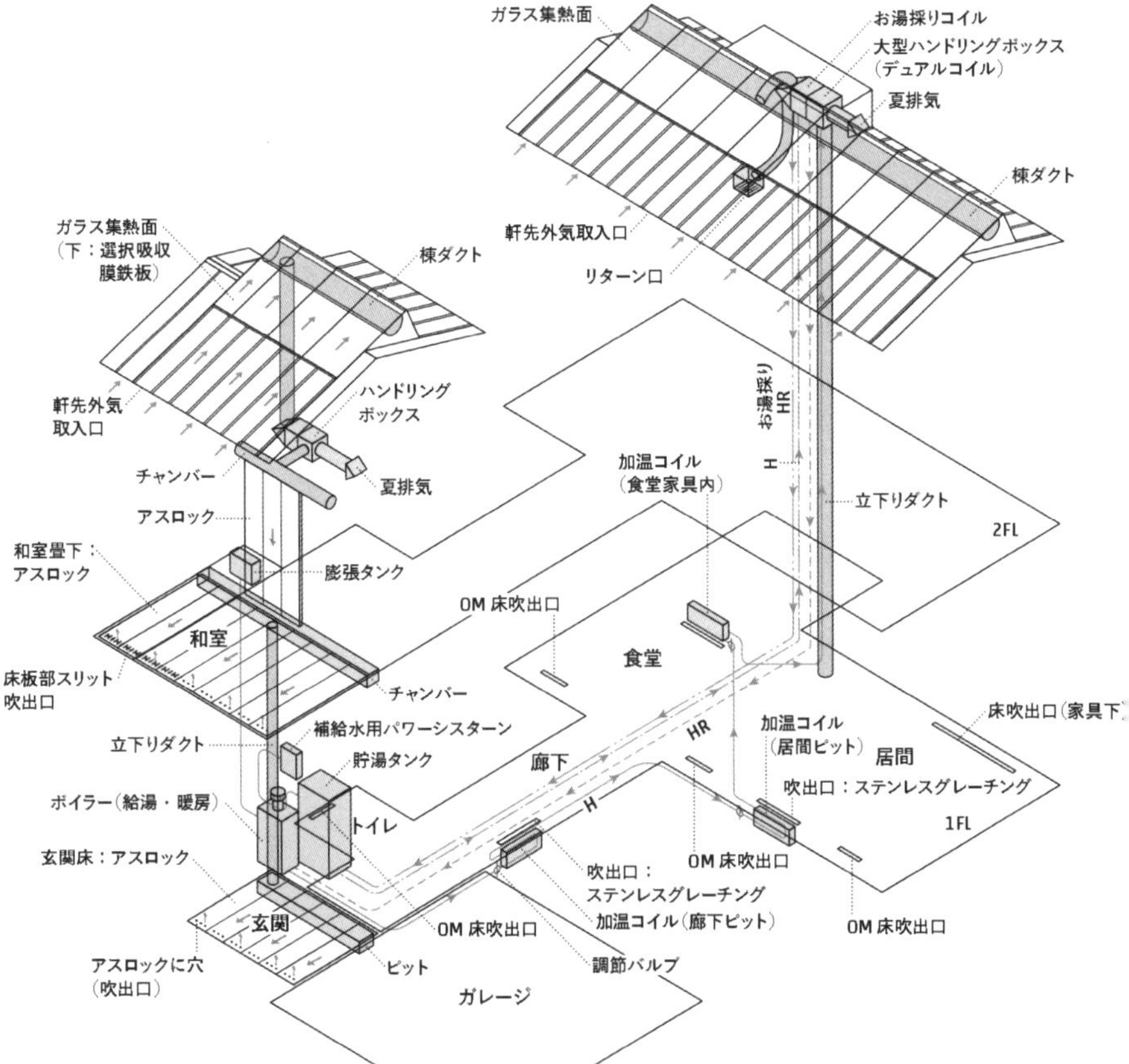

[図1] 相模原の住宅のOMシステム図

それを推進する制度ができてもいるが、ただ制度が果たして住宅をよいものにするかきわめて疑わしい。このことは後の6章「高性能住宅のトリック」で述べる通りである。

5―3　工務店運動としてのOMソーラー

その後の経緯を振り返えるとOMソーラーは一種の工務店運動のようなものになっていく。建築家として仕事を工務店に発注をするということはもちろんよくあることなのだが、工務店と一緒に学びながら協働して仕事をしていくということは実は通常あまりない。OMソーラーの活動は、建築家と工務店が結びつき、設計スクールなど一緒に考える機会をもつことを続けていくことなどを通して、結果として工務店のデザインの質が上がり、工務店の設計力が向上していくという体験につながったのだ。また地域での工務店が果たすべき役割についての認識さえも変わったのかもしれない。

この動きはハウスメーカーを追いかけているようなところがあった工務店の考える力を高めることにつながり、参加した工務店の人々は、各地域ごとに自分たちができる地域型の住宅をつくっていきたいと力強く思い、その必要性を感じたのだと思う。これらの工務店の多くはもともと力量があり、その後、建築家より設計が上手く侮れないな、というところがいくつも出てくることになる。今日、それらの工務店のいくつかは地域型住宅をつくり出す重要な役割を担い地域にとってなくてはならない存在となっている。

彼らの果たす役割は工務店の利益という「私」を超えて地域の「共」を担うところまで来ていると言えるのではないかと、私は思っている。長年にわたり住宅の保守管理を行うこと、率先して地域活動を担うことなど地域工務店の役割は重い。地域工務店とは、当然だが地域から逃れられない存在である。地域に貢献すること、「共」の役割を果たすことにより地域が持続可能であること、それが彼らの存在を保証するからである。

今後、社会が縮小していく中で工務店の立場（経営）も簡単なものではなくなるだろう。その中でこの30年の私たちと地域工務店によるトライアルはひとつのモデルになるのではないかと思う。先に述べた工業化住宅＝プレファブは、建築家から始まり産業に転化していった流れがあった。ＯＭもまた、30年前に建築家たちが大切に思った温熱環境をよくするための技術が種となり、その後の工務店の仕事にとって一定の意義をもつ道具になっていった。工務店にとっては連合することにより、高性能住宅に対する補助金などなかなか手に入りにくい公的な情報が入ってくるという利益もあった。ＯＭを通して性能評価ができることで、数百万もの補助金が出たりするため、クライアントにとってもありがたいのである。工務店としても情報を常に得ていないと、補助金や制度を常に察知してそのための準備をしているハウスメーカーやビルダーに太刀打ちできないのだ。お客はメーカーにいってしまう。そうすると工務店はハウスメーカーやパワービルダー以上の性能のものを、いわゆる在来の大工の技術でつくれるということにしなければならない。競争相手との関係で、工務店がソーラーシステムという自然エネルギー技術をもち一体のグループとなる価値が結果としてあった。

5-4 木造ドミノ住宅の誕生――外皮性能を担保し中は可変性をもつ

OMソーラーから、新しく発展した住宅のシステムが「木造ドミノ住宅」である。

2004年に始まった東京都、東村山市の「むさしの・iタウン～四季の街」というプロジェクトに端を発する［図2・3・4・5］。

東京都の企画であり、約10haの都営住宅跡の事業用地に、280戸の戸建て住宅をつくる事業者を公募により求めるというものだった。そして280戸のうちの100戸を「高品質、低廉な戸建住宅供給の実証実験」にするということで、実際に計画し建設まで担う事業者を募集した。事業者は地域工務店を核とするものとされ、建物価格は坪あたり50万円を上限とし、敷地は約50坪、建物の延床面積は約40坪という条件だった。ちなみに土地は70年の定期借地のため、取得時の価格地代を安くすることができる。

当時、石原慎太郎東京都知事のもと、東京都都市整備局住宅政策推進部民間住宅課というところが公営住宅跡地で塩漬けになっているところを活用しようという事業に着手していた。このプロジェクトは、その先行事例であり地域工務店に実証実験を担わせるという果敢なプロジェクトであった。

これに私が代表であったOM研究所と地元・東村山市の工務店相羽建設が手を挙げることになった。実証実験住宅に求められたのは高品質・高性能で、売価は坪50万円までという厳しい条件がつけられていた。私たちは、このプロジェクトに参加するのであれば何としてもOMソーラーを備えているものにしたかった。しかしコスト的には大きなハンディである。坪50万円に抑えるにはどうすればよいか考えた。OMを設けた上で在来工法を読みかえ、よりシンプルな在来工法につくり替えることであった。その結果、外皮性能が高く、中は自由なプランが可能なシステムが現れる。それが「木造ドミノ住宅」である。ちなみに「ドミノ」というのは、フランスの巨匠ル・コルビュジエという建築家が唱えた形式で、床と柱だけでできた構成を言う。

ここに至る過程では坪単価を下げるためパネル工法などさまざまな試行錯誤をした。新たな技術を開発しようと他の研究者とも協働し検討をしたが少しも安くはならない。結局いまある技術の、在来工法をもとに改変を試みることになる。市場に流通する技術が何より合理的なものだったのである。「木造ドミノ住宅」の開発チームは、私と共同設計の半田雅俊、構造設計は山辺豊彦、そして工務店は相羽建設で担当は迎川利夫である。

結果、２００５年、我々チームは４事業者のひとつに選ばれ、実証実験住宅１００戸のうちの25戸の設計と施工を行うことになったのである。

東京都は中小の地場産業の育成促進も念頭にあり、４者にいわゆる大手ハウスメーカーやディベロッパーを選定せず、１００棟を分担して担うのは私たち、そして私たちと同様の地域工務店と設計事務所によるチームや安価な住宅の供給に長けるハウスメーカーなど計４チームであった。

また、多摩地域の林業の振興のため、東京多摩産木材の使用が求められ、ここで開発した「高品質・低廉」の技術を他の工務店の利用を可能とするため公開するという要件があった。自信を込めて言うが坪50万円の厳しい条件の中、この条件を守ることができたのは４者のうち私たちのチームだけである。坪50

竣工時のむさしのiタウン

写真提供：相羽建設

写真 © 西川公朗

広辞苑

万円は実に厳しい条件であった。この条件の中で健全に経費を計上し、損をせずニコニコしながら25棟をつくることができたのは私たちのチームだけだったのかもしれない。

その後、私たちは「木造ドミノ研究会」という名称の組織をつくり「木造ドミノ住宅」の技術とノウハウを、広くたくさんの地域工務店に公開している。今日ではこれに興味をもつ工務店60社ほどが会員になり、ともに考えともに学ぶ中で進化を遂げている。工務店が定期的に集まって勉強会をしたり、見学会を催したりしながら「木造ドミノ住宅」の新しい展開を担っている。もちろん私たち設計事務所がそこに加わり一緒に考えることを楽しむ。設計者と工務店が一緒に考え行動する。そんなことに慣れていたため30年前からのOMでの経験のセカンドステージとでも言えそうな体験である。OMという工務店運動は分岐し、「木造ドミノ研究会」という新たな工務店運動につながったのである。［＊3］

5－5　坪単価50万円——コストダウンのデザイン

OMによる太陽熱利用システムを搭載し、そのうえ東京多摩地域の木材を使うという、どう考えても販売価格が高くなる条件を抱えた上で、坪単価50万円で25棟をつくるという課題。これは、下手をすると足が出て工務店が潰れると

＊3——10年を超える活動で全国から多くの工務店が木造ドミノ研究会に参画した。地域に根ざした独自の発展を遂げつつある加盟会員工務店の成熟を見届け、研究会は2024年3月に解散した

竣工から10年が経過したむさしのiタウンの木造ドミノ（写真©傍島利浩）

［図2］むさしのiタウン配置図

配置図 S=1/800

［図3］むさしのｉタウン平面図の例

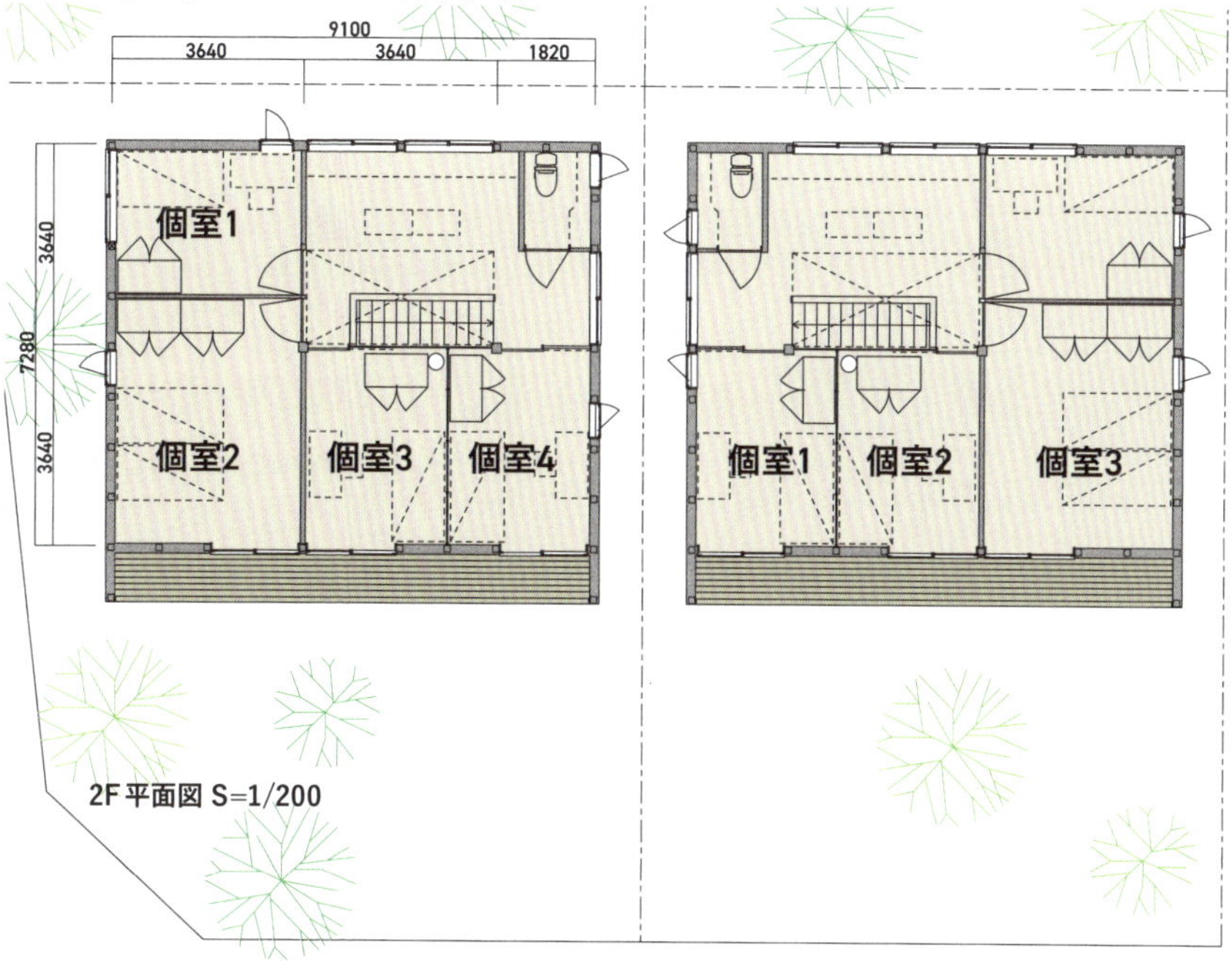

2F平面図 S=1/200

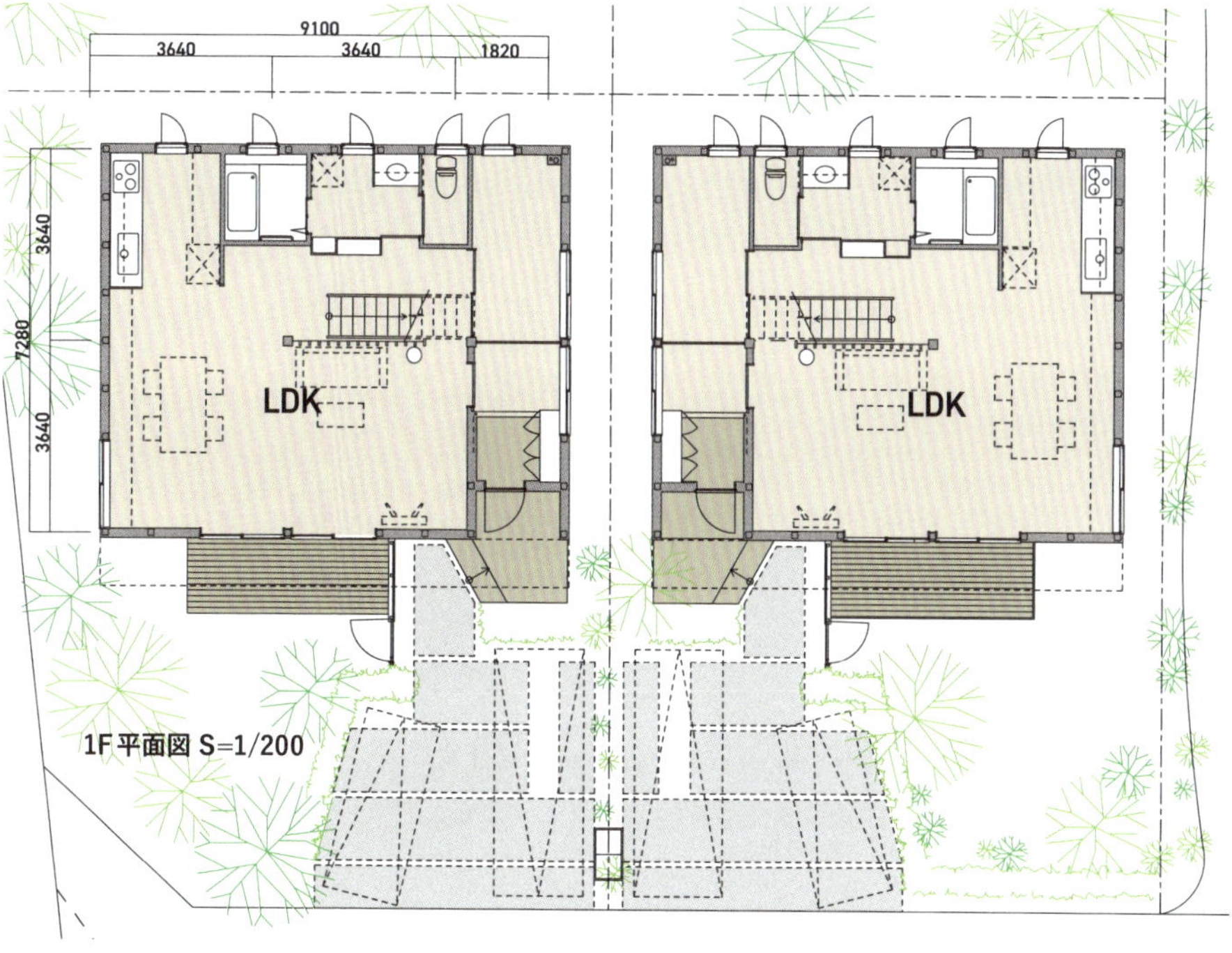

1F平面図 S=1/200

［図4］断面図 S=1/200

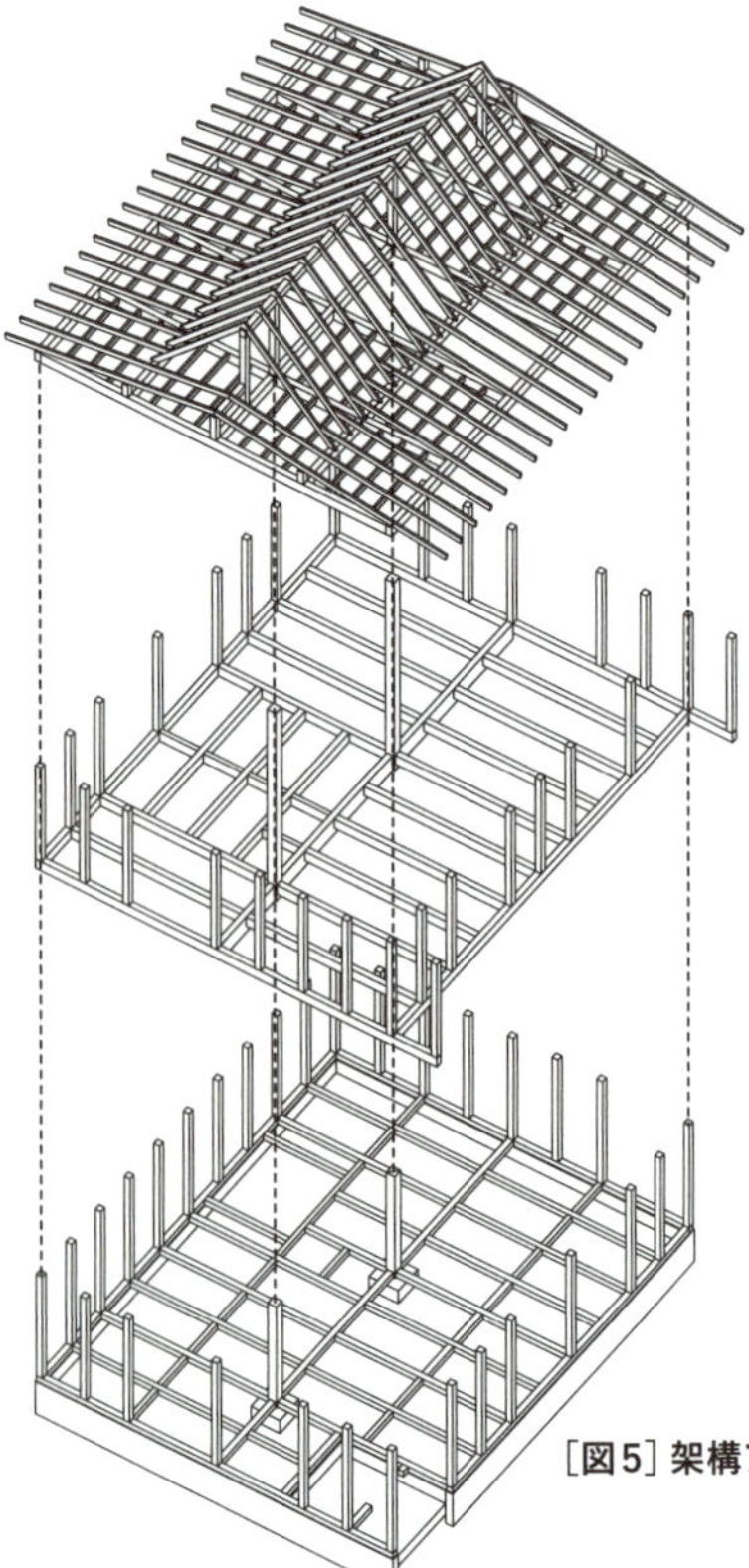

竣工から10年が経過し
緑が生い茂るむさしのiタウン

［図5］架構アクソメ図

いうことになりかねない条件であった。どうすれば工務店にとって必要な経費と適正な利益が生まれるか、粗利、経費、純利益など細かいコストの合理化を積み上げることが必要になる。このシビアなプロジェクトにつき合うことで、私たち設計側も複雑な建設原価を知ることになった。通常、設計事務所は工務店に発注する時にもちろん、設計者向けの見積書を見ている。そこには工務店の仕入れ価格や利益などがさまざま盛り込まれているが、実はその正確な内訳はわからないのだ。当たり前のことだが世間に存在するいわゆる価格、定価は本当の原価・経費・利益を積み上げたもので内訳が公開されているわけではない。

工務店とハウスメーカーではサッシなど建材の仕入れ価格も大きく違う。工務店の経営規模によっても資材の価格は大きく異なる。我々は工務店と共同でさまざまな価格と必要な利益を見ながら、材料や構法を検討して作業をすることになる。現場での原価をどこまで下げるか、現場の直接経費を計算をすると坪40万円に抑えないとどうにもならない。設計側の努力は性能を担保しながらどこまでコストを絞れるか。現場側の努力は、どういう工程・どういう人工《にんく》で現場でどこまで合理化を図れるかに集約する。さまざまな局面で時間とコストをどこまで節約できるか、それがこのプロジェクトの要でもあった。

建築家にとっては工務店がなければ仕事はできない、工務店にとっても設計者からの仕事があるのは大事なことだ。両者はそうした相互依存の関係にある。コストという実は最も重要なファクターを実体的で根拠のあるものとして検討する。検討を極限近くまでやっていくその中で、「木造ドミノ」は生まれた。結果、オランダの建築家ニコラス・ジョン・ハブラーケンの言う「オープン・ビルディング・システム」という考え方にきわめて近似するものとなった。概説すると、サポート＝「支えるもの」とは構造や断熱性能を担保する床と壁など、インフィル＝「しつらえ」とは例えば間仕切り壁、家具などに当たるものであり、サポートとインフィルを分離して捉える建築の理解であり手法だが、木造ドミノがハブラーケンの思想にきわめて近いところに到達したのは私には実に不思議な感覚であった。

「木造ドミノ」がどのように高性能のままコストダウンを遂げたかを説明しよう。

①シンプルな構造

まずは、構造体をシンプルにしたことだ。極端に言うと、坪50万円を目指す中でコストを抑えるためには外皮しかつくれないということに至った。この予算では骨と皮しかできない。しかし、それをしっかりつくれば、中は一室空間でもよいのではないか、ということになった。OMという空気集熱式太陽熱利用暖房システムがあるから、一般的な各室部分暖房の住宅が前提とする間仕切りはむしろ邪魔とさえ言えるものであり間仕切り壁の必要はない。40坪の内部空間の室内気候を一体として快適なものにできる自信があった。

構造設計の山辺さんとの打合せの中で、外周部の壁だけで耐震性を満たし、中には大黒柱1〜2本のみとする構造にたどり着く。外周の耐力壁を強くするだけでなく、床などの水平構面の剛性を上げることでこの架構は成立しているのだが、通常の在来工法は床や屋根は隅に火打ちと呼ばれる補強が入っているだけで、壁も筋交いだけ、どちらかといえばあちこちがゆるい、いわば柔構造である。それに対し木造ドミノ住宅は、がっちりと固めたモノコックな構造になっている。

外皮とサポートだけの状態の「木造ドミノ」

②施工合理性の追求で工数を減らす——1棟の手間で2棟を実現

このシンプルな構造が功を奏することになる。一室空間であることが施工上のメリットとなった。室内に構造体がなく耐力壁が外側だけであると、上棟までの大工手間が従来の住宅の約半分になったのである。一般的な住宅が一棟建つ間に木造ドミノ住宅は2棟建つ。

またこの工法がほかにもいくつもの省力化や合理化につながるものであることを発見した。通常通り内部に間仕切り壁があると、床のフローリング材を貼る際、部屋ごとにフローリング材を切ることになる。しかしここでは端から端まで一気に貼ることができる。後で検証されたことだが、このことによる作業効率は通常の施工に比べ2・5倍ほども上回るものであった。しかもフローリング材が全面に貼ってあることで生活様式の変化に応じ間仕切り壁を移動しても、元の壁の下にはきちんと床材がある。大幅な改修に至らなくて済むという利点にもなる。

さらに、工事期間に1階と2階に間仕切り壁のない大きな平場ができる。結果、敷地の周辺に余裕がなくてもここに十分に資材を置くことができ、ここが作業場にもなる。さらに通常は上棟時には大きい部材を組み上げるためクレーンがある。それを利用してこの時にあらかじめ資材を上に載せておけば、下ろすのは人力でも難しくない。プラスターボードなど、下から上げようとするとかなりの作業なのだ。

また単純な作業は熟練工ではなく新人の仕事とするなど仕事の組み立ての工夫もあった。ほかにも、一度に2棟建てることで仮設トイレがひとつで済みリース代が半分になるなどさまざまなことが試みられ実証されたのであった。コストを下げるための工夫は現場の作業をきつくするのではなく、むしろ余裕を生み出すものであり、合理化は無駄を省くことであり、工期や工数、材料などを適正化することである。この事実を確認できたことが面白かったし、働く人への圧迫なしにローコスト高性能住宅を達成することは意義のあるトライアルであるとの実感を得た。

③資源とCO_2を減らし、新たな発見

シンプルな構造にして材料を減らすこと、資源量やマンパワーを減らすことはもちろんCO_2削減にもつながっている。例えば基礎構造の合理化である。内部の基礎の立ち上がりがないことでコンクリートボリュームは約2割減じている。材料費も手間も少ない。実際にこの基礎を見た専門家はかなり驚く。この工法が一般に常識とするものとまったく異なることを基礎の形状により目の当たりにするからである。

また同じ量の断熱材を壁や屋根に投入しても、投入の仕方によっては本来出るはずの性能が出ないということがある。軸組が複雑であれば隙間が出ざるを得ないのだ。間仕切り壁がなく外皮だけをつくるこの工法は通常の工法にありがちな断熱材が入るべき壁と入らない壁の交点で発生する熱の漏れを防ぐことができ実際の性能に大きな差を生むのである。

軸組は多摩産の木材をプレカットした軸組工法であり、１８２０㎜×９１０㎜のグリッドでつくっている。このグリッドは言うまでもなく流通するベニヤと同じだ。柱の長さも流通する４ｍものを無駄なく使っている。合理的に安価に存在する材料を使い、地場の工務店ができるシステムでやっている。つまり、要件を整理すると、既存の技術でもこのようなシステムができる。このことに当事者である私たち自身が驚いた。「木造ドミノ」は、少ない材料できちんとした「実に性能がいい」ものができることを実証したと言えよう。

建築を考えるとき、私たちの頭の中にはやはり常に前例が存在する。だからそれまで坪50万円というのは考えられない世界であった。もっと高いコストで考えているからだ。性能の向上そして坪50万円と言われた時に私たちは常識をゼロから根本的に見直さなければならなかった。このトライアルがなければ私たちの中にある常識を超えるものは出てこなかったのではないかと思う。習慣から抜け出したところで「木造ドミノ住宅」が誕生した。その開発に関わったことは実に面白い体験であった。

④工務店力アップで原価も下がる？

これらはチームの力であり、相羽建設の迎川というマネジャーがいたからできたことである。夢のような建築はいくらでも考えられるがリアルに価格まで条件を満たすというのは難しい。一緒に走ってくれた工務店がいたからできたきわめて希有なことだったと思う。実は相羽建設は事業を開始するにあたりこれが決して赤字にならないよう応募する前に「木造ドミノ住宅ゼロ号棟」つまり実験住宅をつくってくれたのだった。実はこの「ゼロ号棟」は実費で坪53万円かかってしまったのである。このゼロ号棟をモデルに徹底した検証を行い、省力化、省資源化などを洗いざらい考察し、改めて一から組み立て、何とか目途の立つところにたどり着いたのである。

その後、都との約束である技術を公開するための「木造ドミノ研究会」を発足させる。ここに至り、建材メーカーやサッシメーカーなどから、木造ドミノ住宅に自社の製品が入っていると「嬉しい」という声も上がるようになった。「木造ドミノ研究会」の会員組織が充実し、力を得て、先に述べたような大手

シンプルで合理的な木造ドミノ住宅ができるまで

木造ドミノ住宅の特徴はその「がらんどうな空間」に端的に表れている。耐力壁は外周壁だけで室内にはない。徹底的な設計・施工の合理化により一般的な住宅に比べて少ない部材数で構成されているため、上棟は半日で完了。床仕上げ工事は間仕切壁・家具工事の前に行われ、原則として床にはレールや段差がない。また、給水・給湯はヘッダー方式を採用し、配管を構造体や断熱層に隠蔽しないという手法を用いる。これら工法の特徴は、間取りや設備の更新を容易にする工夫から考え出されている。

2.木造ドミノの単純な基礎

0.一般住宅の複雑な基礎

3.上棟開始。まず大黒柱が建てられる

1.木造ドミノの単純な基礎配筋

4.柱を建て、次に梁が掛けられる

5.木造ドミノの単純な2階床組

6.2階床下地施工の後に、2階柱が建てられる

7.2階床下地施工の後に、2階柱が建てられる

8.屋根の防湿工事

9.上棟完了

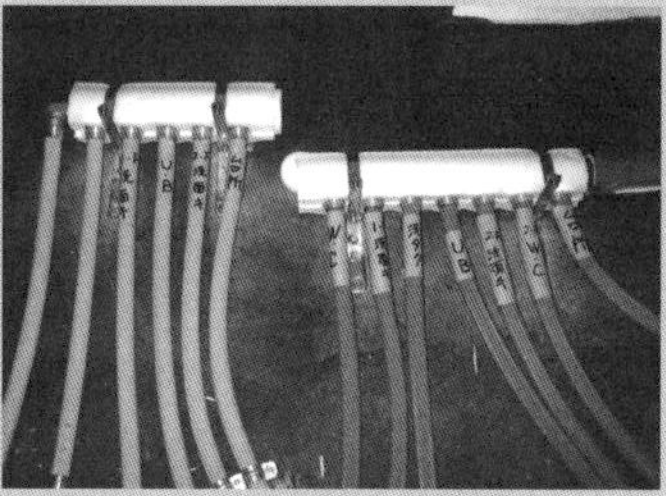

10.ヘッダー配管部分

11.将来の更新を考慮したフリーな床下配管

鹿児島のモデルハウス

1Fへの下屋の付加
地方都市での建設を想定した
ゆったりとしたプラン
ヤマサハウスのモデルハウス

所在地：鹿児島県鹿児島市
竣工：2016年2月
延床面積：162㎡（49坪）
設計：野沢正光建築工房
写真提供：ヤマサハウス

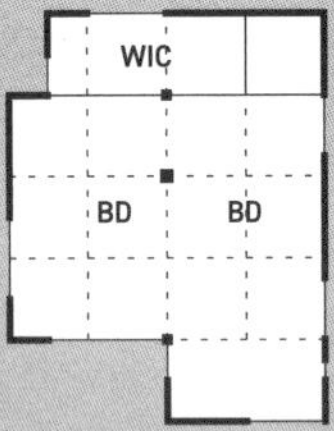

2F 平面図

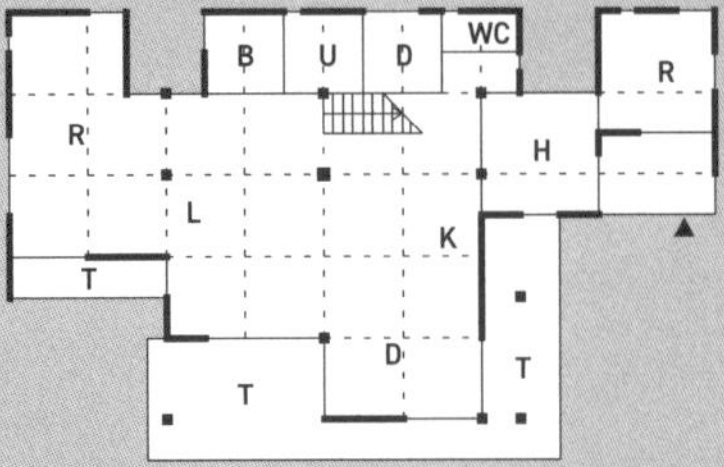

1F 平面図

仙台のモデルハウス

太陽熱エネルギーの活用
コンパクトで間仕切りの少ないプラン
サイト工業のモデルハウス

所在地：宮城県仙台市
竣工：2015年2月
延床面積：112㎡（34坪）
設計：野沢正光建築工房
写真提供：サイト工業

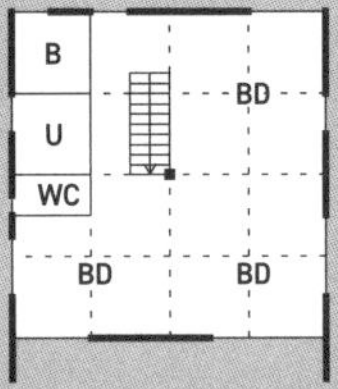

2F 平面図

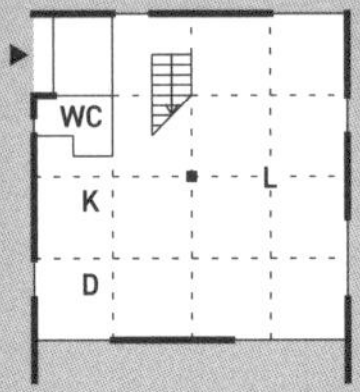

1F 平面図

L：リビング　D：ダイニング　K：キッチン　WC：トイレ　B：浴室　U：脱衣室
BD：寝室　R：居室　H：玄関ホール　WIC：ウォークインクローゼット　T：テラス

木造ドミノ住宅の展開

前橋のモデルハウス

外部環境といかした開放的な住空間（ZEH）
1Fの土間による多様なすまい方の提案
立見建設のモデルハウス

所在地：群馬県前橋市
竣工：2017年5月
延床面積：91㎡（28坪）
設計：野沢正光建築工房
写真提供：立見建設

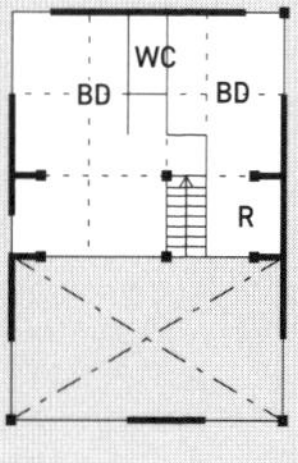

2F 平面図

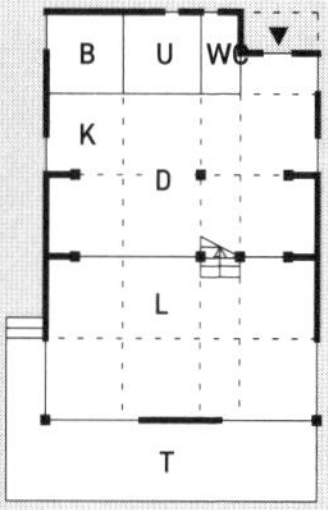

1F 平面図

加子母子屋

家族構成の変化に柔軟に対応可能なSI
自然素材へのこだわり（真壁＋総ヒノキ）
中島工務店のモデルハウス

所在地：大阪府箕面市
竣工：2015年10月
延床面積：99㎡（30坪）
設計：栗林賢次建築研究所／カシモ／
中島工務店

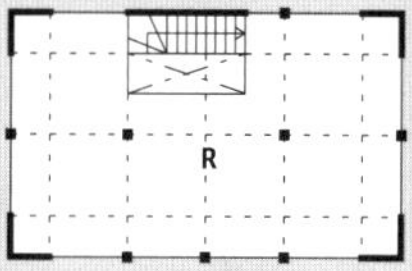

2F 平面図

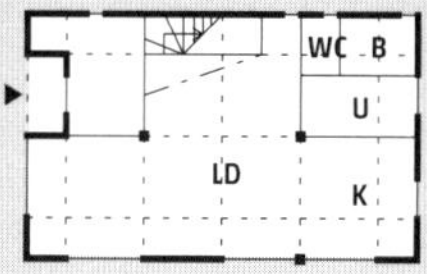

1F 平面図

メーカーと地域工務店の仕入れ格差の是正につながっていくとよいと思っている。ちなみに相羽建設がつくったゼロ号棟は、その後きちんと販売され利用されている。

将来、ドミノの発展型を他の建築家が何かつくるというようなことが起こると面白いと思っている。その実例も数例現れている。住宅は社会的なものである。

5-6　木造ドミノ住宅で住宅地を成熟させる

「木造ドミノ住宅」という名前は、都の事業者選定プロポーザルに出すときに慌ててつけたものだ。後からよく考えると「木造ドミノ住宅」はル・コルビュジエの言う床と柱の「ドミノシステム」というよりも、ハブラーケンが提唱していた「サポートインフィル」や「オープンビルディング」のシステムの考え方に近いものであったのは、前述した通りである。これは、構造体をしっかりと長寿命でつくり、中身は更新していくという考え方だ。

ちなみに建築家は、あちこちに建つさまざまな建築を見に行く。そしてそれを自らの仕事の糧とする。各地の建築が教えてくれることは実にたくさんある。例を挙げればきりがないのだが、例えばスイスの建築家グループ、アトリエ・ファイブの「ハーレン・ジードルンク」（１９６１）やデンマークのヨーン・ウッツォンの「キンゴー・ハウス」（１９６０）などを思う。これらはその国の人々にとり、ごく最近に建てられた住宅群として認識されているものであろう。かれこれ70年になろうか、これら住宅群を目の前にして、いかに我々の住宅に対する常識がそれと異なるかを考えざるを得ない。住宅は一世代のものではないはずだと思う。

木造ドミノに戻る。コストを下げるためにやっとたどり着いた「木造ドミノ」は結果として世代を超え受け継がれる住宅になり得たのではないか。架構と外皮をつくり、それ以外の補設＝「しつらえ」は最小にして、可変とする、そう考えた。「しつらえ」は、場合によっては住人に任せ、好きにつくってもらうようにしてもいい。内部にコストをかけない分、外皮性能を比較的高めたものとする。それが住宅を長く使うことにつながるのではないか、それがよい。それが東村山のプロジェクトに取り組む中で私が気づいたことだ。

東村山は70年の定期借地を前提とした事業であり、70年の中で次世代、次次世代と受け継がれる中で間取りを変え、キッチンや水まわりなど必要な部分は時代ごとにいつでも更新していくことができる。うまくいけば70年後に定期借地権の年限さえも更新されさらに長く使い続けることさえあるのかもしれない。

住宅が70年、80年またそれ以上の寿命をもつものであれば、少なくとも外皮は個人の趣味のものにせず、住宅の中のつくり込み、つまり家具や壁紙など「しつらえ」の部分を住まい手個人の趣味に合わせてつくり込む。住宅のしつらえや間取りに個人的な趣味が強くそれが動かないものであると、次に住む人にとってはそれが厄介なものとなる。そしてそれを自分の家だという気分になりづらい。住宅の流通・継承を可能とするひとつの条件は、その住宅の性能がきちんと表示されていることであり、もうひとつは住宅が次の所有者にとり使い勝手のよい、新たな住まい手に合うものに改変できるというフレキシビリティをもつことであろう。

東村山の木造ドミノ住宅による街並みが、相続のたびに更地になりあわただしく建て変わる狭小住宅にあふれる住宅地に抗するモデルになってほしい。時間を経て成熟した風景がここに現れるのではないかと夢見ている。緑が繁茂し静謐な豊かさが現れるのではないかと。

東村山に実際に行ってみると、すでに10年ほどの時間の中で緑が圧倒的に多くなり、住人もここがほかにない快適さをもっていると言ってくれている。OMソーラーという、太陽熱暖房のパッシブエネルギーシステムが付いているので、エネルギー消費量も抑えられている。都が種を蒔いてくれたおかげで、工務店との連携の次のステージに入った。

5－7　木造ドミノ住宅のインフィル更新

木造ドミノの特徴はワンルーム（一室空間）であることだ。通常の住宅は例えば12畳8畳などと部屋が区画されている。これを普通のことと考えている人にとって、通常の住宅と変わらないかなり大きな規模の住宅をワンルームと考えることに戸惑いがあるだろう。どう住んでよいのか抵抗をもつ人もいると思う。そうしたことについて答えたい。本来、住宅はワンルームであるべきなのだ。

以前に話題にした50年代の住宅、その中で名作と言えるものに清家清の「宮城教授の家」（1953年）がある。この住宅はワンルームであった。女の子の部屋だけに壁、区画があった。この頃の清家の住宅の多くがワンルームである。また吉村順三の住宅もワンルームといっていいのではないか。有名な軽井沢の彼の別荘は1階から上階に至るほぼ一室空間である。彼が設計した住宅の中で最も小さな家「御蔵山の家」（1966年）も、コンクリートのシェルターの中はひとつの空間、パーティションはベニヤ板1枚、これをとってしまうと単純な四角い箱になる。住宅は基本的にそれが正しいと私は思う。ワンルームは家具または間仕切り壁、カーテンでも間仕切ることができる、考え方次第でいくらでもさまざまに工夫できる。仮にピアノを弾くための防音が必要であればそのための性能をもつ壁をつくればよい。ただし住宅がワンルームであり得るためには、欠くことのできない条件がある。これについては、この次の節で触れることにする。

　ところで東村山の「木造ドミノ住宅」には、実はいくつかの最小限の区画はつくってある。ここでの区画はプラスターボードとＬＧＳ（Light Gauge Steel）を使っている。プラスターボードは燃えにくく遮音性能がありコストが安い、ＬＧＳは、オフィスビルなどの間仕切り壁でつかう軽量の鋼製の下地材である。プレカットで搬入され手間がかからない。もちろんＬＧＳはリサイクルが可能、間取りを変えたいときはいくらでも撤去や付け加えることができる。浴室などの水まわりの位置もサイズも変更でき、キッチンも同様に変更できるというのは今までにないのではないかと考えている。住宅を長く使うことを可能にするほぼ初めての手法ではないだろうか。

　余談であるが、ＬＧＳを使うというアイデアは、一緒に東村山のプロジェクトをやっていたアキュラホームからヒントを得たものだった。彼らは坪単価37万円という我々よりもさらなる低コストでつくっていた。どんなものかと覗いてみると、そこで使われていたのがＬＧＳだったのである。

「木造ドミノ住宅」は間仕切り壁だけではなく、水まわりもつくり替えられる

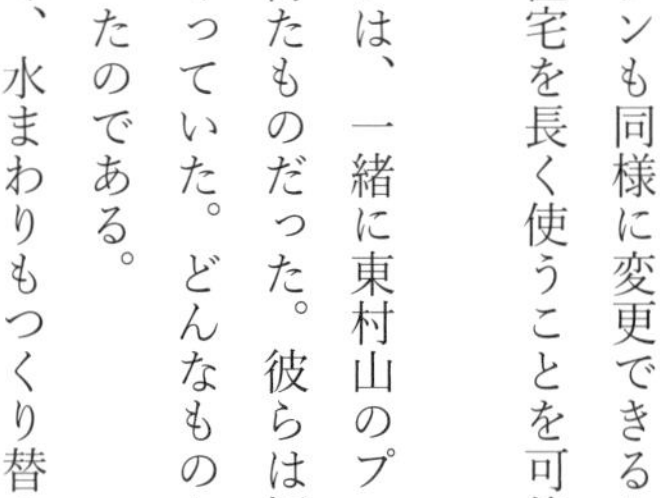

施工中のLGS間仕切り壁（写真提供：相羽建設）

ものになっていて、場所も移動が可能であり、東村山ではキッチンは毎回大工による造作で、風呂はハーフユニット。フルユニットにしてしまうと、工業製品の中のようになるため、上半分はヒバやヒノキの板で貼るようなことにしておくと、ぎりぎり予算上の許容範囲であった。サッシと風呂などはもちろん工業製品で、あとは概ね大工仕事である。

今後は、例えば風呂やキッチンなどメーカーとこれらのインフィルを共同開発するとか、可能性はあると思っている。水まわりは陳腐化し、取り替える必要が出る場所だからである。

将来、ドミノの中に他の建築家が何かつくるというようなことが起こると面白いと思っている。住宅が社会的なものになって欲しいと思っているので、その条件が東村山では整ったと思う。

5-8 ワンルームでも高い熱性能

言うまでもないが、ワンルームであることの条件は室内のすべての個所の温熱環境が一定の水準を保っているということである。我々のつくり出した東村山のワンルーム化は、屋根面を使った太陽熱を取り込む仕組みであるOMソーラーシステムによる室温確保が前提である。これは集熱後の空気を搬送するフアンを駆動する電力も太陽光発電によるものであり、光熱費はかからない。40坪のワンルームは、暑かったり寒かったりしないだろうかという不安もあるようだ。しかし、むしろ小割にした既存の在来工法の住宅よりもずっと温熱環境がよいのが木造ドミノである。木造ドミノは、光熱費も通常の住宅より安く、お財布にも優しいのである。

空気を屋根で暖め床下に導入し室温維持を図るという仕組みは30年前からやってきたことだ。床面全体からの輻射暖房、床下の土間コンクリートに屋根で集めた熱を溜め、それが室内に出る。それにより暖かい室内気候と換気が図られるという仕組みである。断熱がよければ室内のどこも寒くも暑くもないという状況になる。壁際が寒い、隅に行きたくないなどという状況がなくなり室内は十全に使えるのだ。

それを可能にしたのは、ひとつは今日、複層ガラスなど断熱性能の高い建材がある程度普及しコストも下がってきたからだ。コンピュータシミュレーション技術によって外の温熱環境によって、どの程度内外を区画し、断熱をしたらよいかが明快にわかるようになったこともある。住宅ごとにその建物の外皮性能によりどの程度のエネルギーを使用すれば快適に生活ができるかを予測できるようになった。地域や断熱レベルによるが、東京であれば通常の木造ドミノ住宅では暖房費約70％程度のコストカットができる。夏場はその熱で給湯もする。風呂やシャワーの給湯コストが下がる。その熱源は再生可能エネルギー、太陽であり基本的には負荷がない。太陽電池もよいが、それよりももっとプリミティブというか直接的に太陽のエネルギーをそのまま熱として使うことで暮らしを快適にできる。まだまだこの快適さをリアルに体験している人は少ないかもしれないため、もっと多くの人に体験して欲しい。

5－9　木造ドミノ住宅の普及

２００７年に木造ドミノ研究会が発足して15年になる。研究会は会員工務店が建てた数を直接的に把握していないため、この間に木造ドミノ住宅が何棟建てられたかの総数はわからないが工務店にとっては重要なツールになっているのではないか。工務店が性能の高い住宅をユーザーに供給でき、その結果工務店が地域での存在感を増している事例は確実にある。木造ドミノの工務店の中には家の見守りサービスのように毎年点検チェックするところもある。家そのものの不具合などもチェックしているのである。昔は大工が年末になると自身の建てた家をあいさつしながら回り、手入れをすべき箇所を建て主と話す習慣があった。住宅を長く使い続けるためには維持管理を適切に行う必要がある。

大工のしてきた貢献であり、地域工務店だからできる貢献である。

　ＯＭは基本的にはパッシブなものであるが、太陽電池で動くファンがモーターで回っているため一定の寿命があり、交換の寿命はおおよそ15年ほどだ。ただし、モーター類はくたびれたとしても、他に交換しなければならない機械的部位はほとんど使っていない。エアコンやボイラーの寿命に比べれば、ＯＭは安いコストで維持できるはずだ。

　まだまだ熱環境に乏しく十分に快適でないことを我慢しなければならない建物もある。自然と親和的な住宅のありようというのが、戸建て住宅においてはとくに本筋ではないかと思う。もっと言うと、日本のように住宅を個人ひとりひとりがつくらざるを得ないところでは、ひとりひとりが考えなければならない責任が発生してしまう。建築なり住宅は外から見えるものであり、外にある資源を使ってつくるものとして存在しているわけだから、それを建設しようという主体である個人は、できるだけ情報を集めて自分も納得できて、その考え方ならいいよと社会も納得する家をつくって行かざるを得ないのではないか。

　繰り返すが、その中で、最大の問題となるのは住宅の消費サイクルが短いことだ。それは資源使用量が多いということだから、それを住宅取得の前提として考えて欲しいと思う。もちろん住宅を使い続けるということについてもである。

6

高性能住宅のトリック

6―1　かってエアコンなしでも快適な住宅は可能だった

日本の夏は近年温暖化などによりとくに暑い。そのうえポリネシアなみに湿潤だ。この国の気候は蒸暑気候と言われ、実に蒸し暑い。家庭用の廉価なエアコンがこれほど普及する以前は、言うまでもなく住宅に冷房はなかった。存在していたとしてもまだきわめて希なものだった。ついこの前までのことである［図1］。

かつては住宅の設計では冬期のための暖房の工夫はするが、夏期への工夫は庇を長くし直射日光を遮り、窓を開け外部の風を導くものでしかなかった。庭はそのために必須であった。住宅を緑あふれるものにすることにより穏やかな外部がつくられ部屋に穏やかな涼風が入り込む、というわけである。とくに郊外と呼ばれるエリアの戸建て住宅地では、かつて敷地にゆとりがあった頃には当然のものとして庭が存在した。

私が学生時代に教えをうけた建築家・吉村順三は、建築家の楽しみとして冬の暖房を工夫し、夏の対応として風の抜ける網戸のある大きな窓を工夫していた。住宅の北側にも必ず通風のための窓を用意してもいた。夏を含め1年の大半、つまり春から秋までは窓を開け、外界とつなぎ、樹木や草々がもたらす涼風を導き、長い庇が日影を演出する。これが夏に対する工夫でありそれ以外は

［図1］ふたり以上の世帯におけるエアコンの普及率の推移

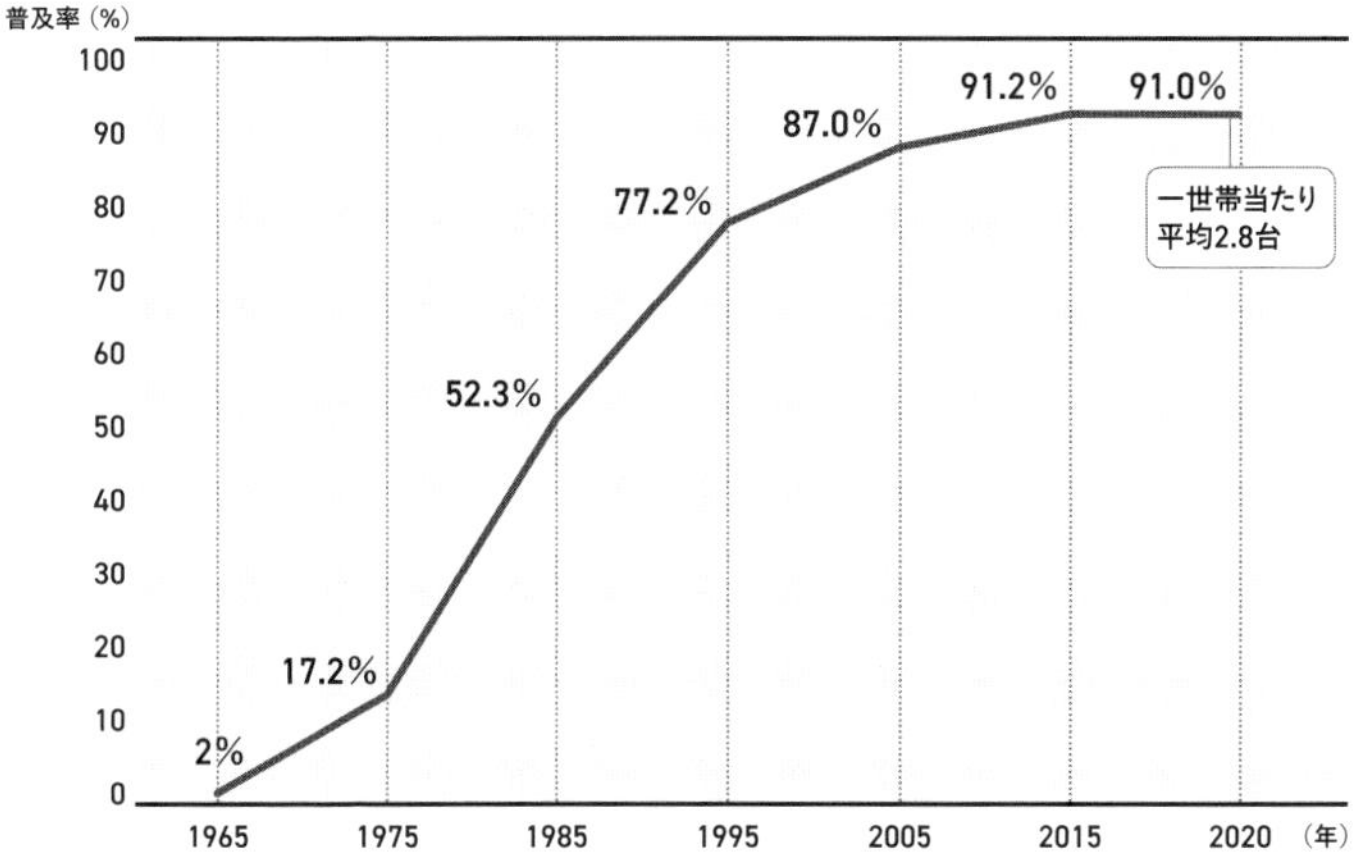

内閣府「主要耐久消費財の普及率の推移」より作成

考えられなかった。この国の住宅の姿はまさにこの工夫がもたらしたものであり、住宅は外界とつながるものとしてあった。庭が必須なものであった時、郊外住宅地はそのことにより穏やかな温熱環境をつくり景観としての質も自ずから豊かなものとしてあった。

「環境」と「住宅」の関わりについて遡ると、1930年頃のいくつかのトライアルがルーツとして現れる。そのひとつが藤井厚二という建築家の自邸「聴竹居《ちょうちくきょ》」（京都府大山崎町）である。藤井は京都大学の教授でもあり、自然通風の利用など、日本の気候と住宅を「科学的」に観察した建築家として知られる。日本の環境をキーワードと考えた最も優れた初期の住宅とされるのが「聴竹居」である。ここでは屋根裏の換気、床下の冷気導入などさまざまな工夫がある。これらすべては夏の気候にどのように対処するかにかかる。そしてこの家の冬対策が電気ストーブによるものであったことはあまり知られていないのかもしれない。すべての部屋にコンセントがあり、彼自身がデザインした鋳鉄製のストーブがそこには置かれていたという。付け加えれば、厨房にはドイツ製の電気冷蔵庫が備えられたりもしている。特筆すべきは、この時代の電力の多くは水力発電によるもので、クリーンな再生可能エネルギーだったことだ。つまり、今日最も大きな国際的課題とされるCO_2とは無縁のメカニズムによる住宅として「聴竹居」はあった。そう考えれば、藤井のオール電化の夢とでも言うべき意図にうなずくことになろう。もちろん住宅は緑豊かな森の中にある。松隈章という建築家が多くの関係者を巻き込み、この住宅は藤井が所属した竹中工務店の所有となり保存され重要文化財になった。ある日電力生産が再生可能エネルギーのみによる日が訪れれば、電力による再生可能エネルギーが再び供給されるものとなろう。その日を期待したい。

エアコンが普及する以前、ほんのごく最近まで窓を開きささやかな心地よい外気を取り込むことが、住宅にとって普通のことであった。それが可能だったのは、住宅の前に余地があり庭があったからで、その周辺に緑地が多ければ多いほど、春から秋は窓を開け快適な環境を生むことができた。相続などのため、良好な住宅地や住宅が今、次の世代の住まい手に受け継がれることなく1軒の豊かな家が消えるとそこに4軒の狭小な住宅が建つという状況にある。政府は高気密高断熱の閉じた住宅を推進している。「長期優良住宅」、「ネット・ゼロ・エネルギー・ハウス（ZEH）」などである。

その背景には地球温暖化防止政策の実施を世界に示すという意図がある。制度が後押しするかたちで減税措置や補助金などがつけられ、これら「高性能」住宅への建て替えも進む。そして、それが結果として小さな敷地に、庭をもたない住宅が膨大な数、建設される状況を招いている。仮に「長期優良住宅」が、その名の通り100年の寿命がモノとしてあったとしても、これら狭小住宅を誰が100年使い続けるのかと疑問をもたざるを得ない。この現状と将来は、大きく衝突している印象がある。

6－2 高性能住宅の優遇措置が劣悪な風景を生む

高性能の名のもとに密集して建つ住宅群は、「敷地」は要らない最小限でいい、とでも言いそうな建ち方をしているのではないか。窓があってもカーテンが必ず閉まっている。目の前には他人が頻繁に通る道路があり、隣棟間隔は1mほどに過ぎない。きわめて閉じたつくりになっている。そうなってしまうにはいくつかの制度がその背後にある。まず、隣棟間隔が1mであるのは4章で述べた通り、民法によるものだ。境界線と建物外壁の離を50㎝以上としなければならないからだ。制度が決めた「最小限」のルール、その結果がつくる最大限に住宅が膨れ上がる結果のモンスターのような風景だ。

良心的な建築家は住宅を設計するとき通常、周辺の住宅の環境のことも考慮し設計しているはずである。しかし、今は建築家が関与する住宅の比率はきわめて小さいものになっていて、多くは不動産業者やディベロッパー、ハウスメーカーなどの手によるものだ。中でもいわゆるパワービルダーの手による開発は、小さな敷地に極力大きな住宅を極力多く建てようとする。ここで「最小限」のルールが「最大限」活用されるのだ。法律で定められた斜線制限ぎりぎりまでそびえ立ち、結果、駐車場面積＋住宅面積＋周辺に50㎝の隙間ということになる。パワービルダーはコンピュータプログラムを駆使、地域ごとにあくまでも彼らの商売にとり「最適」な区画割と住宅タイプを割り出し商品計画を策定、土地取得から建設を経て販売までを短期に完了する。なんと6カ月ほどでこのすべてを済ますという。その後ここから居なくなる。繰り返すが問題は建築基準法が定める制限がいかにも緩いことだ。住宅や商業、工業など用途別に都市の建ぺい率や容積率などを定める。それが狭小「住宅地」を生産しているとも言えるのではないかと私は思っている。

外部に庭がない風景、緑のない環境は自ら快適な外部気候をつくることができない。結果「高性能住宅」の窓は小さく、さらに閉じることになり室内気候をエアコンでつくることになる。住まい手はそのことに気が付かないまま膨大な廃熱を外に吐き出すことになっているのだ。これら高機能住宅は果たして地球温暖化防止に役立っているのだろうか。

パワービルダーが建てた郊外の住宅

6−3 高性能住宅は果たして本当に省エネルギーなのか

高性能住宅の背景にある地球環境問題が意識されはじめたのは、ローマクラブが「成長の限界」を発表した1970年代である。それから四半世紀経ち、温暖化が深刻化し、これはまずいぞということになる。そこで温室効果ガス、つまり二酸化炭素の削減が責務となり、住宅のエネルギー消費も下げなくてはならなくなった。

日本では、家庭部門のエネルギー消費は全体の14・9%というデータがあり［図2］、なかなか大きな比率を占めている。少し前のデータではあるが、『低炭素経済への道』［＊1］によると、CO_2の発生には発生源の直接排出と間接排出があり、発電所などで排出されるCO_2を除いた直接排出だけだと、4・8%にしか過ぎないとの指摘がある。CO_2総排出量のなんと1／3は発電所由来であるということだ。電力生産に伴うCO_2排出量の膨大さを改めて認識する。間接レベルでは、住宅で消費する電力を生み出す段階に排出されるCO_2がカウントされているのだ。住宅が直接排出するのはたったの4・8%。ガスで炊事したり、風呂を沸かしたりするくらいしか実は住宅からは直接CO_2は出されていない。しかし電力を使用することにより、住宅のCO_2排出量が14%ほどまで上がるのだ［図3］。「聴竹居」の時代のように、自然の力を利用した

＊1――『低炭素経済への道』諸富徹 浅岡美恵著 岩波新書 岩波書店 2010年刊

［図2］最終エネルギー消費における各部門の割合（2019年度）

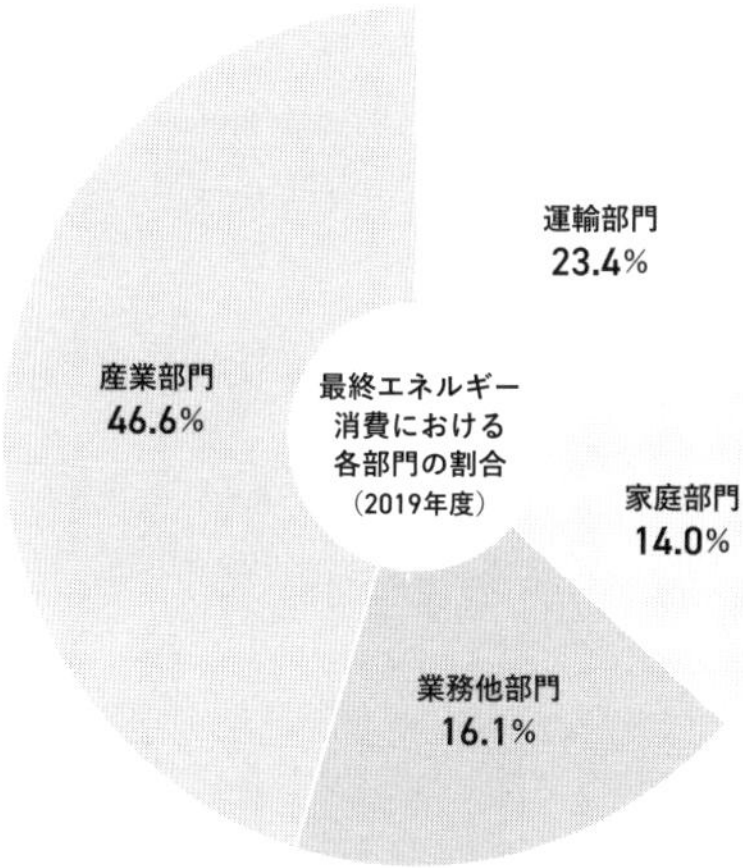

経済産業省　資源エネルギー庁「平成30年度　エネルギーに関する年次報告」より作成

［図3］日本のCO_2排出源（2007年）

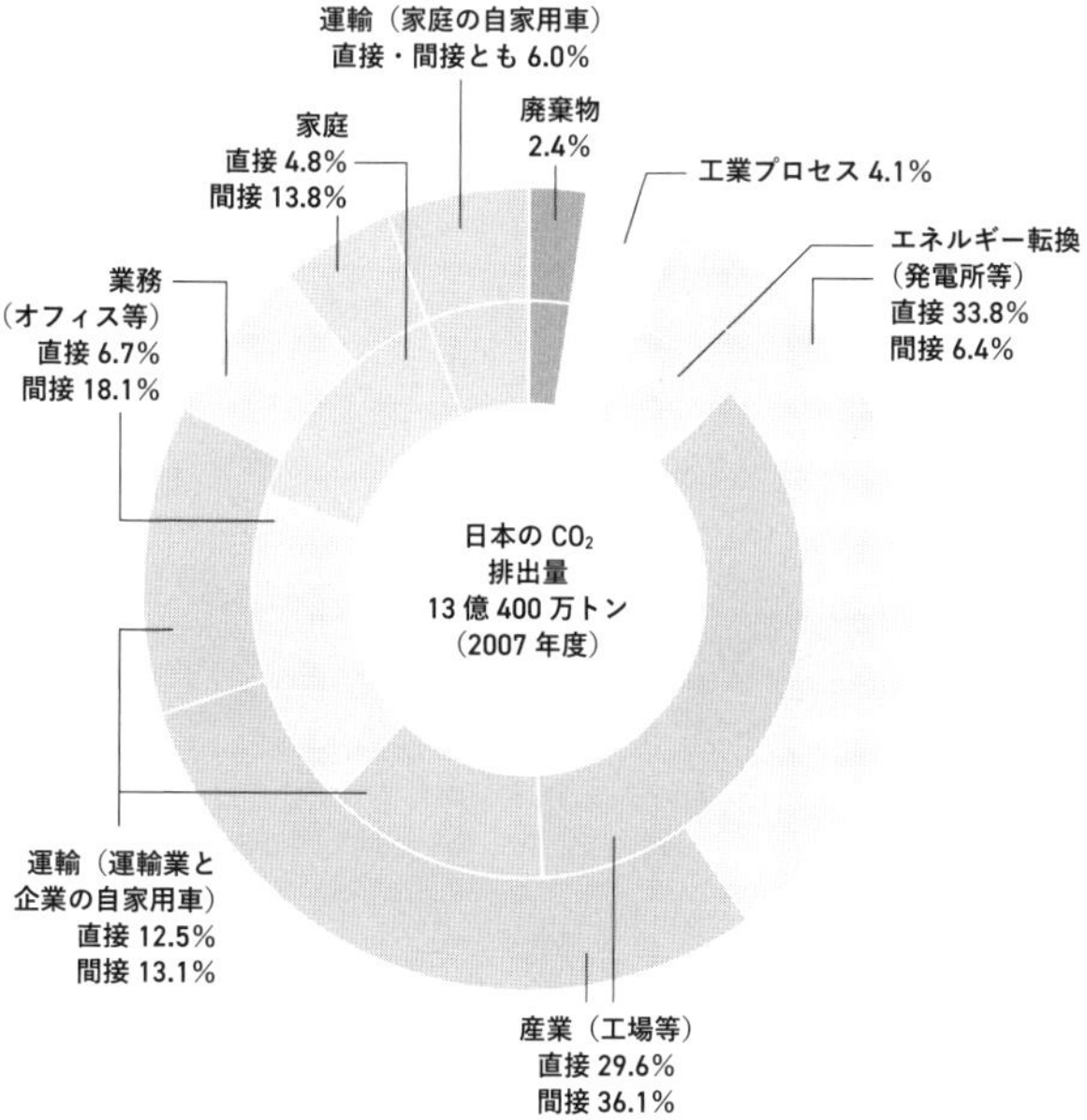

『低炭素経済への道』諸富徹　浅岡美恵著　岩波新書　岩波書店　2010年刊 をもとに作成

再生可能エネルギーであれば、住宅のCO_2排出は圧倒的に低いはずである。

いっぽう、日本政府は、家庭部門のエネルギー消費量14・9%の数字を根拠に、住宅の性能を上げ、高気密高断熱とし、日本型ゼロエネルギーハウス（ZEH）という誘導策を打ち出す。消費エネルギーとCO_2排出量は単純に比較できるものではなく、電気以外にもガスや灯油なども消費エネルギーに含まれる。しかし、それでも直接に限れば全体のうちのたった4・8%しかCO_2を排出しない住宅の建て替えと、それに伴う狭小化を誘導することは、新しいスクラップ・アンド・ビルド誘導策と考えるべきではないだろうか。

まだ小規模住宅には住宅の省エネルギー基準への適合が義務付けられてはいないが、将来義務化されれば、住宅に課せられる消費エネルギーの基準がやっと国際標準に少しだけ近いものになる［＊2］。それ自身に問題はないかのようではある。ただしエネルギー消費量の削減が住宅の使用時に限ったものであり、そもそも建てるために大量のエネルギーを消費する新築住宅にのみ課せられていることの矛盾は解消しないのではないか。大量の既存住宅に触れることがないことは問題であるし、もちろん住宅の短すぎる寿命と消費エネルギー量の問題は大きな関係がある。言うまでもなく建設時と廃棄時のエネルギー量が莫大であるからだ。規制のかたちは根本的な転換を迫られている。

＊2——建築物省エネ法の改正により、2025年4月から原則としてすべての住宅・建築物に適合が義務化

一般的な木造住宅と7章で詳しく紹介するソーラータウン府中の住宅1戸当たりのLCCO$_2$を比較をしてみた［表1］。LCCO$_2$計算はCASBEE［＊3］で簡易的に計算することができる。寿命を仮に90年に設定した一般的な木造住宅の場合、寿命30年で建て替えを2回行うものが寿命90年で建て替えなしとなっても、LCCO$_2$が10％ほどしか削減できていないという結果であった（②÷①＝0・92）。ソーラータウン府中と比較すると約35％の削減である（③÷①＝0・67）。これは、省エネルギー性能が高いために居住時に排出するCO$_2$が少ないからだろう。

しかし、それにしても建設時に排出されるCO$_2$が少なすぎるのではないか。実はCASBEEのLCCO$_2$計算では、解体時に排出されるCO$_2$は、住宅の全構成部材が解体材として発生し、処理施設まで輸送されるとした時の燃料消費に伴って排出される量しか含まれていない。ゴミの処理に伴って発生するCO$_2$は含まれないのだ。解体材のリサイクルが進んでいるとはいえ、ゴミが完全になくなることはない。解体時に発生するCO$_2$がゴミやリサイクルされた建材に蓄積されることで、LCCO$_2$が見かけ上少なく算出されているのだ。やはり、居住時に排出されるCO$_2$やエネルギーを主に削減することを目的とした昨今の政策や取り組みだけでは、問題の根本的な解決にはならないのでは

＊3──「CASBEE─戸建（新築）評価マニュアル（2019年版）」編集：一般社団法人日本サステイナブル建築協会（JSBC）企画・発行：一般財団法人建築環境・省エネルギー機構（IBEC）

［表1］一般的な木造住宅とソーラータウン府中の90年分の$LCCO_2$の比較（1㎡あたり）

	建設（kg-CO_2/㎡）	修繕・更新・改修（kg-CO_2/㎡）	居住（kg-CO_2/㎡）	合計（kg-CO_2/㎡）
【一般的な木造住宅】（H11年省エネ基準）寿命30年/建替2回	8.92×30年×3回 =802.8	3.02×30年×3回 =271.8	25.84×90年 =2325.6	3400.2=①
【一般的な木造住宅】（H11年省エネ基準）寿命90年/建替なし	2.97×90年 =267.3	5.80×90年 =522	25.84×90年 =2325.6	3114.9=②
【ソーラータウン府中】（2012年竣工）寿命90年/建替なし	2.97×90年 =267.3	5.80×90年 =522	16.45×90年 =1480.5	2269.8=③

ソーラータウン府中は2012年にCASBEEの評価を受けており、2010年度版で$LCCO_2$の計算を行っているため、その値を元に比較を行っている。CASBEE-戸建（新築）のCO_2排出量の計算には日本建築学会の産業連関分析に基づくCO_2排出原単位が用いられている。2010年度版では1995年公表値を、現行版の2018年度版では2005年公表値を用いており、CO_2排出原単位は2005年公表値の方が小さくなっているため、$LCCO_2$の値は2018年度版で算出すると2010年度版よりも小さくなる。

CO_2排出原単位：kg-CO_2/年㎡

CASBEEの$LCCO_2$計算をもとに作成

ないか。

繰り返すが、建て替えや新築によるCO$_2$発生の膨大さを考えるべきだろう。住宅の性能を上げるということは外皮の性能を上げるということである。つまり断熱・気密の性能を上げるということである。よく言われているように、それを上げるのは北方型の要求であることは間違いなく、暖房とのセットである。近年それは主にエアコンによって行われている。暖房とのセットで、冷房もそれでよいではないかということになり、窓が小さくなっていった。そして壁の量が多くなっていく。結果、開口部を開かなくてもよくなり、どんどんと閉じていくことになる。

また、これらの高性能住宅は、高気密高断熱仕様とすることで、ものとしての建築の質量、つまり資源使用量は、間違いなく大きくなっている。断熱性能を上げる複層ガラスのガラス使用量はシングルガラスに比べてもちろん2倍であり、断熱材その他の装備も以前より大幅に増えるはずだ。

さらに言うと、それだけ高性能な住宅をつくったとしても、これまでの私たちが使い捨てる習慣、その前提としての法律と制度から予想できるのは、相変わらず30~40年経つと住宅は陳腐化したとされ、空き家となり放置されるか、または解体されるはずだ。それは、本当の意味のLCCO$_2$削減につながってはいないのではないか。大きな矛盾があると思えてならない。

先に述べたが、本来は厚生省が考えるはずであった「住宅」は、建設省通産省マターとなり高度経済成長の道具になった。そしてそう考えることが正しければまさに今、住宅はエコロジーを旗印に環境省こそが管轄・関与すべきマターになっているのかもしれない。しかし、穿った見方をすると、性能を上げるための太陽光発電設備や、給湯器、エアコンなどの設備機器によりそれを達成させようとしているとすれば、これは新たなかたちでの産業育成、経済活動の道具に成り果てていると言えるのではなかろうか。つまり経済産業省のご都合もここに大いに絡んでいるのではないかと勘ぐるのだ。エアコンと太陽光発電によるゼロエネルギー住宅（ZEH）の仕組みの裏に、それが明らかに隠れている。本当の住宅のあるべき快適と持続可能な姿を求める人々をさまざまな思惑が幻惑する。

6－4　エアコンが狭小地に閉じた住宅をつくる

整理しよう。隣地との間に50㎝の空きをとって、車が停められるスペースがあればよい、住宅の周りに豊かな余地がほぼ存在しないという、このような住宅の建ち方を保証し可能にしているのがエアコンである。住宅地の狭小化はエアコンを根拠として成立していると考えられよう。要するに外部気候は不要で室内の環境、室内気候はエアコンでつくればよいということだ。

エアコンも初期は一家に一台の時代があった。しかしその価格が年々安くなってくると、1戸に複数のエアコンが導入され、結果急速に住宅と外との関係は切断されることになる。こうした住宅は性能的には貧しい住宅ではないのかもしれない。エアコンに依存する住宅の姿は極言すれば365日外部を拒否し外部との応答を閉じていてもまったく平気であり、外部は要らないということになろう。これらの住宅がつくる住宅群の風景は結果としてこれまで見たことがない閉鎖的なものになっていると考えるべきであろう。単体の住宅の性能としては理解できるが、それでよいのだろうか。それが果たして居住に適した環境なのだろうか。

日本列島の多くの地域では、1年を通じ気候は比較的穏やかであり、夏をもって旨とすれば、外界に開くことで住まいの快適さは保たれてきたと考えられる。いわば夏の暑さは茅葺き屋根の下で守られる。なんらかの気候の調整がその他の手段より必要とされるのは冬のみであった。住まいを「閉じる」ことは冬のみに求められるはずではなかったか。

さて、エアコンにより不要となったのは「庭」、つまり外部環境である。本来庭は熱環境のためだけではなく視覚的な豊かさをもたらす効果があることは言うまでもない。いやむしろ視覚的意味、視覚的豊かさのためにこそそれは存在していると言っていいのかもしれない。環境としての意味は意識下のものとして捉えるべきかもしれないのだ。近年に至り建築家の設計する住宅であっても前面に大きな開口部があり、そこから先に庭がほとんどなく道路に面しているというものがある。当初、私はこれらを見てなぜこれが成立するのだろうと思った。そしてすぐにカーテンがあるから可能なのだと気づいた。しかしカーテンを閉じた室内は実は壁に囲まれたのと同じ閉じた室内でしかないだろう。目が届く視距離が非常に短い。開口部があってもそこは閉じている。その向こうはないということを前提としている。郊外住宅地に建つ住宅は外部がほしい。緑があり四季があり視距離が外界とつながり遠方が見える、この豊かさは必須であってほしいと私は思う。。

6―5　エアコンありきの制度は正しいのか

20世紀の終わりから今日まで、長期優良住宅制度や省エネ基準、CASBEEなど国土交通省はいろいろな制度をつくり、いかに住宅をエネルギー消費の少ないものにするかという取り組みが続いている。そして、その流れがエアコンをつけ、閉じるということを前提とするものになっていった。結果、それが住まいをより豊かなものとする楽しみの工夫を奪ったのではないか、そう言えないだろうか。長く人々が四季折々の変化に触れ豊かな生活や文化を培ってきたことを。たくさんの生きる楽しみの工夫、面白い試みがなされてきたことが、エアコンの出現によって失われつつある。そのように私には見える。

断熱性能を上げ、太陽光発電装置を屋根に載せて収支を合わせる。それは一住宅あたり少なくとも2台程度のエアコンの存在を必須としている。エアコンは換気の機能をもたない。空気質を改善しないから、室内環境は必ずしもよくならない。住宅の外、住宅地の景観はよくなるのかとか考えると、結果、悪くなっていると言えないか。言うまでもないが、エアコンからの廃熱がある。廃熱は間違いなく外部環境を害する存在である。また住宅が「閉じる」ことが地域のコミュニケーションや交流を阻害し、地域社会のもつ互助的な仕組みを妨げることはないのか。近隣の人々を豊かな生活から遠ざける結果となっているのではないか。

地球温暖化に対応しようとするＺＥＨなどの制度が、風景や外部環境を破壊する。つまりひとつの環境を生み出す可能性はなくはない。場合によればこれがよりいっそうの電力生産の必要性を高めていくという可能性もあるだろう。

6-6　高性能住宅は中古住宅市場を活性化させるか

私は高性能住宅や長期優良住宅を単純に否定するわけではない。何より住宅の寿命を長いものにすること、これこそがサステイナブルな住宅の姿であろうと思うからだ。無自覚な習慣、制度、あるいは経済活動を根本から疑わなくてはならないだろう。そして制度の大幅な改革なしに、この国で優良な住宅が2世代3世代にわたり使い続ける新しい習慣が根付き、サステイナブルな居住が可能となるとはどうしても思えない。

例えば、高性能住宅は工業化などにより一律均一な性能の住宅をつくらせれば、中古住宅の品質が保証され、それがマーケットに認知され、流通するだろうという政府のもくろみがある。そうすることで中古住宅の価値が表示可能となり、公平に理解できるようになるということだが、今それを始めてもその成果はいつになることか。むしろ今日存在する膨大な数のストックとなるべき住宅についてこそ考えるべきであり、そこに視野は届いていないのではないだろうか。

つまり建築家がつくった住宅を含め、存在する多種多様で大量の住宅ストックに対し、中古評価がばらつくから困る。これだから中古流通がなされず住宅が短寿命なのだ、というのが官の発想であるらしい。極論すれば基本的に住宅メーカーが全部つくってくれればいいというのがその意図のように見える。工業化住宅を過半とし、それに太陽光発電装置を載せ高性能のエアコンをつければ中古住宅も安定的に流通する、そして住宅産業とそれに連なる産業も潤うということだろうが、これは違う。これによる住宅の長寿命化の可能性は、まったく説得力をもたないだろう。短期の住宅消費は問題である。しかし連綿と建築世界が培い育て国際的にも評価され注目されてきた住宅を通じて果たしてきた文化的成果の質、そしてその広域な影響を忘れてはならない。

私が設計した「ソーラータウン府中」（7章で詳しく述べる）でも高性能エアコンを設置した。いや、せざるを得なかったのである。性能評価の条件に高性能エアコンの設置が義務付けられているからだ。つまり住宅に付随する設備機器を含む閉じたパッケージとしてその性能を担保する、そうすればおしなべていつか中古流通が活性化するはずだとこの制度はいう。

既存住宅の流通を促すことは悪いことではないし、性能的に品質が証明されること自体は悪いことではない。しかしすでに述べたように住宅の更新、建て替えの異常な早さは、住宅の物理的寿命によっているわけではない。性能を高めて中古市場を成立させようとしても、ほかの制度がそれを邪魔しているのである。まったく机上の空論のような気がするのだ。何とかしなければなるまい。

6-7 ストック活用には住宅の評価方法が必要

「住宅のデューデリジェンス」という言葉を耳にするようになった。デューデリジェンスとは不動産分野では、売買に伴う対象物の価値を経済的、法的、物理的側面から調査・評価することを指す。中古住宅の売買の場合、その調査及び評価の公平性はきわめて重要なこととなる。経年劣化を含めて住宅の評価にばらつきがあれば取引に大きな問題をはらむからだ。中古住宅の流通比率がきわめて高い海外諸国では、このデューデリジェンスは一般化しているという。それがきわめて少ないこの国の環境でデューデリジェンスのニーズは乏しいのが実情だった。これからのことを考えると、さまざまな個性をもつ多様な住宅が流通することを念頭に置くべきであろう。それらの保証を考えるべきであり、そのためのデューデリジェンスの制度的確立は重要な前提となるはずであろう。

再び言う。住宅政策の主軸は新築だけではなく、既存の住宅をどうすべきかにある。既存住宅は空き家を含めて全国に約6200万戸ある。新築住宅はたかだか90万戸（2019年）に過ぎない。これも年々縮減しよう。そしてもちろん縮減すべきであろう。そして、サステイナブルソサエティ（持続可能な社会）を掲げるのであれば、既存住宅を想定した優良住宅化への誘導策を今すぐ講じるべきだが、まだ広く浸透しているわけではない。諸外国はこれに力を注いでいるのだが。

性能評価の基準に合わない伝統的住宅の方がよいと考える人や自然素材でつくるほうがよいという人は思いのほか多く存在する。彼らは伝統技術の保全に共感し、その質を問う。それらの人々の多くはきわめてエコロジカルな性向をもち、多くの場合、彼らのライフスタイルは実にサステイナブルである。もちろん工業化につながる単一の指標にはかなりの抵抗をもつのだ。２０２１年にはすべての新築住宅に省エネ基準への適否の説明が義務付けられた。これについて疑問があるのはすでに述べた通りだ。

実は、小規模住宅の省エネ法適合義務化に向けた動きの中で、こうした伝統的住宅の建設が閉め出される気配があった。しかしそうしたことに疑問を抱く建築家の動きによって、市町村などの認定が条件ではあるが、気候風土適応住宅として認定を受けることで、伝統的住宅について何とかそれが地域ごとに建設することができることになったのである。風穴はあきつつある。このことを喜びたい。

建築は本来多様であるべきであり、規制は最小であるべきである。社会は多彩な試みと提言により一日ごとに試みられつくり続けられるはずのものであろう。規制がそれを押しとどめることがあれば、社会は生き生きとした呼吸を止め壊死するしかないのではないか。

7

共のものとしての住宅地
――ソーラータウン府中

5章では、東村山で始まった「木造ドミノ住宅」のプロトタイプの開発からその実現までを紹介した。「木造ドミノ住宅」というプロジェクトは、低廉な価格で高性能の住宅をしかも地元の木材、地元の大工、地域工務店の手によってつくる取り組みであった。復習しよう。木造ドミノ住宅は、住宅の外壁、屋根、窓、基礎の立ち上がりなど内と外を分ける部位をきちんと断熱し、外気温特に冬の寒さ夏の暑さにさらされる部位の性能をきちんと上げ、そのうえで太陽熱という石油など化石燃料に頼らない再生可能エネルギーにより暖房を行うというトライアルであった。外気を屋根面で暖めて室内に導入するこの仕組みは換気の難しい冬季の室内の空気質を著しく良好なものにもする。このOMソーラーと呼ぶ太陽熱利用の仕組みは、私たちが30年以上前から開発に関わってきたこの国ならではのパッシブな技術だ。この方法があることにより「木造ドミノ住宅」の室内はどこも一定の温度が保たれ換気もされるので、室内空気はきわめて清浄でもある。外周部の壁のみをつくる一室空間の木造システムと太陽熱による換気と暖房の組み合わせでは在来の住宅の常識を大きく変えるものといっていいだろう。部屋が細かく分割されているのは局所暖房や部屋ごとの暖房には都合がいい。しかしすべての部屋を同じ温度に、と考えると間仕切り壁はむしろ邪魔なのだ。一室空間の木造ドミノ誕生の鍵は、水平構面である

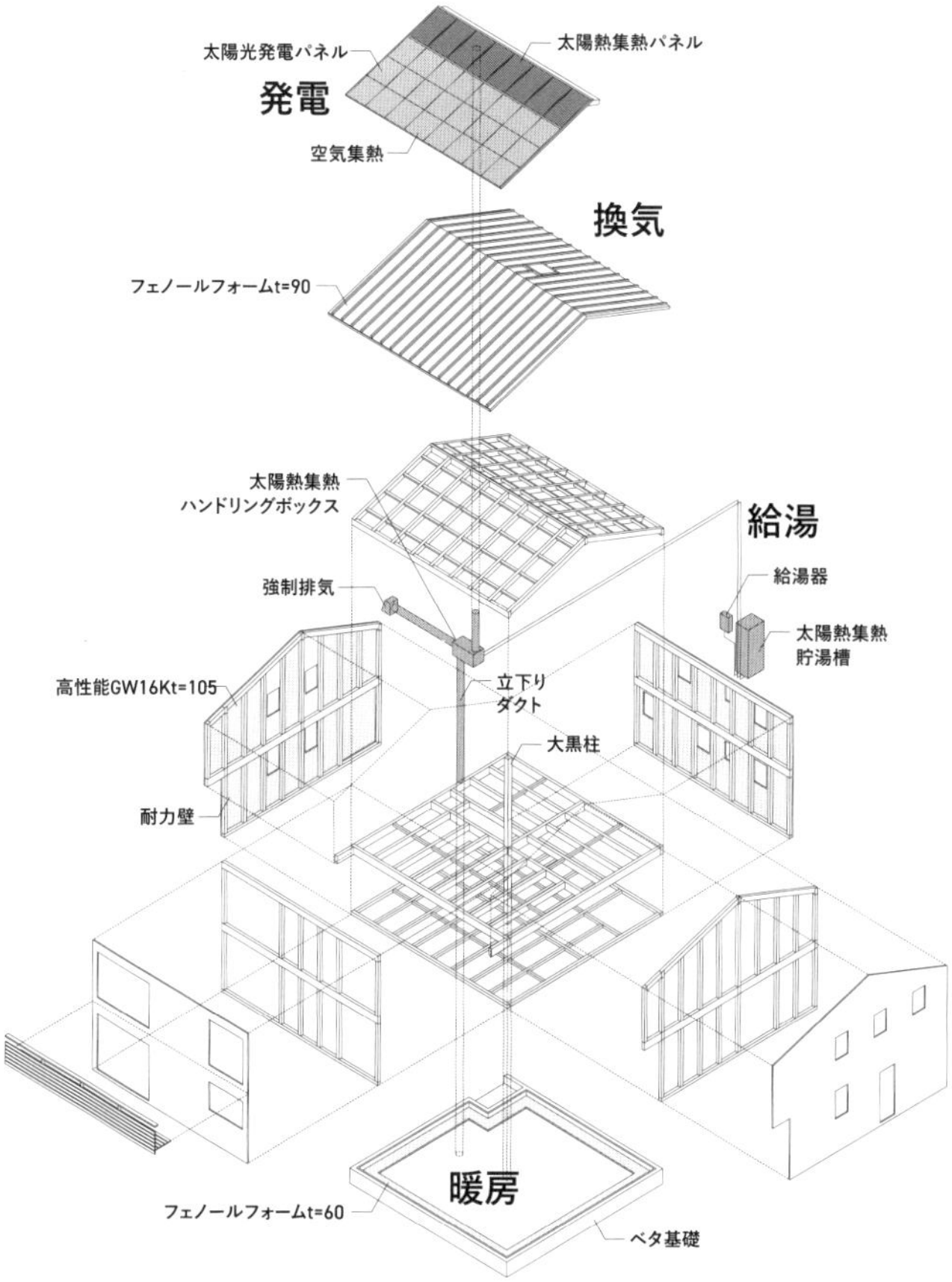

[参考] ソーラータウン府中の木造ドミノの構成

床の剛性を高くすることと耐力壁を強化することで、在来工法を下敷きにしたままで、モノコックの箱のようなタフな構造が可能になったのである。在来工法は床が思いのほか弱かったようだ。ライフスタイルに応じ自在に間仕切りし、間取りを変えることができ、いつでもキッチンやバスなど設備の更新ができる。使い方は自在であり次世代どころかその次の世代も手を入れながら住み継ぐことが可能となるのである。このトライアルが実現したのは、東京都が新しい廉価で高性能な住宅を求めるプロポーザルを地域工務店を対象に発したからであり、地場産業としての地域工務店の役割を大切に考える都の意向とその成果は実に大きいものであった。

いっぽうで国の進める高性能住宅優遇制度では、住宅が長期に使われることを目指すこと、中古住宅市場が確立することを目指すことが謳われている。その背後には、建て替えをすることで新築市場を期待したい住宅メーカーの思惑や設備機器メーカーなどの意向が透けて見えるように思う。そして、住宅関連ビジネスが経済に占める役割に期待する国の意向が相変わらずあるのだろう。肝心なはずの膨大な数の既存住宅の環境性能向上には今のところ積極的に手を付けていないからだ。前にも触れたが財務省の言う住宅の耐用年数とは税制上の減価償却を計算するための数字のことであり、住宅の寿命のことではではないので、本来は適切なメンテナンスや修繕・改修を行っていけば住宅を長く使い続けることができる。そしていわゆる高性能住宅と言われるものは周辺の環境や自然エネルギーに背を向け、住宅を閉じエアコンを前提とする大きな勘違いに基づくものであり、その結果住宅はますます閉じたものとなっているが、住宅の寿命を延ばすことにつながっているかは疑わしい。本来緑豊かなものであるはずの郊外住宅地の光景が緑のないきわめて劣悪なものになりつつある。そのことについても先に触れた通りだ。

ここでは、どうすれば住宅の周辺環境を改善し、住宅地と住宅を共に成熟する豊かな環境とすることができるか、そしてそれと同時に限られた予算の中で最大限環境負荷を減らしていくことができるか、「ソーラータウン府中」という私たちが関わり実現した住宅地事例をもとに考えてみたいと思う。

7―1 太陽を多目的に使用する省エネ住宅

「ソーラータウン府中」は東村山市の「むさしのiタウン〜四季の街」に続き、東京都の活用されていない所有地の活用を目的とするプロジェクトだった。計画地は府中市にある老朽化し再整備された都営住宅建替事業により現れた比較的小さな土地である。公営住宅建設時に整備された道路が両側を通る南北に長い敷地である。今後も公共用地として使用するには２０００㎡と小さく、利用しづらいものとの判断があったようだ。都はこの土地を売却、民間戸建住宅地とすることとし、携わるディベロッパーを公募し、事業者を選定することにした。公募としたのは社会的意義をもつ優れた提案を選定することをもくろんでいたからだ。応募者はプレゼンテーションを行い、学識者を中心とする審査員がそれを決定する。２０１１年に公募、審査委員は松村秀一、佐土原聡、秋元孝之、渡和由、大野木孝之、今井克治の6氏であった。私たちは東村山での木造ドミノチームである相羽建設とこれに応募。提案はこの土地に16棟の戸建住宅を建設することを骨子とするものであった。要求項目には、国の長期優良住宅の条件を満たすものであること、エネルギー消費量やCO_2の大幅な削減（$LCCO_2$削減50％以上）などがあった。私たちは東村山以上に太陽熱を多目的に利用することを提案に盛り込むことで、この課題に応えることとした。骨子は、太陽熱により冬季は暖房を行い、春から秋までの暖房のいらない時期は太陽熱で給湯を行う。つまり、太陽熱を通年利用することで負荷を大幅に減らすのだ。屋根上の太陽電池は3kWほどとし大きなものとはしない。また、工法は東村山で開発した在来工法の延長上の木造ドミノ住宅を発展させたものとし、合理的なコストの実現を目指した。実績のある木造ドミノ住宅をベースとし、市販のサッシを利用し、外皮をほぼ通常の断熱性能とした上で、太陽熱を積極的に利用することで価格を抑えつつ、高いクオリティを達成することとしたのだ。何より16棟を市場価格に近いものとして販売しなくてはならない。高性能住宅であるとはいえ現実的な価格は坪70万円くらいまでである。住宅は32坪、土地は40坪ほど。土地代の高さにいつも頭を悩ますが、府中の土地価格も決して安くはなく、、比較的高いのである。それを考慮すると少なくとも一棟当たり販売価格は少なくとも5千万〜6千万円となってしまう。事業としてむろん販売までを考えるとリスクはないわけではない。相羽建設は熟慮を重ねたに違いない。

このプロジェクトも基本的には東村山で開発した「木造ドミノ住宅」を踏襲している。都の要求もあり東村山に比べると重装備で、太陽熱利用のOMソーラーも東村山に比べハイスペックになっており、冬季の暖房に加え春夏および夏季の給湯のためのシステムを装備している。この仕組みは屋根面で太陽によって暖められた空気を室内に持ち込み暖房と換気をするというものだが、その暖められた空気のルートにコイルを置くことにより、お湯を採るようになっている。暖房のいらない季節は太陽熱を給湯に利用することができるのだ。加えて太陽電池による発電を行う。もちろん間取りは長期にわたり可変である一室空間である。オープンビルディングシステム、サポートとインフィルを分離するものとして計画する。結果は16棟すべてがLCCM（ライフサイクル・カーボン・マイナス）住宅というかなりきびしい基準を満たすことになった。カーボンマイナスは現行のZEHよりも環境性能が高い［＊1］。

屋根集熱により太陽熱を利用することで、住宅の室内は通常の住宅に比べて圧倒的に快適である。しかも負荷はきわめて低い。住宅そのものの性能は高いレベルを保ったままで、もう一段上の住まいの豊かさを求めるべきというのが、府中プロジェクトに込められた私たちの思いである。春、夏、秋、窓はできるだけ開かれるべきだ。

それをつくり出すための、住宅外部の仕組みが「園路」と呼ぶ庭である。ちなみにエアコンは高性能のものを取り付けている。CASBEEまたはLCCM住宅認定の要件に高性能エアコンの設置があるためだ。竣工後、ここの住民に対して行ったヒアリングと実測によると夏季冬季ともエアコンをほとんど使わずに過ごしている家が少なくない。エアコンなしに十分快適なのである。

7−2　コモンは「地役権《ちえきけん》」という秘策で実現

府中の特徴は、先述した「園路」、共有の緑の場＝コモンをつくったことで

＊1――LCCM（ライフサイクル・カーボン・マイナス）住宅：LCCM住宅では、運用時だけでなく「新築、改修、解体」におけるCO$_2$排出量をマイナスにすることが求められる。ZEHは運用時の一次エネルギー消費をゼロ以下にすることが条件であるため、CO$_2$と一次消費エネルギーとで、比較する単位が異なるものの、一般的にZEHよりLCCM住宅の方が環境性能が高い

ある。コモンとは昔あった入会地のような場所のことを言う。歴史をたどれば入会地は例えば茅場としてあった。茅場は十数年ごとに行われる茅葺屋根の葺き替えのための材料を確保するために必須のフィールドであり、誰のものでもない共有のフィールドとしてずっと存在してきた。コミュニティや共同体を成立させている人と人とのつながりや制度、仕組みなどを「共」とすると、府中の場合では「共」が育まれている場や空間としての「園路」が「コモン」であると言えるだろう。

ご存じ、英国におけるナショナルトラスト［＊2］は100年以上の歴史をもつ非営利団体だ。英国ナショナルトラストの出自も入会地が関わっている。長く人々が立ち入ってきた入会地を潜在的にそれを所有する旧地主が囲い込み（エンクロージャー）という動きにでる。石炭の算出など土地に今までと異なる価値が現れたからである。今まで誰のものでもなかった入会地が突然閉鎖され取り上げられる。これに対抗し起こされた運動がナショナルトラストの始まりという。入会地に人々が立ち入り享受することとは、例えばそこでの狩りであったり、薪やたきぎ拾いに散歩など多岐にわたるものであったという。この団体ナショナルトラストこそ「共」の存在そのものではないか。トラストは今日では英国で有数の土地所有機関だと聞く。

＊2――『ナショナル・トラストの国　イギリスの自然と文化』藤田治彦著　淡交社　1994年刊

ナショナルトラストはたかだか3人ほどの人が自発的に始めたこととして知られるが、彼らの主張が認められ、コモンは法的な権利として英国に定着する。ピーターラビットの著者ビアトリクス・ポターが湖水地方の所有地すべてをトラストに寄付したこと、そしてそれがきわめて健全に管理運営され実に多くの観光客が訪れていること、風景が豊かに保全されていること、そして今やたくさんの人々の雇用の場となりたくさんの仕事をつくりだしていることは有名である。

コモンとは利用することが平等に許され、そこを利用するひとりひとりが責任をもって健全に管理や運用に参加する場と考えればいいだろう。この国の通常の住宅分譲地にもちろんコモンはない。個人が所有する「私」としての住宅用地、そして公が所有管理する例えば公園、道路などの「公」があるのみだ。隣家との間はフェンスで仕切られ住宅の裏としてある。たいていの場合ここは用のないものが捨て置かれているのではないか。実に面白くない。ここが緑にあふれたコモンにならないか、という期待からの園路＝コモンの提案であった。

園路＝コモンを実現するためには、ここをどのように永続的に担保できるかという制度上の大問題が現れる。通常ないものを置く、このことはまったく難しい。通常ないものは制度が許さない。都がそこを所有して「公有地」としてくれればそれでよい、これなら制度上あり得る。しかしそれは別の意味であり得ない。そもそも民間に払い下げ売却した土地を都が再び買い戻し都有地とし経費をかけ維持管理を行うわけはない。仮にそれが可能であったとしても、それではここは「共」が育くまれるコモンとはならない。底地は住宅購入者に何らかの形で負担してもらいコモンとしてもらわなければならない。だが、この国の土地所有制度には、「公」と「私」はあるが「共」が確然とは存在しないのである。であるから戸建て住宅地はフェンスで区画され「私」が立ち並ぶことになる。AさんとBさんの家の間には必ずボーダーがある、フェンスで区画されたささやかな土地が死んでいる。実につまらない。

　私は友人であり頼りがいのある不動産コンサルタントの田村誠邦さんに相談することにした。彼は同潤会江戸川アパートメントや求道会館のコーポラティブ住宅化など、難題と思われる建築再生のプロジェクトを手掛けた人であり、また一般社団法人「住宅遺産トラスト」で一緒に活動する仲間でもある。（「住宅遺産トラスト」については、10章で触れる）。ここで彼の示してくれたアイデアは、「地役権」という私には聞き慣れないものだった。地役権とは、他人の土地を自己の土地の便益に供する権利（民法280条）であるらしかった［図1］。民法は明治期に制定された後それほど大きく改正されていないらしい、であるから

［図1］他人の土地を自己の土地の便宜に供する権利としての地役権

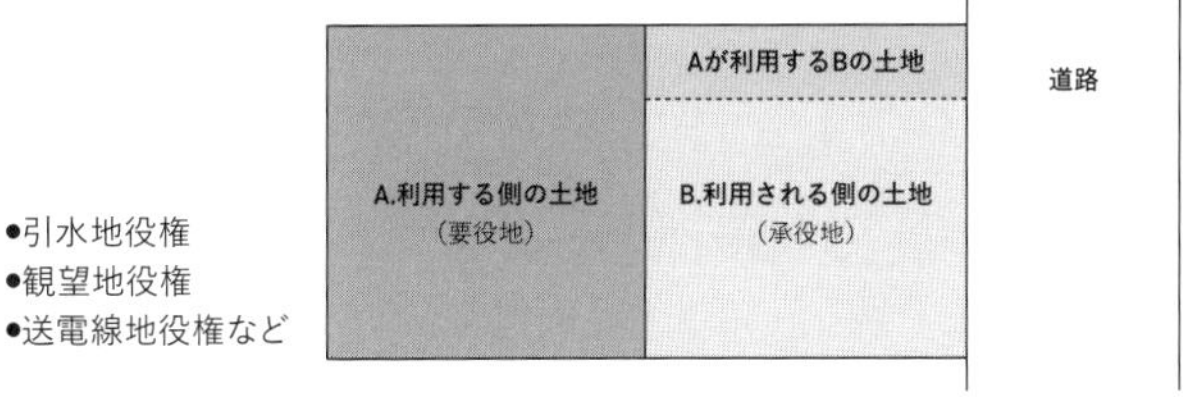

戦前から残っている権利なのであろう。他人の土地の地下に別の人のための水道管が通っていたり、接道していない土地の人が隣地を通行できたりする権利で、なんとなく入会権に似ているのである。だからこの権利は、権利関係が錯綜する密集した市街地などで仕方なく使うものとしてあったのではないかと私は思う。田村さんによると「地役権には継続地役権と不継続地役権があり、この場合、継続地役権をあらかじめ設定しておけば、将来的にこの権利は抹消されることもない。府中ではこの仕組みが役立つ」とのことであった。つまり住宅の販売時に購入されようと考える人々にこの住宅が建つ土地には地役権が設定されていることを付帯条件としておく。そうすれば将来的にこれが解消されることがない。この国でコモンをつくるにはこのほかに手段はないし、これに勝る手法はないだろうということになった。この住宅地で家を購入しようとする人はここに地役権があることを納得し購入することになる。

府中の園路のような住人が使うことができる外部空間がある住宅地が実現したとしても、これが「公」＝都の用地であったら管理も都ということになる。管理・維持の責任は都ということになるだろう。そうではなく自分たちで土地を出し合い、「共」が自らの意向により管理し運用し利益をみなが享受する。そのような「共」がつくりだすもの、自らの参加が、自らが住む住宅地を豊かにする。かつての入会地のような「共」が育まれるコモンがあることはコミュニティの種がここに確実にあることになるのではないか。隣家との間にフェンスがなくつながり緑にあふれる、そんな「共」の存在はお互いのつながりを深めコミュニティをより豊かなものにするはずではないだろうか。

7-3 園路がもたらすコミュニティ

ソーラータウン府中の16世帯は、各世帯おおむね40坪ほどである［図2］。市場に沿う価格で売り出すための区画割である。ただしここは通常の分譲住宅地と大きく異なる。各区画のうちのほぼ10パーセントほど、約4坪ほどを地役権分として設定しているのである。これにより住戸の間に「園路」が現れる。園路は東西に2列並ぶ住宅の中央を縦につなぎ、その中ほどに小さな広場状の、人々が集い例えばバーベキューなどを楽しめる場所がふたつある。園路はあふれるほどの樹木に囲まれ、花が咲き、実がなり鳥が訪れる。季節によってさまざまな様相を呈する。小さな広場には住宅の雨どいとつながって雨水を貯めることができる地中タンクを置き、手押しの井戸ポンプを設置した。これにより散水や非常時の雨水利用ができるが、このほかにベンチやかまどがある。16世帯の人々はここで思い思いにパーティを開きバーベキューを堪能する。もちろん家々からの穏やかな距離が見守る子供たちの安全な遊びの場でもある。

ちなみに、地役権は全ての世帯がほぼ同じ面積によるものとなるよう地割りしたが、これはコンピュータがなければなかなか難しい作業であったことを付け加えよう。

この小さなまちは園路のほかにも地役権設定を利用している。一見気づきにくい工夫であるが、駐車場の配置のための自動車通行のための地役権である。実は西側の道路には歩道があり公共の剪定により貧弱ではあるが街路樹が並んでいる。ちなみに貧弱な街路樹は「落ち葉を片づけろ、迷惑だ」という苦情対策の結果に違いないと思うが、こうした「私」も社会の豊かさを損なっていると思う。いかがだろう。この歩道には車道との段差を切り下げスロープ状につながっている個所が3箇所ほどあった。公営住宅が建っていた時代に道があった名残である。当たり前だが切り下げのある場所には街路樹はない。新たな住戸配置を考えるとどうしても新たに駐車スペースをつくる必要が現れ既存の切り下げのないところに駐車場をつくる必要も当然出る。するとそこを切り下げする必要が発生し、そこに立つ街路樹を切らなければならないことにもなる。風景が大きく変わってしまう。それだけでなく歩道を歩く人にとり車の出入りを今までより気を付けなければならないことにもなろう。これを避け街路樹を

東側道路
自動車通行地役権の設定による駐車場の計画

西側道路
既存の歩道切り下げを生かして設けた駐車場と残した街路樹

写真©傍島利浩

残すため既存の切り下げ部だけを使って駐車場を設置する計画としたかった。結果、駐車場の導入ができない北側奥のふたつの住宅の駐車場を自動車通行地役権を設定することにより東側の道路から導入するという計画としたのである。東側の道路は比較的交通量が少ない。地役権といういわば「共」の存在を保障する仕組みの発見がこの住宅地のきわめて重要な根拠となっている。

歩道、街路樹、切り下げなど、街並みのコンテクストを尊重しながら、新たなプログラムを想定することは骨の折れることである。多くの開発計画はまったく敷地の痕跡を消し去った上、そんなものはなかったことにして新規の計画を描くのであろう。住戸の配置もきわめて難しい。それぞれ40坪の敷地に建つ16戸は、比較的密度高く建つことになった。くどいようだが土地代が高い。これも住宅寿命が短く土地取引が頻繁であることによるのである。私たちはどのような配置計画であれば各戸の窓から遠くの景色が見えるか、少しでも日光が入るか、心地よい風が入るかなどを工夫しながら16の住戸のレイアウトを考えお互いの視線が合わないように窓の位置にも配慮した。そのうえで、どうしても日照の条件に問題のある住戸については2階にリビングルームを設えることとし、その結果3戸の住宅が2階リビングタイプとなったが、結果として2階リビングの室内は屋根勾配がそのまま室内に現れ木造ドミノ住宅の特徴である広々とした一室空間のリビングルームとなった。天井の気持ちのいい高さがこの住宅の豊かさともなった。

今の経済的事情を考えればここにつくられた住宅群は決して廉価ではない。しかし何とか市場に受け入れられるものになった。東京の気候状況に対応するための環境水準としては十分に高いと言える。現実離れした話であることを覚悟の上で言うと、これでもまだここは建てこんでいるのではないか。郊外住宅地はもっと緑にあふれるものでなければならないしもっと自然にあふれていなければならない。そう思う。

ひとつの住宅を二世代三世代にわたって長く使いさえすれば、イニシャルコストは1/2、1/3になる。そうなればもう少し豊かな住環境をつくり出すことが可能になるのではないかと思ったりもするのである。もっと住宅を長く使うことを何とかこれからの習慣にしたい。住宅の建て替え、循環のサイクルが穏やかなものとなれば住宅需要は落ち着くだろう。そうなれば必然的に土地価格も落ち着くこととなるのではないか。不動産業という産業は、今よりもっと小規模なものになるはずだ。すでに人口は縮減し始めていて、今後急激に減っていくという。一時の物欲にあふれた人々は去り、「新築でなくていい、ストックの活用が面白い」、そんな新しい価値観の人々による社会が近づいているようにも思う。そんな価値観に支えられ郊外住宅地が再編され新たな豊かさが出現することを夢見る。建築家、都市計画家は郊外住宅地をもっと豊かな場にしたいと思っているだろう。豊かな緑の中に優れた住戸を配したいのではないか。

「園路」もまた、新たな価値観から生まれたものだ。経済効率や実現可能性を踏まえると難しいと考えるのが普通ではある。計画当初の頃、私は武蔵野美術大学（武蔵美）の客員教授で、共同提案者の相羽建設の迎川も同校出身であった。そこで長尾重武教授（当時）に依頼し、学生にこのプロジェクトに参加してもらうことにした。「共有の場を何とかしなくてはならない」と宿題にしたところ、ある学生から生まれたアイデアが「園路」の原型となったのである。学生の参加がプロポーザルへ何らかのアピールになるのではないかというもくろみ、そしてもうひとつ工務店の仕事の面白さを学生に伝えリクルート効果をひそかに期待する意図もあったが、それ以上の効果を生んだと考えている。

私は、我々計画者、建築家、そして生活者である市民が住宅を考える時「常識」や「前例」「通例」からいかに遠く離れることができるか、このことの大切さを思う。ひょっとすると学生という存在は常識や前例からかなり遠いところにいる存在で、だからこそ可能なことがあるのかもしれない。自らが考えること、批評的に考えること、いまだ知らない明日を探すこと、慣例に捉われず発想すること、計画の果たすべき意義を捉えそれに沿い自らできることに思いを巡らせる、そんなことが彼らにはあるのではないかと考えたのだ。学生との応答を通して建築やコミュニティを考えることの面白さと大切さをこの仕事を通して改めて確認した。

往々にして私たちは面倒くさいことから逃げる。自ら考えることを自らに許さない。難しさから逃げる。「前例」に従順に従う。「前例」があれば瞬時に答えが見つかるはずである。結果、自在な思考は停止し、きわめてつまらないどこにでもある答を招く。時間がないことを言い訳にカタログを繰り、既製品を選択するだけのレディメイドの建築を当たり前とする思考停止の状態からは、この住宅地「ソーラータウン府中」は決して現れなかっただろうと自負している。

7－4　園路の環境的効果

これは都が主導するプロジェクトであった。都は公募に当たり事業者に住宅性能の竣工後2年間のデータ集積と評価を条件付けていた。エネルギー消費量などの実測に基づく評価、生活の満足度などを検証することが求められていたのだ。同面積、同性能の16世帯、そのエネルギー消費などの動向が実証的に評価できれば住宅性能だけでなく、住人のひとりひとりの生活スタイルが異なることによるエネルギー消費の相違についても面白い検証結果がもたらされそうである。このようなデータを得る機会はなかなかない。住宅のエネルギー消費などについて、実態に沿う研究対象として実に都合がよい。調査研究は現東京都立大学の須永修通研究室が行ってくれることとなった。残念なことながら現代は、設計事務所が乏しい設計料の中で自らが設計し竣工した建物のその後を数年にわたって計測調査し、結果をきちんと評価することはきわめて難しい。実に費用の掛かる仕事であるからだ。今回のように2年にわたり16世帯もの住宅の性能とエネルギー使用量、そして周辺環境までを含めた調査となるとその難しさは計り知れない。このプロジェクトが都の関与するものであったため、都がこれを主導しフォローしてくれたのは実に幸いであった。

須永研究室の研究調査、その後の解析で明らかになったことは以下である。個々の住宅の性能、レベルが十分に高いものであることがわかった。そしてこの16戸の住宅から成る住宅地は、エリアとしての環境性能についても高いことが実証され、評価された。これは私たちに重要な示唆を与えてくれた実にありがたい結果だ。このようなエリアを対象としてさまざまな環境的指標で評価することはあまり実施されていないのではないか。

特筆すべきは、我々のつくり出した「園路」が、既存の住宅地と大きく異なる性能をもつことが、実証データに基づき指摘されたことだ。「ソーラータウン府中」のほとんどのエリアは舗装を施していない。そのため雨水は地中に浸透し植物を育むことができる。そのことがここにほかにない微気候をつくり出しているという評価である。夏季の日中の比較のために測定した近傍の舗装された街路、これはどこにでもありそうなごく当たり前の住宅地の街路なのだがここの表面温度が40度以上になっているとき「園路」のそれはなんと30度を下回るものであった。なんと10度ほどの温度差があるのだ。

16戸の住宅地というとそれほど大きな規模とは言えない計画である。それでも敷地全体をトータルで捉え一定の緑化を施すなどの工夫をすると敷地とその周辺の地域は劇的にその気候を変えることになる。住宅地の環境は少しの工夫で他よりも好ましいものへと整えることができる。ここにある「園路」が窓辺にある環境であれば夏もエアコンを使わずに済むだろう。そして、どこであっても地域の工夫によりこのことは可能であり、エアコンに頼る期間は間違いなく縮減するはずである。それは府中での各住戸のエアコン使用状況の検証により実証されている。

ソーラータウン府中の16戸の住宅が、当時の他の高性能住宅に比べてエネル

緑が生い茂り竣工時より成熟した外部空間（写真Ⓒ傍島利浩）

Coleman

写真©傍島利浩

30

30

配置図 S=1/500

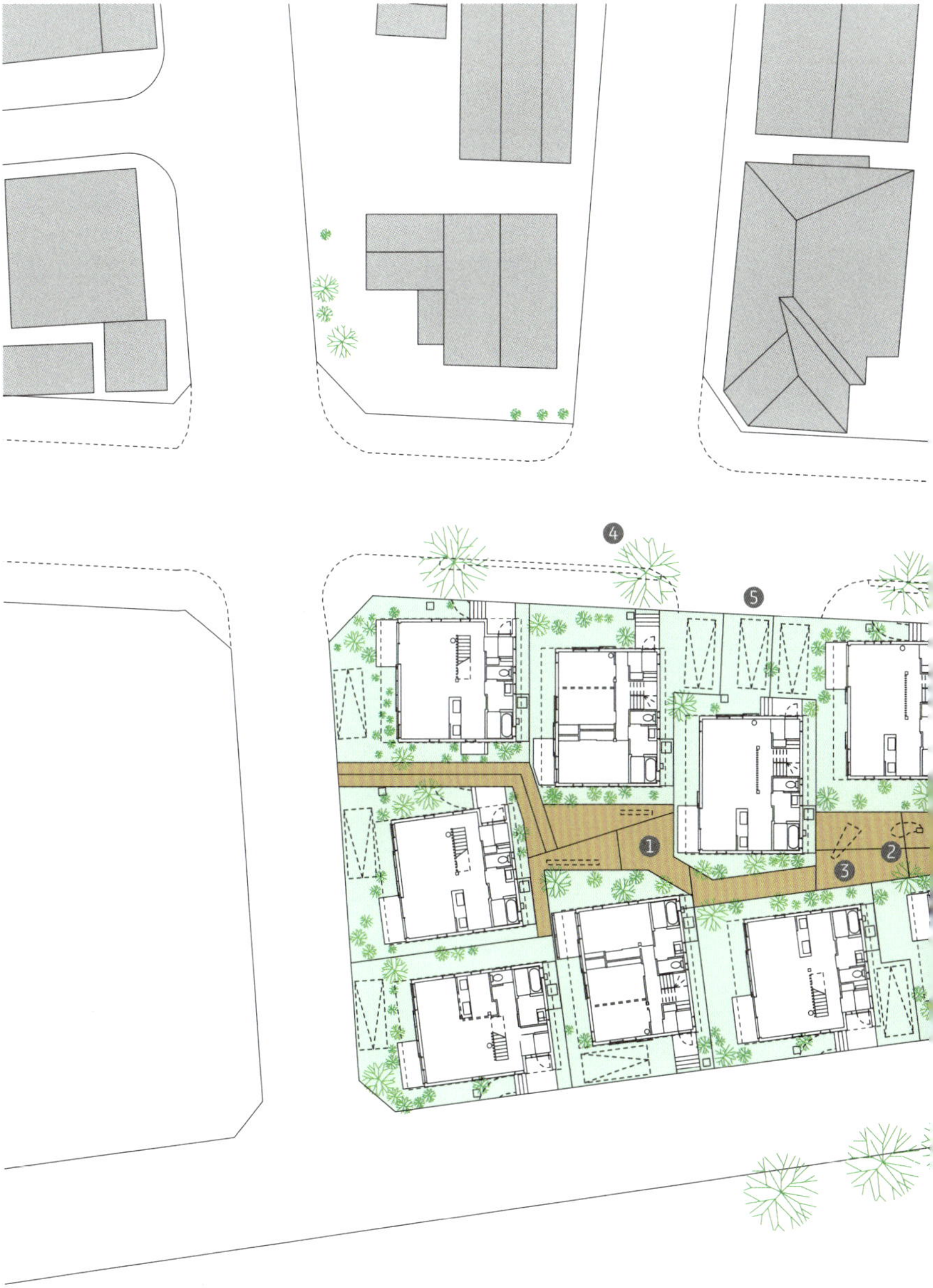

［図2］ソーラータウン府中配置図

1. 敷地中央のコモンとしての園路／2. 雨水を利用した井戸／3. かまどとしても使えるベンチ／
4. 既存の街路樹／5. 既存の歩道切り下げ／6. 地役権を使って設けた駐車場への車路／7. 北側の公園

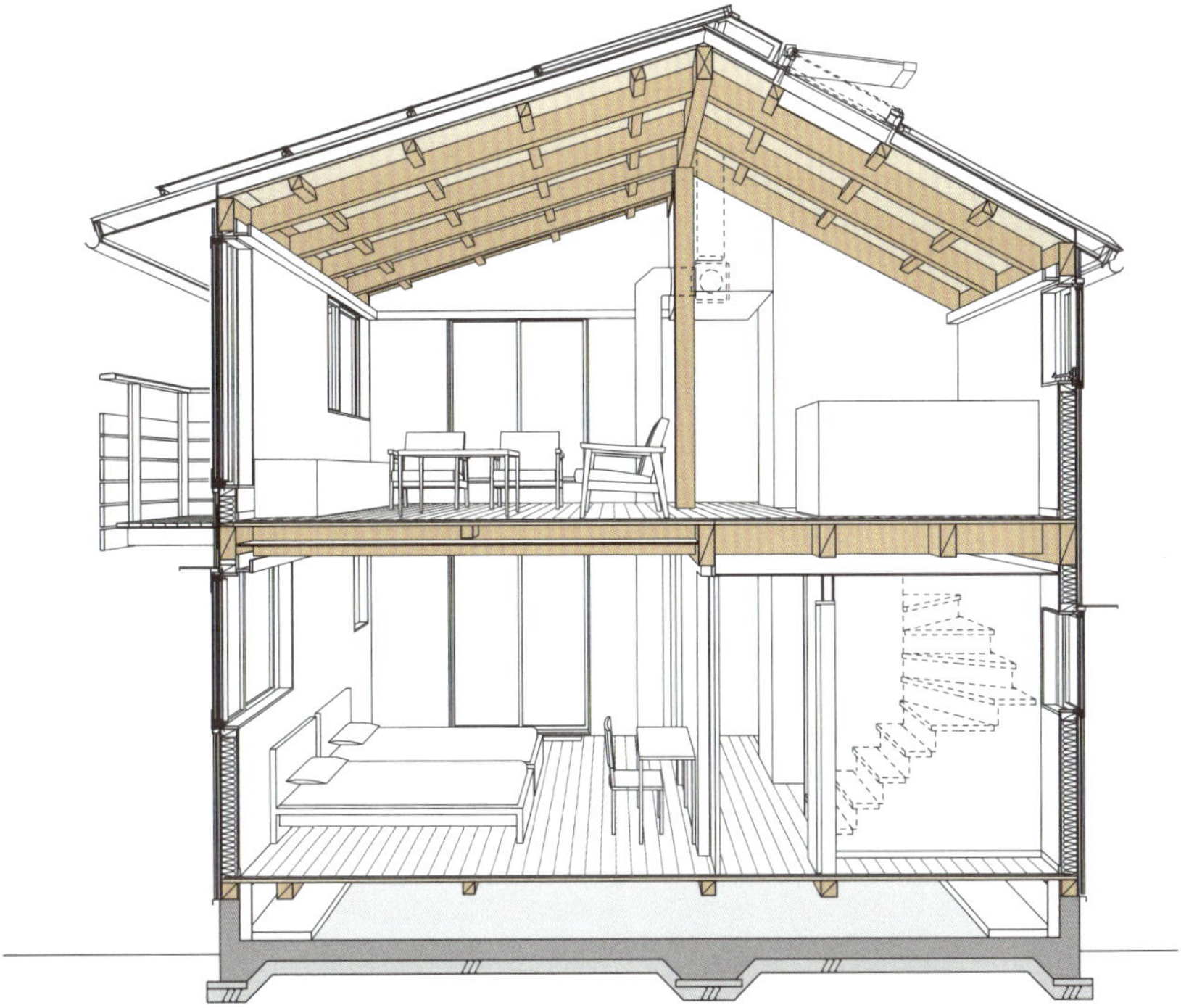

［参考］サポート（架構と外皮）に
インフィル（しつらえ）を加えた状態

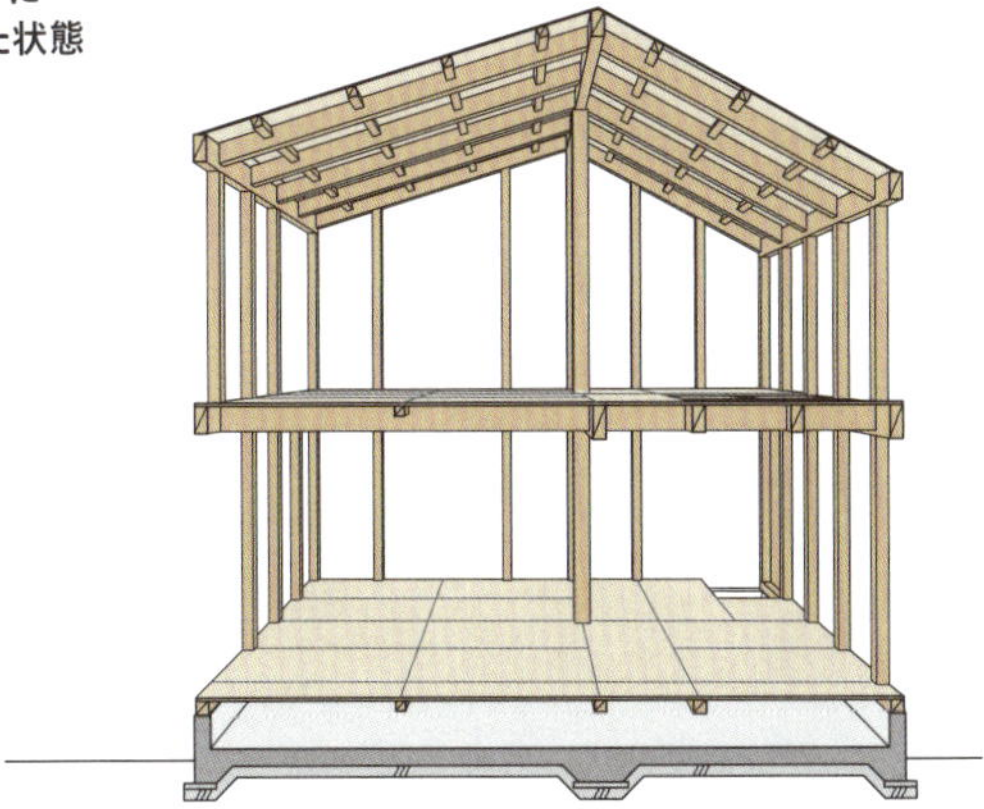

［参考］架構のみの状態

竣工から数年が経ち豊かな生活の場となった木造ドミノ（2階リビング）（写真Ⓒ傍島利浩）

1F 平面図 S=1/200

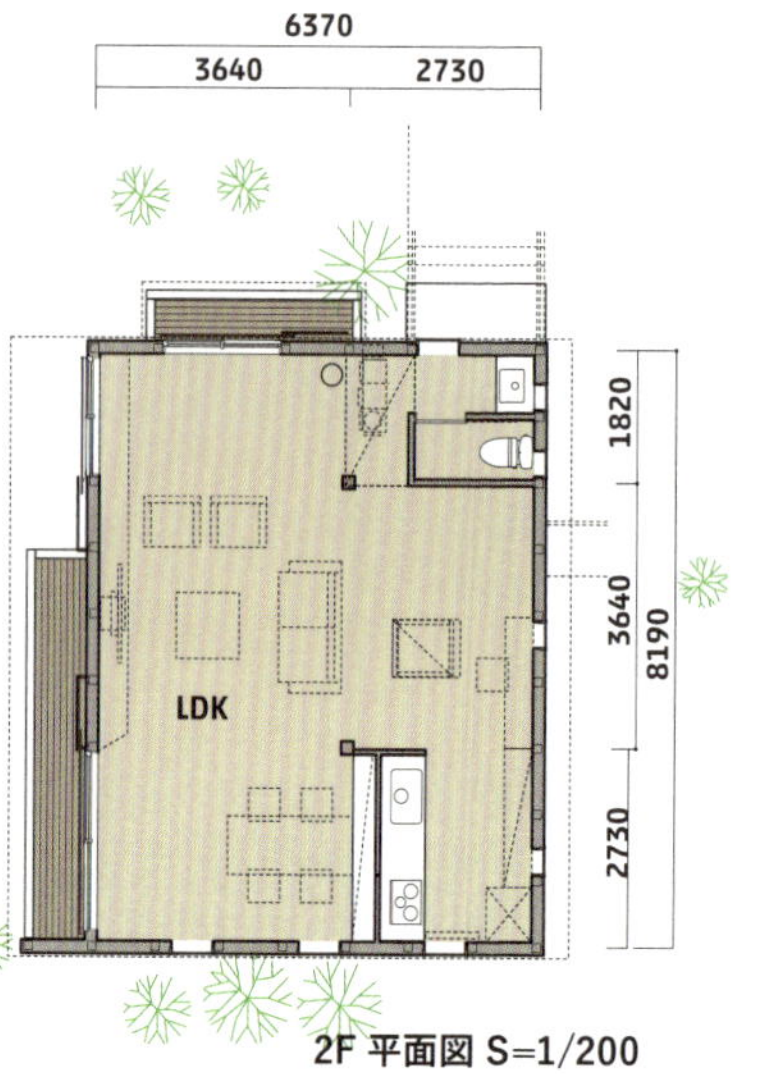

2F 平面図 S=1/200

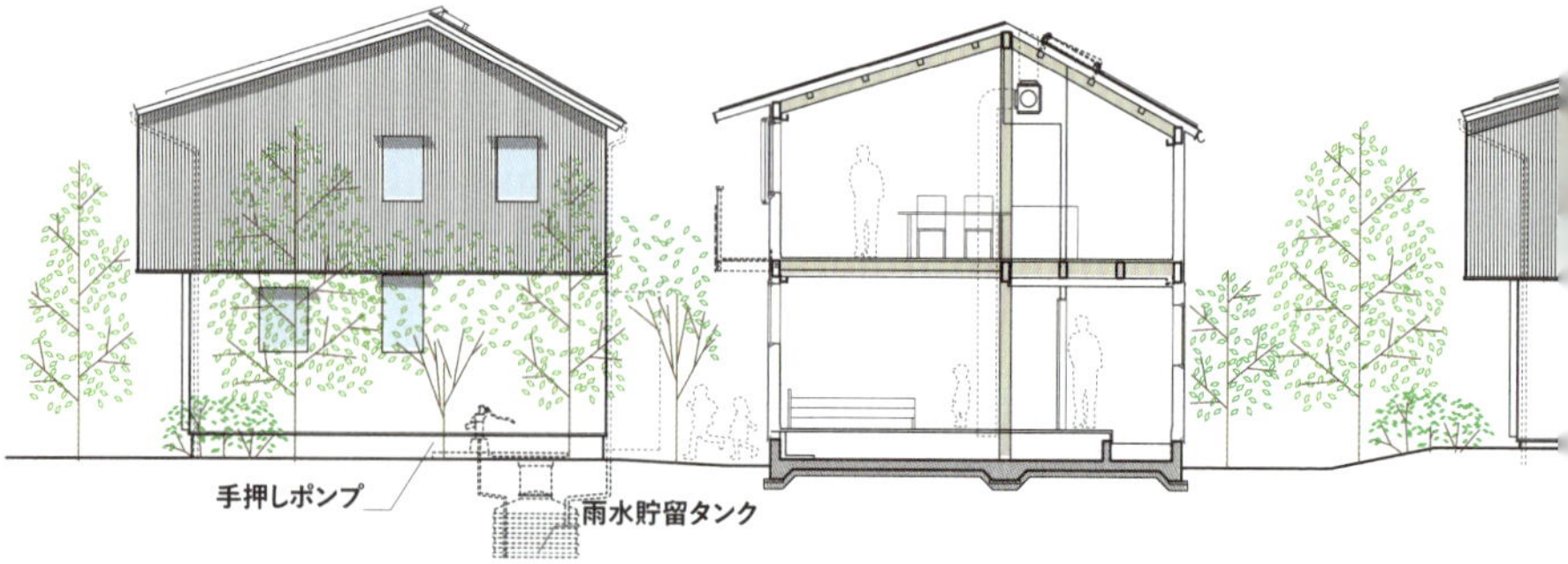

断面図 S=1/200

立面図 S=1/200

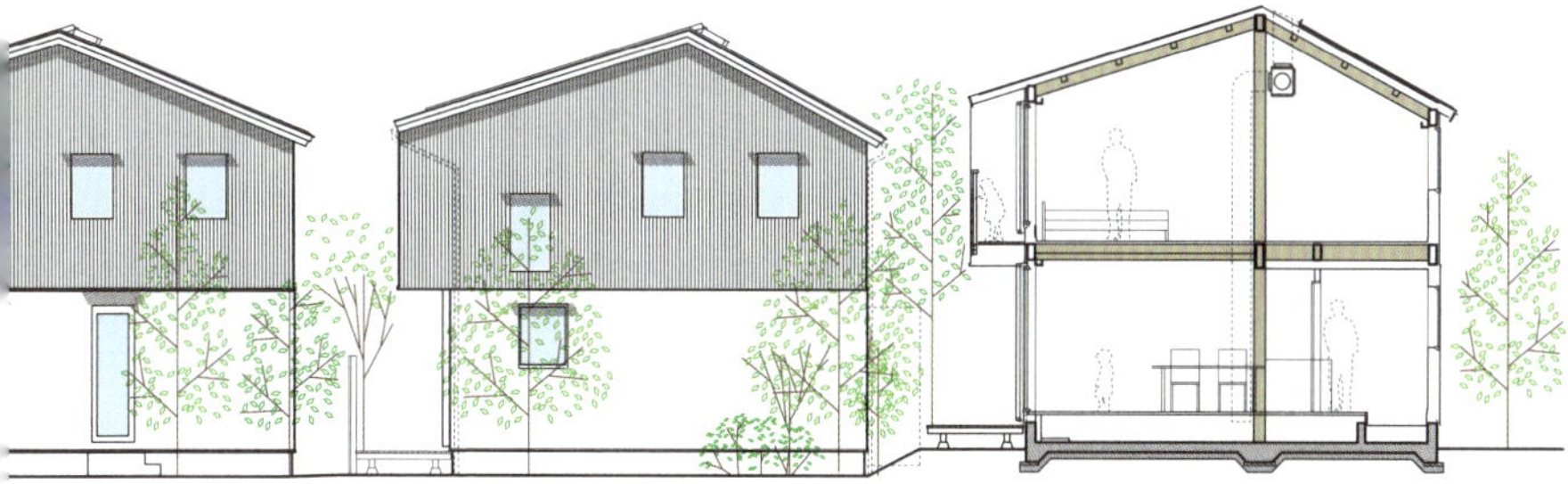

［参考］ソーラータウン府中の平面・立面・断面図

ギー消費量において、優れたものであることは検証されている。そしてこの住宅が、品質が一定であり性能が担保されるといわれる工業化住宅＝プレファブ住宅ではなく、地域工務店の大工の手でつくられる在来工法によるものであることが、私たちにとってなによりも嬉しく、通常の市場価格と変わらないものとして供給できたことを誇らしく思う。

住宅の快適性そして持続可能性は住宅の性能によるところが大きい。しかしそれが建つ住宅地の環境的な豊かさを高めることによりさらに確かなものになることが実証されたのである。

であればと考える。うまくすれば狭小住宅が建て込む既存の住宅地であっても、外部環境を整えることができれば劇的な住環境の改善が果たせるのではないかと。街路や裏庭などをコモンとして捉え直し、手を入れつくり直すことで、より快適なエコロジカルな場所に進化させることができるのではないか。タイヤ置場と化している裏の隙間、隣地との境のフェンスを取り払い、少しでも緑化ができれば高木を植えられる。駐車スペースの舗装を最小限にしコンクリートを撤去、またはわだちの部分を枕木にするなど、できるだけ地表を雨水が浸透するよう改造する。そうすることで雨は地中に染み、緑が生い茂るようになり、再び窓を開け放つことができる快適な風薫る住宅地が出現するのではないか。さらに踏み込めば住民の所有する車以外は通行しない道路も多く存在するはずである。車が通行する幅員だけは舗装をそのまま残して、舗装を取り除き邪魔にならない場所に高木を植樹し雨水の浸透する緑茂る道路に改変する。もちろん火災時などの緊急時のことなどクリアすべきことはいくつもあろう。緑化は延焼防止にも役立つとすれば、注意深く計画を進めればその問題はカタが付くはずだ。現れるのは小さな長い公園のような街路である。日常の豊かさを何とかつくり出したい。

府中の「園路」の熱環境データを見ながら、あちこちで街路樹が緑陰をつくり、ベンチが据えられ、バーベキューの窯が据えられて、そこに人々が集い、子供たちがそこにあふれる、私はそんな妄想を抱く。

7-5 エアコン性能より、住宅地の環境が重要だ

エアコン問題に話は戻る。ソーラータウン府中の16戸の住宅はすべてLCCM住宅の認証を受けている。これは政府が近年推奨し税などの優遇措置を実施している住宅性能であるZEHの基準を超えるものである。

おかしな話だが、このLCCM住宅の基準を満たし認定を受けるためには高性能エアコンをつけなければならないのである。今日高性能エアコン設置は住

■サーモグラフにみる園路と周辺街路の表面温度の比較

2014年8月18日13時　気温34℃

日陰の無い周辺街路のアスファルトの表面温度は約50℃の値を示し、
比べて緑陰のある遠路の土の上の表面温度は約30℃とその差は歴然である。

■園路と周辺街路の平均放射温度(MRT)H=1200㎜の日変化の比較

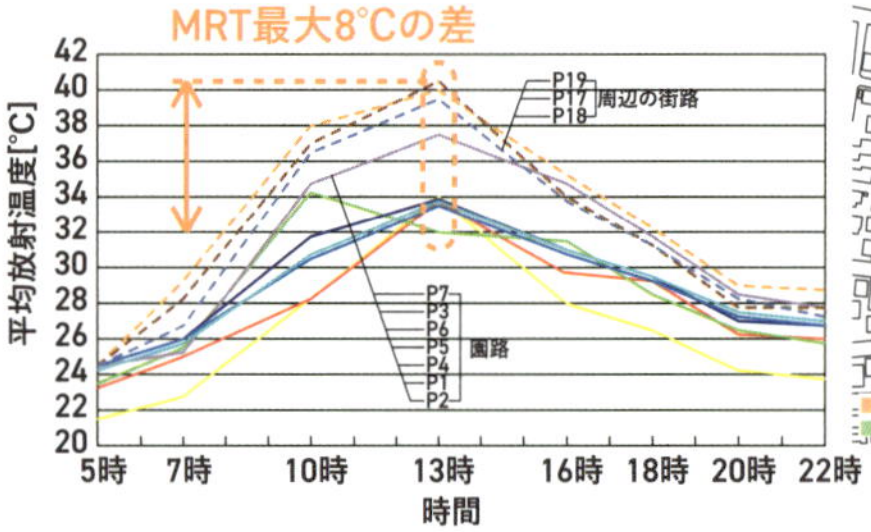

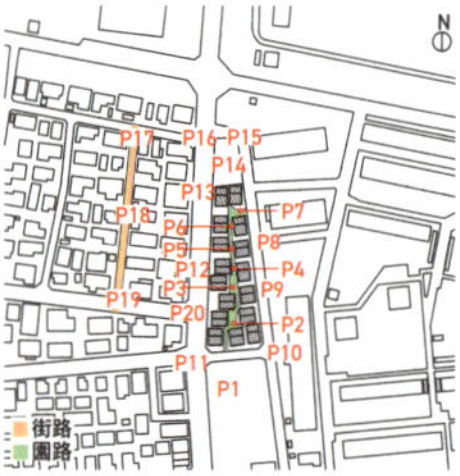

園路と周辺街路の測定場所
2014/8/2〜8、2014/8/18〜22

8月の晴天日の正午過ぎのMRT(平均放射温度)の数値において、
周辺の街路と比べ園路のMRTは8℃も数値が低い

■年間エネルギー消費量(自家消費分を除く)

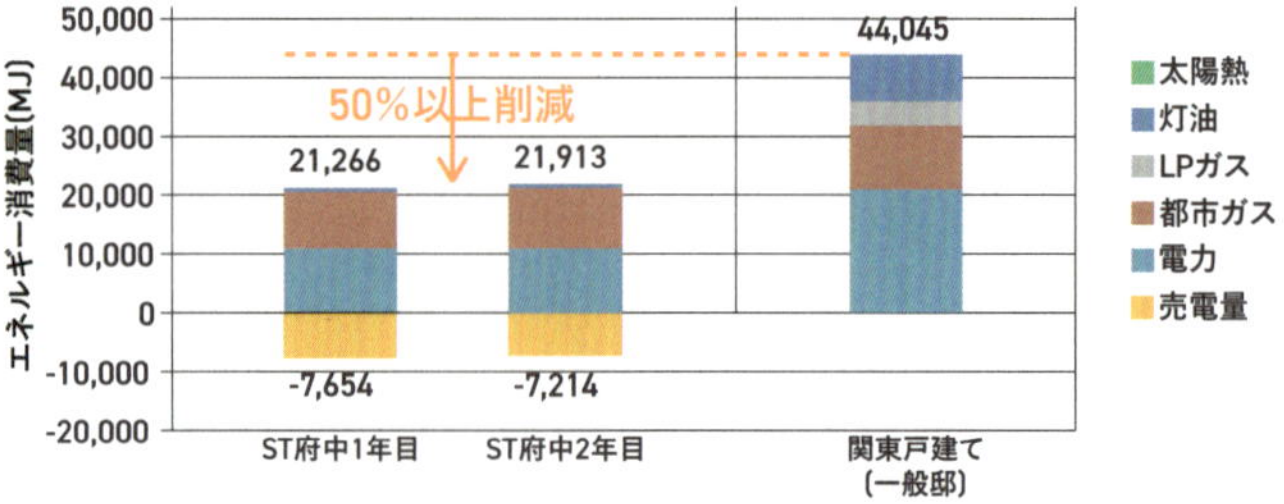

ST府中の年間エネルギー消費量は関東戸建て(一般邸)の50%程度

東京都都市整備局委託事業
「長寿命環境配慮型住宅モデル事業に係わる省エネルギー・省CO2削減効果に関する調査研究報告書」　2016年9月
首都大学東京(東京都立大学)　都市環境科学研究科　建築学域　須永研究室

［参考］ソーラータウン府中の計測データ

■月平均光熱水費

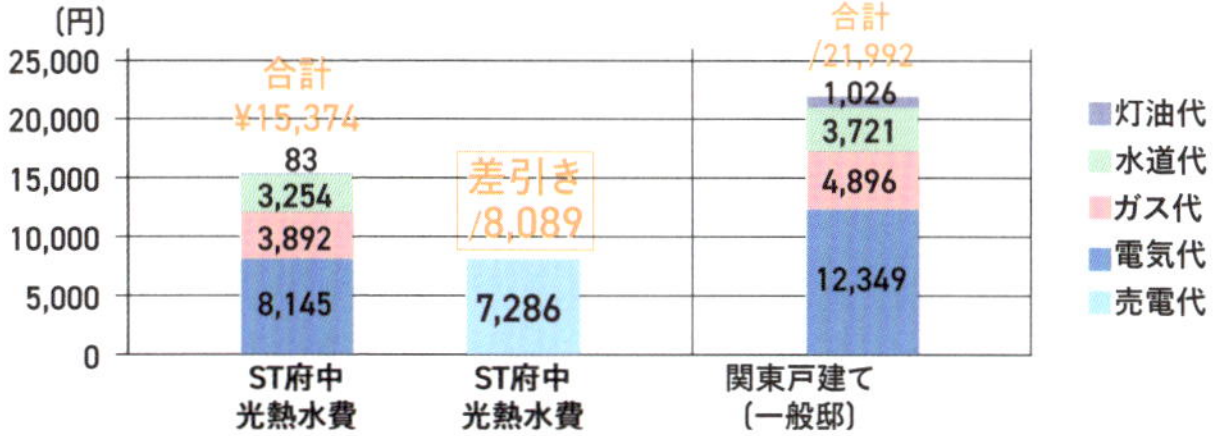

ST府中の平均と一般邸とを比較すると、太陽光発電の売電分を考慮した場合、
ST府中の光熱水費は一般邸の40%程度、約14,000円安価

■月別エネルギー消費量の比較

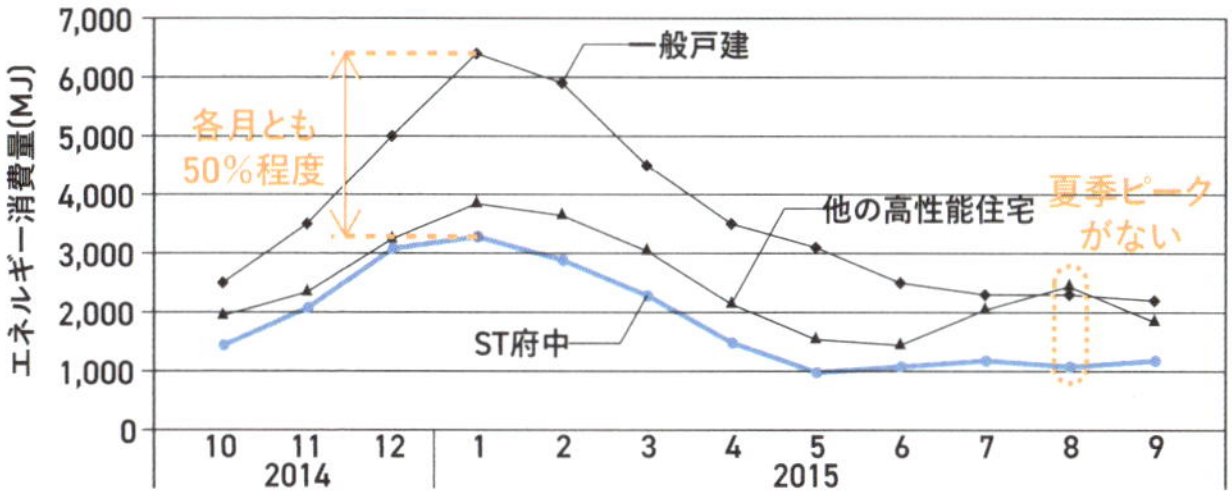

ST府中の月積算エネルギー消費量は各月とも一般住宅の50%程度

■年間CO_2排出量と削減量

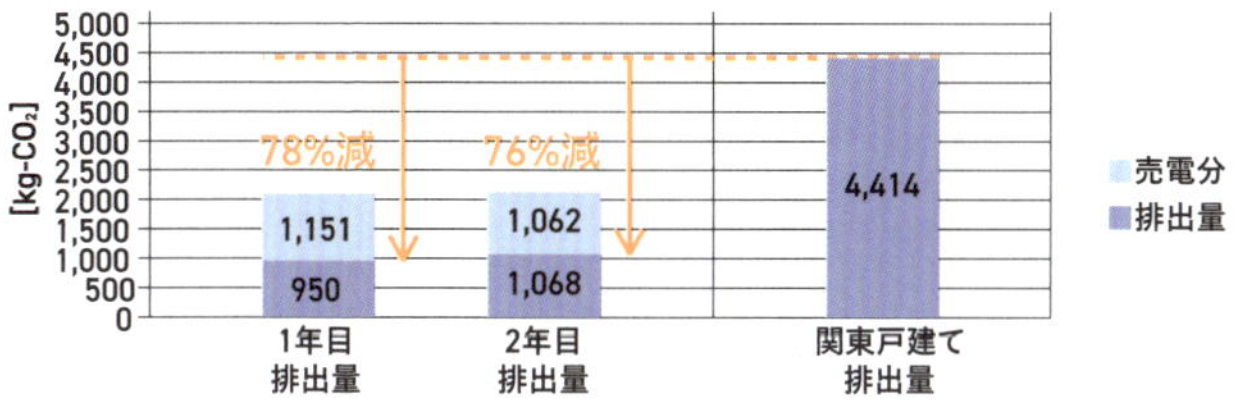

年間CO_2排出量は関東戸建て(一般邸)の50%以下であり、
太陽光発電による電分を差し引くと、関東戸建て(一般邸)の75%以下

宅性能検証の前提とさえなっている。これを条件付けるのはおそらく性能の劣る廉価なエアコンの事後の設置を疑うことによるのである。なんとも世知辛いというか疑い深い。エアコンの設置を必須とする常識がここにまでに至ったのかと私は嘆く。住宅地を整えることを放擲し、住宅単体の性能のみを主題とし、断熱とエアコンに頼るこのビジョンの節操のなさを嘆く。

きわめて自明だが、エアコンの設置は当然ながら室外機の設置を伴い、室外機は冷房時に熱を排出する。熱画像＝サーモグラフィーで室外機の排出熱を見ると画像にそれが真っ赤に写る。もちろん周囲のアスファルト舗装の道路もサーモ画像では同様に真っ赤である。考えてみよう。このアスファルトで舗装された道路に面した家々は道路から湧きあがる高温に耐えられず窓を閉じる。部屋は閉じこめられる、その結果住民は必ずエアコンのスイッチを入れるだろう。すると室外機は高熱を排出しはじめる。結果周辺の外気はより高いより耐えられぬものになり、人々はエアコンの設定をより高いレベルにせざるを得ない。

豊かで快適な環境、持続可能な環境をより少ない負荷を前提につくっていく、この宿題は我々に課せられたものである。そのためには、こうした「科学的分析」を理解し考え、それを共有することは実に大切なことなのではないだろうか。「共」の課題を引き受け、手を携え、ともに考えともに行動していくことが求められよう。建築家という専門家はそれをともに担い支えていく仕事ではないかと思う。

こんなことを考えていると、ノスタルジックな風景、下町の路地などを唐突に思い出す。その狭い路地にはたくさんの植木鉢があり昔からの井戸がある。井戸の横に柿の木が立っていたりする。踏み固められたそこは土のままであり、飛び石が歩幅のままに置かれ周囲は小石が敷かれている。そんな場所は子供たちの遊び場としても恰好であり、小ぶりではあるがきわめて安全で樹陰は世間話をするのに恰好な場所でもある。路地に面する住まいの窓や玄関は開け放される。明らかに大きな道路に面する住まいより豊かな住宅地である。住宅は広く周辺とつながり生きている。

この路地の実際の所有のありさまはどうなのであろう。私有地であれどうであれ、ここはまさにコモンであるのだろう。このままのコモンを今日の住宅地につくることがすぐに可能であるとは私はもちろん思わない。しかしできれば難しい条件の中で少しでも可能な方策を探しながらこんな場づくりを何とかやっていきたいと思う。難しい条件を踏まえてもそんな豊かな場を実現したい。サーモグラフィーでこの路地を見てみると、そこには穏やかな青色が見えるだろう。

住宅地の未来 ソーラータウン府中とその周辺

9.空き地を共同の農園にする/10.アスファルト舗装の道路を緑道化/11.団地の5階住棟のインフィル更新とエレベーターを付設/12.団地を5階建から3階建に減築し屋根付設により性能強化/13.街路樹の補強/14.既存の公園の木々が繁茂/15.空き家となった住宅の撤去、余剰のある住宅の縮減により庭やコモンをつくる/16.住宅の間の外部空間を緑化

1.団地を3階建に減築/2.団地の外部空間をを緑化/3.ディサービス、クラブハウス+保育園などのコミュニティ施設を設ける/4.空き地を多目的なフィールドにする/5.緑豊かな園路(ST府中)/6.数棟減築し隣棟間隔を調整(ST府中)/7.減築した住宅を移築し再生/8.ST府中の園路を延長

府中は比較的小さな規模の開発である。もっと大きな計画でもこうしたことがあちこちできてくるようなことがあれば、住宅地の環境は劇的によくなっていくに違いないと私は思う。今日の住宅地をつくる主体であるディベロッパーがこうしたことに興味を向けてくれることを期待したいし、行政にもこうした事例を知ってほしいと思う。行政こそディベロッパーに対しよりよい環境の構築のための道筋を誘導し指導をする立場にあるからだ。

東村山も府中も東京都主導のプロジェクトである。以前の東村山の計画は都が土地を所有したまま時限の「定期借地」として戸建て住宅地として活用開発を行うというプロジェクトであり府中のケースは土地の売却を前提としたものであった。ここでは都は売却するこの土地にその後つくられるであろう住宅地について、一定の条件を提示し、提案者を募った。であるからこの提案ができた。府中のケースは小ぶりとはいえ1章で紹介したウィーンのまちづくりと同様の「公」が本来行うべき関与を果たしたそのモデルケースであると言えるのではないだろうか。

「公」「私」を問わず土地、住宅、建築を所有する人と組織は結果として私たちが日常接する風景、景観をかたちづくる主体でもある。こうした役割を担う人と組織は本来「共」を考え「共」に深く関わらざるを得ないはずであろう。

所有をしているから勝手をしていい、ということには決してならないのではないか。それは彼ら自身が「共」の主要な成員だからである。「共」を引き受け「共」の期待に応え、「共」を豊かにすることを考えることは彼らの任務でありそれを投げ出してはならないはずであろう。

「風景」のもつ場の歴史が抹消されてしまうことに不安を感じること、歴史、昨日を考えること、つまり継承を自然のこととし習慣とすることは持続可能社会＝サステイナブルソサエティの根元にあることだろう。「共」のにおいに敏感であることを習慣とすれば、郊外住宅地の景観はもっと持続的なものとなり、もっと豊かで面白いものとなり、経済的にももっと価値の高いものとなり、将来のあるべき可能性にたどり着くはずだ。そこにあるすべての「既存」は歴史によりそこに現れたものでありそのほとんどのものは熟慮なしに撤去すべき対象ではないと私は思う。除去は大量の負荷の発生につながる。すべての状況において必ずしも新築が最良なのではなく、すでにそこにあるものの再整備も選択肢に入れるべきだ。「共」には歴史や時間も含まれるとすると、いつの時代に誰かがつくったものも「共」を構成する重要な要素となる。そこに今あるすべてのものを「共」を考える前提条件とし、個々の建物だけでなくエリア全体を整え直して行く。考えながら直しながら使い続けることが無駄のない豊かな穏やかな生活とつながるのではないだろうか。

8
公・共・私

8−1　かつて求めたコミュニティは何だったか

戦後の日本の土地や家屋の所有、わたしたちが常識としている世界には「公」と「私」はあるが、「共」が新たにつくられることはあまりなかったと私は思う。このことは、今日、私たちの社会で私たち市民の社会への参加がきわめて乏しいと言われること、市民社会の成熟がないと言われ未成熟であること、そして都市や郊外、田園などさまざまな人々の場所から「共」が担うコモンが今日はほとんど見当たらないことと実は大きく関係しているのではないかと私には思われる。「公」にゆだね「公」に任務と責任を負わせることとそれは「共」の任務の大変さや責任から私たちを解放することはしたが、「公」によるサービスはそれほど豊かになったのだろうか。そしてそれは今後より豊かになり得るのだろうか。「共」の不在の中で「公」は実は孤立しているのではないだろうか。とかく言い訳をしがちで消極的な管理型や紋切り型のサービスになりがちなのではないか。そしてそれは、人々が自ら工夫すること、試行錯誤しながら成果を実感し自らのものとする、そんな機会を禁じることになっているとは言えないだろうか。

街路樹の丸坊主の剪定はそのことの証左ではないのか。例えば、道路をより豊かで安全な場所にしたいと考えるとしよう。すると管理者である警察との折衝が必要となる。警察は管理者の常として、万一のことが頭に浮かぶだろう。何かあれば非難され、責任を問われるからだ。前例に倣う、それが最も問題を少なくする。「共」が任務を引き受けない社会は、結果「共」が住みにくい管理型社会をつくる。江戸期、街路はそこを利用する人々のものであったろうし、人々はそこを自らの場として責任をもち管理していたのではなかったか。

かつて学者たちや建築家が都市計画やまちづくりに一生懸命になった時期があった。私が学生だった戦後復興期がそのピークであったと思う。もちろん荒廃した都市の再生がその時代の宿題であったし、都市を考えることが新たな社会を考えるきっかけに見えたからでもある。特に3章で述べた郊外住宅団地の計画は、都市をどのように構築すべきかの壮大な実験場に見えた。まちづくりが大きな仕事だという実感があった。昔ながらの優れた集落がまだあちこちにあり、それらの実測調査を伴うデザインサーベイが行われたのもその頃である。私も集落調査の一端を担いながら歴史的集落の成り立ちについて考えたりした。懐かしく充実した日々を思い出す。

当時のキーワードは「コミュニティ」であった。集落調査や都市探訪はその歴史的な場所が教えるものを探すことであった。新しい都市やすでにそこにある街並みに何らかの「コミュニティ」と呼べるものを忍ばせるための手立てやヒントを探す作業であったように思う。今も私たちはささやかながら都市や街並みを考えている。そこが市民のためのより豊かな場所になることを画策したいという興味は今も衰えてはいない。

都市そして住宅地に市民が直接関わり、それらが「共」のものとなることは、実は「私」が自らを開くことによってかなうことであろう。たくさんの「私」が連なって初めて「共」が開かれるのではないか。ひとりひとりがまちに興味をもち、考え、参加することにより「共」はやっと組み立てられる。そうして成立した都市や住宅地は、そこに暮らす誰にとっても実に豊かな「共」の場になるはずではないかと思う。そんなまちはいつも何かを試みることをし続けるはずで、どきどきするような実感をもつのではないか。私も自らの責任をもって都市や住宅地に関わりたい。

さまざまなまちに訪れそこが実はダイナミックにその仕組みを変えていることに驚くこと、そんなことを何度も経験したし今も経験する。ヨーロッパの都市で車優先のまちがいつの間にか自転車と歩行者が優先されるまちに変貌したことに驚いたのはだいぶ前のことだ。数年前の韓国ソウルのまちの変貌にも驚かされた。高速道路は廃止され都市に河川がよみがえる、主要な道路にはバス専用レーンが整備され、バスステーションには高く木々が聳えてエコロジカルなランドマークとなっていた。私たちもこれからの社会そしてこれまでの社会をつなげよりよい都市、住宅地の姿を模索したいと思う。

8―2 「私」の住宅が増え続けるリスク①――住宅が消費に終わること

この国は、世界的にも例を見ないスピードで人口の縮減が進行している。その渦中、住宅は短時間で消費され、そして新たにつくり続けられてもいる。さらにつくればつくるほど、一戸当たりの敷地面積は小さくなり、比較的豊かだったはずの郊外住宅地にあっても狭小住宅が建て込み、一本の樹を植える余裕もない日の当たらぬ住宅地に改変されつつある。今も郊外住宅地は急速に貧しいものになりつつあるのではないか。都心部への人口流入が続く中、周辺の特に遠郊外といわれる都心から離れた郊外エリアの市町村は人口減がきわめて顕著であり深刻である。一定の土地を所有する人々の相続税などに対する対策がもたらすいたしかたのない風景がとくに深刻だ。このエリアでは農地そして山林を住宅やアパートが虫食い状にいまだ侵食している。ご存じの通りそこでは相続税対策として家賃保証を謳ったサブリース賃貸アパートのセールスが蔓延している。本当にそんなうまい話があるのだろうか、あきれた話だと思う。空地であることより建築物があることのほうが固定資産税の課税率が低く、ローンがあれば相続のときに有利に働くからだという。企業の金儲けのために不要な家が建てられている。はじめから入居者がいなくて構わないアパートとはなんなのであろう。景観はそれによりひどく痛めつけられることとなる。人口減に危機感を抱く市町村がそれを誘導するかのように規制緩和をする。農地などに本来あるべき規制がないがしろにされていることが気になる。野澤千絵著の『老いる家　崩れる街　住宅過剰社会の末路』［＊1］を手にとってほしい。郊外を立て直すことはきわめて差し迫った課題である。

繰り返す。短時間での住宅消費を見直し、住宅を消費することから社会的ストックとしての住宅を充足させることに舵を切る、それが誰にとっても得なはずであることに気づくべきだ。住宅を金融の手段とすることを根本からやめなければなるまい。今日の相続税制は住宅消費をそそのかす。持続可能社会とはまったく相容れないものではないか。即刻考え直さねばならない。

郊外住宅地は、都市部とは環境が大きく異なる場である。本来そこは都市と自然の狭間にあり、住宅とともに緑があり川があり、田畑があり、雑木林があるエコロジカルなエリアとしてあるはずだ。人々の生活は、循環型のメカニズムの中にあり、都市にはない自然とつながることによる充実、それを知る場所としての意義をもつものであるのではないだろうか。郊外居住がモデルとした

＊1――『老いる家　崩れる街　住宅過剰社会の末路』野澤千絵著　講談社現代新書　講談社　2015年刊

英国の郊外都市は、エベネザー・ハワードにより「ガーデンシティ」と名付けられたことを思い出すのだ。縮減する社会は、うまくやればガーデンシティとしての郊外住宅地を回復する機会となり得るのではないか。幾分であれそれを実現したい。そのためのイマジネーションが何より必要であり、そのための制度を既存の規制の関わらない新たなかたちのものとして今すぐにつくり出すべきではないか。私たちにはその任務を担う覚悟と能力が求められよう。

8−3 「私」の住宅が増え続けるリスク② —— 機械依存の温熱環境

先に紹介したソーラータウン府中ほどの広さや密度であっても、少しの工夫によって窓を開け外気を享受することで、室内を薫風が抜けるようにすることができた。その換気量は住宅へ設置が義務付けられている24時間換気用の機械式換気扇が一時間に換気する0・5回を何倍も上回るものである。窓を開くことによって外部に存在する自然を住宅の内部に引き寄せることが可能なのである。それは、換気扇が保証する人工環境では実現できない。この言い分はロマンチックで、甘いことに聞こえるのかもしれないが実は科学的なことでもあるはずだ。大きな視野をもつことこそ、私たちに求められるスタンスではないかと改めて思う。

私たちは、私たちが生まれそこで初めて経験する社会を「世界」であると思う。「習慣」とはそうした中で無意識に取り込んでいるものを言うのだろう。習慣からいったん自らを意図的に切断し、その習慣から離れ、自覚的に自らの立ち位置を見直してみる。エアコンの効いた箱の中に住むという、皆が行っている習慣はいわば「私」に閉じて生きることである。

窓を開くことを求めて外部環境をきちんとつくることは「共」を生きることが前提であり、豊かなことであり、これから続く次の世代に対して責任を果たすことにつながるのではないか。外部環境が成熟し、四季が感じられる、ささやかではあるが自然がそこにある、求めるのはそんな環境である。ソーラータウン府中には柿の木があり、緑の葉は紅葉し実がなる。桜の木があり、春は庭先のその花を見ながらビールを飲む、ほっとするであろう。郊外に住むことの充実のひとつはこうした果実や花にこそある。郊外住宅地を再び整え直さなければならないと思う。きっとできると私は思う。

果たしてどのようにして。そのためには「公」に何かをさせるのではなく、多くの「私」、つまりたくさんの個人が自ら負担を担い自らを社会に「開く」、「私」を「共」に向かって開く、そしてそれにより何らかの「利益」を実感することから始まるのではないかと考える。「開く」ことによる負担があるかもしれない。しかし、「共」を多くの人が少しずつ共有することにより、ひとりひとりの負担は軽減することになるだろう。結果として多くの益や多くの豊かさを得る。「共」がつくり出す充実について改めてその意味を思う。「共」をつくり出すのは自発の「私」が「共」を引き受け、「共」がつくり出す社会の豊かさの体験とそこに生まれる代えがたい利益を知ること、そしてそうした振舞いがごく普通のこととして広がることではないかと思う。「私」は実は閉じている。たくさんの「私」は孤立し、つながることのない群として存在している。私には現況の閉じた住宅地の多数の住宅がそうした孤の群に見えるのである。

社会制度は「公」と「私」しかない。いまだにこの国の制度は支配、被支配の構造、つまり封建的ヒエラルキーの残渣を引きずっているのではないかとさえ思う。こうした社会ではあるが、何とかここに「共」をつくり出す工夫を私たちは必要としていると痛感する。府中では、「地役権」という珍しい仕組みによりささやかではあるが「共」を実現することができコモンが現れた。共は必ず可能になる。

8－4 みんなが責任と手柄をもつ「公共建築」は可能だ——立川市庁舎

「公」は市民社会をサポートする重要な機構であり、「私」だけでなく「共」

についても関与、貢献すべきである。市民＝タックスペイヤーは市民社会の主人であり、「公」＝タックスサーバントとは主人を支える執事とでもいう役割のはずだろう。有能でマネジメントの才があり企画力のある執事はその家を支え、栄えるものとするだろう。

私もこれまでいくつかの地方自治体のプロジェクトに直接・間接に関与し、住民参加の会合に建築設計の立場から関わった経験をもつ。これらの多くは行政が主導するものであり、行政の下でそれを補助的に支えることを前提としたものであることに違和感をもったことが多々あった。いっぽうで行政を監視し行政の仕事の不備を指摘することを任務とする市民組織のスタンスにも同様の違和感があった。「公」は本来、主人である市民により組み立てられるものであり、主導するのは市民でなければなるまい。選挙による代議員の選出はその便宜的手法に過ぎない。行政を補助する、行政に市民が参加するという「住民参加」とは本来の構図とは逆ではないかと私は青臭く思うのである。行政への提案の文書が「陳情書」という名前で書かれることのおかしさに私たちが気づかなくてはならない。

ここで、住民参加が上手く機能し、印象深く残っている事例を紹介しよう。「立川市役所」の建設に関わった市民による委員会である。立川での市庁舎建

立川市庁舎西側のテラス（写真©株式会社エスエス）

[図1] 基本構想策定から設計者選定までの関係図

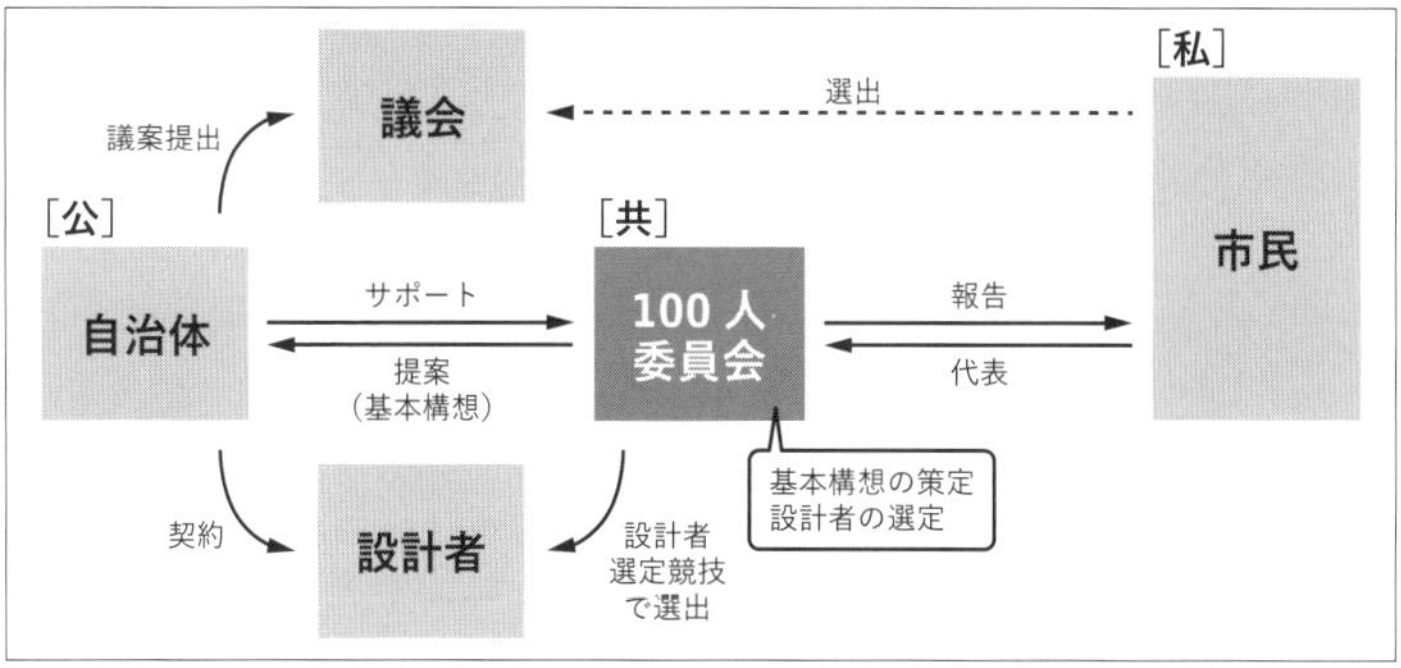

設が正式に決まった時期に立ち上げられた市民による委員会があった。2000年頃のことである。「新庁舎建設市民100人委員会」それが名称であった。100人を超える人々が公募や推薦により集まり、委員会は立ち上がった。この委員会はきわめて特徴的な性格をもつものであった。一般的に公募により市民の意向を聞く仕組みの多くは「公」が手続きを踏んだかたちをとるためだけのものとしてある。立川の100人委員会はそれではなかった。「私」の自発の集まりである委員会が自ら責任をもって議論を先導し、議会や行政と話し合い、経緯をさまざまな手段で市民に伝達することを任務とする、いわば「共」の役割を担う組織であった。そしてその結論を市役所の職員ではなく、委員会自らが自らの言葉で基本構想としてまとめる仕組みであった［図1］。

私は当時のことを初めから知っていたのではない。私たちがこのことを知るのは、この基本構想を受け市庁舎建設のため建築家チームを選定するための市民対話型二段階方式による設計者選定競技が公募された時である。設計者選定競技の要綱はきわめて透明性の高いものであった。私にとっては高校時代を過ごしたまちのことでもあるから応募を考え、高校で同じ時期に学んだ友人が所属する組織設計事務所と共同でこれに応募することになる。提案のためのハードルは決して高いものではないことから多くの提案を受け入れようという意図が見えるものであったた。結果、180近い案が提出されることになった。審査は二段階、最初の審査には全作品が展示され、市民による投票があった。その後公開の場で審査委員による審査で5作品が選定され二次審査に至る。二次審査に当たってはワークショップで市民の意向を聞き、それを二次提案に反映することが義務付けられた。これもきわめて独創的であり珍しいことであった。結果、この二段階の審査ののち幸運にも私たちのチームがこのプロジェクトを担うことになる。その後の施工会社の決定にもこの手法が引き続き用いられ、価格だけでなく建設会社の技術的提案までもが評価されるというきわめて公開性の高い仕組みが竣工まで続いた。

当初の市民100人委員会から参加された方の一部が竣工まで引き続き関与したことで、「共」によるプロジェクトの主導が可能になったのである。この間、私たち設計チームも参加する新庁舎について協議を行う会議は「3ユーザー」による会議とされていた。3ユーザーとはつまり、行政、議会、そして市民、この三者が市庁舎のユーザーであるという認識の表明である。そしてこの会議にも市民が委員として参加していた。これはきわめて珍しい。市民参加ということを超えて市民の主導により市庁舎はつくられていく。さまざまな事柄を経てこの市庁舎は無事に竣工することとなる。竣工は東日本大震災の前年の春であった。環境に配慮した設計は建設コストに響く。実現はいくつもの困難を伴った。しかし楽しかった。仮に何らかの事情であきらめることがあってもそのことの根拠を共有し納得することができた。こんなにたくさんの応答の中で、しかも相互の信頼と期待の中で進行するプロジェクトに参加できた充実感は何物にも代えがたいものであった。それは我々だけでなく、市民や行政、議会などほかにもたくさんの人々がいるのだが、関わったすべての人々の感想ではないか。

「共」を強く意識するきっかけがここでの経験にあったと改めてそう思う。前向きにことが進む充実感、その前提は、皆が責任と自負をもって任務に向かうという「性善説」にあると思う。レスポンシビリティというのは、責任だけではなく、手柄も含まれるのだろう。責任をとりたくないから新しい試みをしないということは、言うまでもないが手柄もないということである。

市民による「共」が主導するものであったこと、すべてが公開されていること、そのことによりプロジェクトは積極的で後ろめたさのないものとして存在した。もちろんのことであるが、この仕組みが円滑に機能した背景には行政職員の不断の支えがあったからに他ならない。改めて言うまでもないが「共」の一員としての「公」の役割も実に大きいものであった。

8-5 住宅はアソシエーションで引き継ぐべきだ

「共」の住宅は果たして可能なのだろうか。

英国ではハウジング・アソシエーション（Housing Association）が住宅や住宅地の運営を行っていると聞く。日本語に訳するとすれば住宅協会とでも言おうか。アソシエーションとは、辞書によると協会、共同、社団とある［＊2・3・4］。これは「公」ではなく、しいて言えば「共」であろう。

大小いくつものアソシエーションが住宅を計画、建設、経営、管理を行っていてその性格も多様であるようだ。多くは賃貸住宅であり、数百戸の住宅を所有するものから数千戸を超える住戸を所有するものまであるようだ。ハウジング・アソシエーションは19世紀後半から労働者階級や低所得者層への住宅供給や住宅改善を行ってきた。ハウジング・アソシエーションによって建てられた住宅数は限られていたが、1980年代に入ると公営住宅の居住者への払い下げが行われ、次第に制度が整備されて公営住宅が地方自治体からハウジング・アソシエーションに移管されていった。2007年にはハウジング・アソシエーションの管理する戸数が地方自治体が管理する戸数を超え、地方自治体の役割を代替すると言える存在になった。

＊2――『イギリスはいかにして持ち家社会となったか：住宅政策の社会学』スチュアート・ロー著 祐成保志訳 ミネルヴァ書房 2017年刊

＊3――『イギリス住宅政策と非営利組織』堀田祐三子著 日本経済評論社 2005年刊

＊4――「英国における居住格差の拡大と新たな住宅政策」漆原弘 「月間 住宅着工統計 2007年12月号」

また、住宅購入者がハウジング・アソシエーションなどの非営利団体と所有権を共有することができるという。所有権の一部を購入し、残りは開発者であるハウジング・アソシエーションに賃貸料を支払うことで、市場価値よりも安価に住宅を手に入れることができるのだ。契約によっては、ハウジング・アソシエーションと共有する分を買い足して最終的に所有することも可能であるという。

アソシエーションは利用者が快適な住環境を維持する責任、維持管理運営の任務をもつ。2015年のデータによるとそれらの占める割合は全住宅の約10%、「私」が住宅を購入することを前提とする日本の制度とはまったく遠い制度である。

新しく建てられる住宅は、アソシエーションが選定する専門家による判断によって供給されている。つまり発注者であるハウジング・アソシエーションが、建築家や技術者を選び、行政と協力してある地域の住宅をつくっている。

数年前、オーストリア・ウィーン市に視察に行ったとき、ある公共施設のプロポーザルの説明を聞いた。ウィーンでは、まず市のアーバンデザイナーが計画をつくる。そこからプロポーザルの案を募集し、これがよいだろうという事業者に発注を行う。そのとき、3割くらいは公営住宅を入れることになるのが一般的だという。そのような社会的な住宅の供給システムが残っている。民営化されているものについては、やはりハウジング・アソシエーションがマネジメントを行っていた。

日本においてはどうであろうか。住宅寿命という概念はとても難しいもののようだ。指標がいくつもある。早稲田大学の小松幸夫教授によれば、住宅寿命とは実際に存在した結果決まる年数であり、耐用年数とは減価償却のために決められた年数であるという[＊5・6]。耐用年数については2章で述べた通りだ。住宅寿命についても正確に理解しようとするとなかなか難しい。例えば「サイクル年数」これはストック数＝現存数をフロー数＝新築数で割ったものだが、この数字は日本45・9年、アメリカ73・9年、イギリス139・9年である(33頁「ストック戸数をフロー戸数で除した値［年］の国際比較」)。しかしこれは住宅ストックとフローがほぼ正常な状態にあることが前提であるため、大雑把な住宅寿命の推計方法と言える。また「滅失建物の平均寿命」これは取り壊された住宅の平均築年数であり、日本38・2年、アメリカ66・6年、イギリス80・6年という(20頁「滅失住宅の平均築後年数の国際比較」)。これは一見合理的に見えるが、日本のように資料が年代的に十分に遡れないような中で調査を行うことには注意が必要であるとのことだ。このどちらも住宅の寿命を正確に表すものと

＊5——「住宅の寿命について」小松幸夫　建築雑誌2002年10月号

＊6——「建築寿命に関する研究～2011年における我が国の住宅平均寿命の推計～」鎌谷直毅　小松幸夫

は言えないという。小松教授は人間の平均寿命と同様の手法でこれを計算し、日本の木造住宅の平均寿命を55年ほどとしている。ただどちらにしてもこの国の住宅が短命であることは指標サイクル年数、滅失建物の平均寿命を見ると、日本とアメリカ、イギリス二カ国との歴然とした差から明らかであろう。アメリカは日本の1・5倍から2倍であり、イギリスに至っては2・5倍から3倍の寿命なのである。戸建て住宅の多くはもちろん私有であり、そのため住宅は世代ごとに相続税という名の徴税の対象となり現金化され消滅することとなる。ここで先ほどの耐用年数という指標が現れる。これは、建物は減価償却するという考えに基づくもので、財務省令が「建物の耐用年数」を設定している。ちなみに2章で紹介したがコンクリート住宅で47年、木造住宅は22年である。小松教授が言うには、そもそも建物に耐用年数があり、経年減価償却するものということに合理的根拠はない。私たちは賢くならなければならない。住宅寿命が短いということは、長い年月をかけて住宅地が共の場となることを阻む。

またこの国の集合住宅は、区分所有という不可解な私有に基づいている。土地は他の所有者と共有している、しかしそれがどこだかはわからないというものである。例えばイギリスでは、土地の最終的な所有権は政府にあるという。土地を所有するための権利は、個人が永久に土地を保有する「フリーホールド」と、期限を定めて不動産賃貸をする「リースホールド」に分かれる。集合住宅においては、建物・土地の所有者であるフリーホルダーから、期限付きで長期にリースホールドすることができるという［＊7］。この場合、あくまでも所有者はひとりである。日本の区分所有システムの背後にあるのは金融的なルールで、銀行は個人にはお金を貸すが、組合には貸さないということで所有のあり方が制度になっている。そして、建物が経年劣化して建て替えや機能更新をしなければならなくなっているにも関わらず、それができない事例が増えている。

この問題は深刻であり、何とかしなければならない。人口減少社会の中で、片づけなければならない集合住宅という廃墟がたくさん出てくるのではないかと危惧する。国は建設時に除却費用を積み立て、供託させるようなことを考えていると聞くが、今からその制度を始めても、問題はこれまでに既に建っている住宅である。

8－6　日本住宅公団はなぜ「共」のものとならなかったか

3章で詳述したが、日本住宅公団の設立目的は住宅不足の解消であり、職員として活動した人々の中にこの組織が一時的な任務を担うものという認識があ

＊7――「海外建設・不動産市場データベース　イギリス」国土交通省

ったことは津端修一のコメントとして紹介した。初期公団がその任務を誠実に積極的に担ったことも彼らが手掛けつくり上げたいくつかの団地に沿って説明した。

私の理解では初期の公団は不足する住宅建設を通じ長期の使用に耐える住宅ストックを誠実につくり出すことを目的としていたに違いない。「公」的な住宅建設は、ストックとなり意義のあるもの、当時の関係者はそう考えていたのであろう。ところがその後、住宅は「私」の担う経済活動にすり替わっていき公団も実は実質的には分譲マンション業者へと変質するのである。この国の経済の急速な回復を背景とする社会的状況の変化が、住宅公団の姿をじわじわと変えていったのではないかと私は考えている。公団は賃貸住宅ストックの建設と管理から分譲住宅の供給販売に大きく舵を切る。これはこの時期に現れる住宅を「市場」と呼ぶ社会、住宅と土地を商業取引きの対象とすることによる経済第一の社会がはっきり出現したことの結果なのであろう。公団も本来の意義を堅守できないままその後、解体の方向に向かうのである。

日本住宅公団の英文は、Japan Housing Corporationであった。２０００年に改組したＵＲ都市機構はUrban Renaissance Agencyである。コーポレーションからエージェンシーに組織の表示が変わっている。なんとなくの印象ではあるがコーポレーションは組合とか共同体、法人というニュアンスだが、エージェンシーは国の機関、代理店というニュアンスではないだろうか。少々強引かもしれないが、私には「共」のイメージは前者にあり後者にはないように思うがいかがだろう。１９５０年代後半から１９７０年代、日本住宅公団設立時はこの集団はアソシエーションを理想として設立されたのではないかと私は思いたいのだ。公団住宅建設を担った初期の住宅公団はまさしく「共」の一翼を担う組織であったはずである。津端さんの話はそれを物語るものであろう。もっと「共」のものとしてこの組織を位置づけつくり上げ鍛えることはできなかったのかと考えると、「公」の責任は大きいと言わざるを得ない。とともに「民」の自覚と責任の重さを思う。「共」であるアソシエーションは自分たちがマネジメントするものであることにもっと気づくべきであった。そうであれば再び「共」をつくり「共」を復活させていくには、我々「私」がそれを自らつくることになるはずである。そうでなければ「共」はもうここに現れないのではないか。

8–7 ノンプロフィットの思想で建築する

NPOとはNon Profit Organizationの略である。聞くところによると、ここで言うプロフィットとはこの国で一般的に言う利益という意味とは異なると理解すべきである。NPOの概念では、プロフィットとは事業で得た収益のことではなく、株式会社など出資者が手にする株主配当のことであるという。つまりNPOが金を儲けてはならないということはまったくなく、適性な利益を得、それを本来の運営のための費用とし業務拡大やスタッフの給与などに充てること、それこそが優れたNPO経営であるということだ。利益そのものを否定しこの国で言う無給のボランティアに頼るとしたら、事業は永続的活動として社会を支えることはできないのではないだろうか。多くのNPOが今日直面する事業の継続性に関わる認識である。逆に言えば株式会社の最大の任務と目的は株主に最大の配当をすることであり株主は当然それを求めていい、ということになる。とすれば、公団もその意味では本来NPOのような存在であったと言えよう。本来「公」が主導し設立した「共」であったはずである。

私自身は建築家であり建築の設計を生業としながらこの仕事がきわめてNPO的な色彩の強いものであることを実感する。いくつもの例を知るわけではないが建築家の組織、設計事務所が株式会社の形態をとることは他国では必

里山の豊かな自然が保全されている長池公園

多くの市民に親しまれる長池公園自然館

ずしも一般的ではないと聞く。この国の弁護士事務所、医療機関など公共性の高い法人の多くが株式会社ではない別の法人格であることと同様の扱いなのであろう。建築家が一部の株主に奉仕することがあってはならない。そうであれば建築家の任務を果たすことが難しい、そう考えるからであろう。

社会が期待する住宅、その建設と維持はまさにこうした認識、つまりＮＰＯ的世界が担うべきものに含まれるはずであろう。

私が設計に関わった「長池公園自然館」という建物が東京都八王子市にある。広大な多摩ニュータウンの中で唯一原地形が残る自然公園、その管理と来園者のためのサービスを担う施設である。私の設計した建築は木造である。そしてさまざまなエコロジカルな配慮を施した建築であり竣工後20年あまり経過する建築だが、実はこの施設の管理運営は開園初期からＮＰＯによって一貫して行われている［図2］。指定管理者としてここを運営するＮＰＯを設立した富永一夫さんはＮＰＯ法の成立以前に当時勤めていた会社を退職し、ＮＰＯ設立のための準備を始めたという方であり、行政と市民の間に立ったみごとな運営をされてきた。代表の座は退かれたが、今日もこの世界での第一人者としてさまざまな活動を続けられている。マネジメントの重要さ面白さ、その成果は公園の所有者であり責任を担う市にとってももちろん来場する市民にとっても評価の

［図2］長池公園の管理と利用の関係図

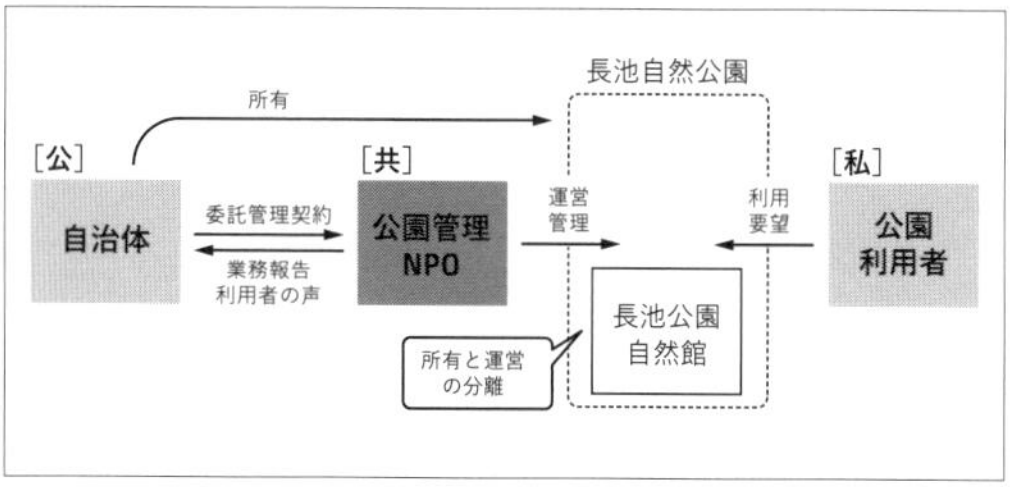

高いものとなっており、そのノウハウは次世代にも引き継がれている。実に多くの人々を巻き込み、多くの来場者が訪れさまざまな催しがなされ、新たな運営・マネジメントを担う人材がここから多数生まれていて、まったく新しいかたち、新しい人によるより広いマネジメントが展開されている。「公」による管理型でどちらかといえば性悪説的運営から脱し、「共」による成熟した性善説的運営への転換、市民の自発による豊かで融通の利くコミュニティ形成とその成熟へ努力を続けるきわめて理想的な一例であろう。

富永さんにヒアリングを行い、住宅地のマネジメントの可能性について話をうかがった。公園はこれまで行政が所有し自ら管理してきたため、利用上のさまざまなトラブルを防ぐためにあらゆることが禁止され、かつての公園のように自由に利用できない場所になっていたという。長池公園のようにＮＰＯによって指定管理が行われるようになると、ＮＰＯが行政と市民の間を取りもつことで、利用者に寄り添った柔軟な運営ができるようになった。行政「公」と株式会社のような営利企業の中間にあり公益事業を担う存在がＮＰＯではないかということだ。

富永さんによると、ＮＰＯのような非営利組織が住宅地や団地の運営をすることは十分可能であるという。そこでまず鍵になるのが、「所有と運営の分離」だ。

それまで前例がない住宅地や団地の運営を、信頼や実績、資金を充分にもたないＮＰＯがいきなりやり始めると言っても誰も納得してくれない。個々に所有が分かれる住宅地や区分所有の集合住宅において、全員合意で物事を進めるのはかなりハードルが高い。やはり、行政やＵＲのようなその地域で信頼がある組織が住宅地や団地を所有し、それをＮＰＯのような非営利組織が委託を受けて管理するというのが良いのではないかとのことだ。さらに経営として成立させるためには、住宅地の利用について一様性から多様性への転換が必要であるという。現在の制度では難しいが、柔軟な経営には住宅地や団地において住戸以外にもオフィスや保育や介護福祉、商店等を織り交ぜ、多様に多目的に利用できるようにすることが欠かせない。今後の人口減少社会においては、時代の要請に合わせた規模の適正化も必要になってくるだろう。

時代を変えるということは、大きなことをドカンと変えるのではなく、細かい工夫をたくさん積み重ねることの延長線上にある。立場の違いに捉われずに、目の前の小さな課題をみんなで助け合いながら未来のために解決していくしか方法はないのではないかという富永さんの言葉が印象的であった。

団地の運営においても同様の事例がある。これは公団団地ではなく民間の開

緑豊かな新狭山ハイツ

空き部屋を改修したシェアハウス

住民が利用できる工房

多くのイベントが開催される公民館

［図3］管理組合とNPOの連携による住民主体の自発的な運営

発した分譲用に建てられた団地での事例である。70年代、民間の開発業者も公団に倣い中層の郊外集合住宅団地をあちこちにつくった。そのうちのひとつ「新狭山ハイツ」の活動は目覚ましい［図3］。当初はもちろんNPO法はなく管理組合の活動だけであった。団地内の緑化推進を目的とした組織ができ、それまで外部委託していた団地内の緑の管理を自主管理することで活動資金を得たという。のちに組織はNPOとなっていく。遊水地をビオトープにし、集会所を建設、周辺の畑を借りての農業や堆肥づくり、炭焼きなどの活動が活発に行われている。これが紹介され私がそれを知ったのが2004年、「家とまちなみ」［＊8］という雑誌によってであった。この団地のホームページを見ると以前に増して活発で楽しそうな活動が今も続いていることがわかる。「共」による経営、マネジメントの好例である。ここでも毛塚宏さんというキーマンの存在がきわめて大きいようだ。この方は東京農業大学の出身らしい。郊外が豊かであることと農の役割、その関わりの大切さについて考える。郊外は昔は農業エリアであり、雑木林エリアであったのである。

過日、新狭山ハイツにお邪魔して、団地の近況を毛塚さんと建物の設計担当者からお聞きする機会を得た。建てられてほぼ半世紀、必ずしも至便とは言いがたい立地である。団地が建てられた当初よりもバスも小型化し便数も減じて

＊8——「家とまちなみ」第49号 2004年3月 一般財団法人住宅生産振興財団発行

いた。ただ団地内はきわめて健全に管理維持され、緑は豊かに茂り建物の管理メンテナンスは他に見ないほどみごとであった。工房、ログハウスの集会場は今も活用されていて遊水地を改造したビオトープも健在だった。撤退したショッピングセンターの建物は高齢者施設として活用されるなど状況に合わせた転用もされていた。敷地外の畑を借りて設けられた農場にある作業所は憩いの場としても活用されているという。収穫物の一部は「ごちそうさま里食堂」という外部の人に開かれた定期的な催しにも供されているという。管理組合とNPOの二人三脚は難しい環境の中きわめて健闘し団地の経営を担っているように見えた。さまざまな活動を通して人のつながりができ、それが継続していくことでコミュニティが徐々に形成されていくという。毛塚さんによると、ひとつひとつの活動は小さくとも、無理のない範囲で着実に実現させ継続させていくことが重要とのことであった。住戸には予想通り空き部屋もある。管理組合が買い取り経営することも視野にあり、若い所有者が買い取り新たにシェアハウスとして活用している例などもあるという。

一時現れた住宅だけが立ち並ぶ住宅地は男の通勤、女の家事を前提にした名の通りベッドタウンであった。高齢化に伴い新狭山ハイツを定住の町とし、終の棲家とすることを引き受けた人々により多彩な仕事や生産が展開され、新しい「共」の姿を見せているように感じた。何より建物のメンテナンスの水準はすべての団地経営に当たる人の手本である。

私は郊外住宅地、とくに比較的規模の大きい住宅団地が活気にあふれるものになることを夢に見る。そしてその可能性は決して低くないとも考えている。その時に農業の果たす役割は実に大きいのではないかと思う。新狭山ハイツはその先駆的事例だと予言したい。団地の運営を「公」から「共」に移管し自由に考え自由に運営してもらう、そこにはきっと農のある豊かな郊外住宅地が現れるだろう。そしてそこは新狭山ハイツのような農作物にあふれ土に触れる楽しさと充実のある持続可能な住宅地のはずである。初期の住宅団地は住棟の間隔がきちんと取られ広い公共空間がある。指定管理者のマネジメントを活用し、ここを住民の手による「共」の農＝生産緑地とすれば素晴らしい。

この仕事のために行脚した中に「ジョンソン・タウン」があった。戦後の米軍人のための開発された基地外の住宅地である。平屋の戸建て住宅が立ち並ぶがその多くは朝鮮戦争当時に建てられたものであり、それが維持され使われているから築70年ほどになるのではないか。なんとここは２０１５年には都市景観大賞都市空間部門大賞（国土交通大臣賞）を受賞し２０１７年には日本建築学会賞（業績）を受賞しているのだ。多くの周辺にあった米軍住宅を所有する

米軍住宅の面影が今でも色濃く残る「ジョンソン・タウン」

不動産所有者はこの70年の間にマンションを建てビルを建てるなどした。しかしここを所有する企業は新しい開発をせずにいわば放置していたということのようだ。結果今に至って思いもよらぬ住宅地となっている。ここは住宅地でありプレイランドとでも言おうか。米軍住宅であった出自からおのずと住宅ごとの区画はない。地続きである。だから訪れる人々はあちこちを散策する。各々の住宅の多くは今やさまざまな職種の店舗になっている。レストランや雑貨屋、歯医者などである。いわゆる郊外住宅地とは違う。来場者のための大きな駐車場をもつなどジョンソン・タウンのありようはあまりにもそれとは異なるものである。外部の人々がひきつけられる不思議なショッピングタウンである。

この変容が可能であった事情はふたつある。それは示唆に富むもので、まずひとつは株式会社であるひとつの事業者が住宅地をもち続け経営を続けていること。住宅は借家であり個人の都合で壊されることがない上に、住居ごとの区画が存在しない。もうひとつはここが店舗併用住宅以外に店舗の立地が可能なエリア（第一種中高層住居専用地域と第二種住居地域にまたがっている）であり、生業のための商業が可能なこと（多分ここがこのようになった初期、現れた店舗は地域の生業のためのものであったに違いない）。

荒廃するデトロイトでの話がこれにとても似ている。Rust Beltといわれる重工業が廃れ荒廃したエリアの中心的な場所だ。デトロイトの重工業の衰退による都市の極端な廃墟化はご存じだろう。産業の衰退により人口は半減、商店も撤退、まともな生活を営むことが危うい中、歯抜けになった住宅地を使い「共」による自前の農業生産組織がいくつも立ち上がり新鮮な農産物を提供し市民の健康にも供しているというのだ。衰退する重工業、立ち上がる都市農業、この対比に驚くが、私たちの郊外住宅地にもやがてやってくる話ではないだろうか。私は勝手に百草団地や高幡台団地の共有地や公園用地など広く拡がる緑地が畑に変わり、ここがたくさんの作物にあふれ住民がその作業に嬉々としていそしんでいる楽しげな未来を想像する。私は一時友人とともに耕作放棄地で素人中心の農業に参加していたことがある。10年ほど関わった。10haの水田で稲作をし、同規模の畑作をするなど、数十人の素人にしては実に壮大な農業経営であった。この経験は大変ではあったが楽しく充実していたことを記憶する。現代社会の効率重視による細分化された任務と労働の仕組みは上手くいかなくなっているのではないか、少ない貢献であってもいくつもの任務を引き受けることの充実が再び意味をもちつつあるのではないか、そしてそれがコミュニティを確かなものにするのではないか。

株式会社が社会を束ねることには大きな無理がある。であるからさまざまなNPOが必然的に存在するのであろう。NPO、アソシエーションとくくるべき職務は実にいろいろある。鉄道、医療福祉、教育などさまざまでありこれらは本来、株式会社には実に馴染まない組織であるはずではないだろうか。少なくともこれらが「株式会社」の本来的任務と大きく異なるものだということだろう。であれば出資者への株主配当を本務とする「株式会社」が住宅を開発し販売をすること、少なくとも住宅供給の過半をそれにゆだねることに実は本来的な違和があるのではないだろうか。林立している超高層タワーマンションなどは、投資の対象でもある。投機であれば「健康で文化的な生活を営むための住宅」ではないだろうから誰がつくってもよいのかもしれない。しかし多くの住宅はそうであってはならないはずだ。

「共」による住宅所有の可能性について法的にもブレークスルーを伴う解決手法を今私がもっているわけではない。住宅「協同組合」をつくる、定期借地、定期借家を駆使するなど、所有のかたちを変えること、「私」のものではない

「共」のものにしていくこと。70〜80年ほどの定期借地は住宅を「私」のものなのか「共」のものなのかわからないことに近づけることになるのではないだろうか。「私」のものである限り相続が発生すると多くの場合これを売らなければならない。景観は崩れよう。自ら動かないと「共」が現れることはない。

さらに言うと、住宅地の整備にかかる費用は厳密に公開されるべきであろう。そしてそこから配当に当たる「利益」を上げることは本来避けられねばならないのではないか。配当を上前《うわまえ》と言うのは多少はばかられるが、この場合は許されよう。株式会社による一般の住宅地と住宅の供給に違和感がある。諸外国のハウジング・アソシエーションによる住宅生産、管理、維持はそうした認識によるものだと考える。住宅を「共」のものとする、将来この国の住宅を何らかのかたちで維持管理し場合によれば整理し片づけ整えていくことが喫緊の課題であると考えるならば、「共」の発動は避けられまい。アソシエーションという仕組みによる住宅所有、維持、管理は大きなヒントになるのではないだろうか。

8－8　熊本の災害公営住宅のプロポーザル

2016年の熊本地震の後、「熊本県甲佐町の災害公営住宅と子育て支援住宅」のプロポーザルに応募した。プロポーザルはまちの中心近くの敷地に公営住宅30戸と子育て住戸20戸の災害公営住宅を計画するというものだった。私は公営住宅の存在の重要さを信じている。今後地域に仮に大幅な人口減少があったとしても、この場所に住宅がありそれが公営住宅であれば時代ごとに住人が入れ代わり使い続けて優良な住宅地に成熟していくことは可能なことであり、できれば建築家としてそれに関わりたいと思ったからだ。持続可能な公営住宅、そんな計画が実現すれば人々は豊かにここに住み続けてくれるのではないかという思いがあった。しかし、この災害公営住宅計画には主体であるまち＝「公」が建設後何年か経ったのちにこれら公営住宅を売却するというプロポーザル要綱には書かれていない暗黙の条件があることを二次審査当日に初めて知ったのだ。「公」のものを売り払い「私」のものにするということを後に知ることになった。要綱には計画の公営住宅は2戸を1棟とするという条件があった。その条件の裏に、将来売るときこれを1戸にするということが隠れていたようであった。それを私たちは知らなかったし、そうは思いたくなかった。結果私たちの提案したものは採択されることはなかった。売りにくいということだったようだ。国からの公的資金で災害公営住宅の建設はできる。しかしそれを長期にわたり維持管理することはできない、このことは十分わかる気がする。自治体の予算に限りがあるのだろう。しかしそれへの対策は売却しかない、ということなのだろうか。いや何らかの「共」が引き受け受託し豊かに運営する方法も十分考えられるのではないか。地域社会のNPOまたはここに居住する人々自らの手によるマネジメントである。自治体はそうした団体を指定管理者とすることで運営を任せるなど、これからの社会を自らが担うものとして果敢に試みてほしかったと思う。

公営住宅を復興交付金という「公」金でつくりそれを維持管理することはなく一定期間ののち払い下げるというのは、公的に供給された住宅を長期にきちんと使い続けるストックとしての住宅を成熟した地域の資産とするという本来あるべき姿とはまったく合わないことではないだろうか。また「公」金の「私」的流用にはならないのだろうかと、私は失望した。ドン・キホーテなのかもしれないが、住宅が100年間使えるものとしたら、当初の建設費用はその後のたくさんの世代の分担によってゆっくりと負担すればよいことになる。住宅にかけるひとりひとりのコストは大きく下げることができるはずであろう。売却することを前提の公営住宅という事業スキームは私にはまったく想像できないものであった。「私」に卸すということでなく「公」が建設したこれらの住宅を「共」を担うアソシエーション、NPOが引き受けマネジメントをし。事業として地域社会に役立つアイデアにあふれた運営にすることがなぜできないのだろう。住宅のインフィル＝しつらえは各世代の住まい手＝利用者である「私」が「共」とともに負担して自ら運用する、その仕組みを少しずつでもいい、つくっていくべきなのではないか。

8－9 林・富田邸——庭路樹——私を公に開く

面白い事例を紹介しよう。玉川田園調布にある林泰義さんと富田玲子さん夫妻の「林・富田邸」である。林さんは都市計画家としてさまざまなまちづくりに関わり、いっぽうでNPOの活動を主導する人であり、富田さんは建築家であり象設計集団という設計事務所で多彩な建築設計活動に関わっている方だ。住まわれる住宅はご自身の設計ではなく、なんと「セキスイハイムM1」。有名な工業化住宅である。といってもこれはプレファブ住宅開発のごく初期、実験住宅として開発されたものであり、林さんと同世代の建築家、大野勝彦が学生時代に設計開発したのものだ。林・富田夫妻のこの住宅はプレファブでありながら数度の改修増築を経て、元の姿はどこにあるのかほぼわからないほどになっている。さすが建築家のご夫婦の家である。何度かにわたる世代交代のたびのリノベーションの結果である。フラットルーフであった屋根は勾配屋根に変わり、間取りも変転している。ご両親が住んでいたところが、今は喫茶店になって庭とつながりご近所に開かれている。庭は間口いっぱい道路に広がり開いている。もちろん塀はない。

庭の隅に大きな桜の木がある。剪定されていない豊かな自然樹形の枝は、わあっと道にはみだしてそれが周辺から見ても林・富田邸の確実な目印になっている。夏、枝は道にも大きな日陰をつくる。林さんはこの桜を街路樹ならぬ「庭路樹（＝にわろじゅ）」と呼んでいるのである。庭に根を張り枝は繁茂し道路の上に覆い茂るからである。「たくさんの庭路樹《にわろじゅ》が家々から道にのびるととてもよいまちになるはず」と、彼は言う。「困るのは電線を地中化しなければならなくなる電力会社と通信会社だけだ」とも。一昔前の電力会社は林さんたちにも樹を切ってくれと言っていたらしいが、最近は時代の風もあり、言われなくなったそうだ。庭路樹がつくる景観は豊かであり周囲は穏やかで路面の温度は上がらない。どの家の庭からも樹木がはみ出して道を覆うように茂る、そんなことがあればなんと素敵な街路が出現することであろう。どこか外国のまちを訪れた折にこんな光景に出会ったことがあったように思う。もちろんこれには環境的な利益もある。街路樹を丸裸にしろ、落ち葉が迷惑だ、というのもまた「私」である。落ち葉を皆で片づける、「共」を享受する豊かさを目指したいと思う。林さんに直接お話をうかがったところ、林さんと妹さんとで境界線

上／林・富田邸の庭路樹
下／豊かな緑とその中にたたずむ「セキスイハイムM1」

を設けないかたちで土地と建物を1／2ずつ相続したとのことであった。登記上は所有が異なる土地と建物をシェアすることで、相続後も豊かな緑が残っているのだ。不動産会社が取引しやすいように土地や建物を切り分けるのではなく、所有の仕方や利用を工夫することで豊かな社会をつくっていくべきだと林さんはおっしゃった。

府中に話を戻す。府中の地役権が設定された「共」のエリアには木を一本も植えてはいない。生い茂る樹木は各住宅の敷地に根を張っている。その枝々が園路を覆い被さるよう計画してある。ここでもすべての樹木は林さんの言う庭路樹である。木々は「私」から「共」に枝を伸ばす。大きな木々が「共」コモンに日陰をつくる、責任と手柄を含めて「私」が閉じることのない「共」をいつの間にか気がつかぬうちに引き受ける、そんな姿である。「林・富田邸」のケースは、「私」を開き他者を迎え入れる場を敷地内に設けることで、「共」を取り込み積極的に「共」に関与する試みだろう。私はこんな風にもっともっと「共」をつくり出したい、そしてひいては今日「公」領域であるとされる領域を「共」が引き受ける、そんな社会が遠くない将来にあるのではないかと考えたい。「公」をあげつらい「けしからん」と吠え続けても、社会も環境も本当に良いものにはならないのだろう。すべてを「私」にゆだねてもまた。

8-10 用途の線引きがまちをダメにする

本章の最後に「用途地域」という制度が抱える課題について語ろう。

建築基準法における集団規定とは、建築物と周辺環境との関係を定めたものであり、建ぺい率や容積率、高さ制限、斜線制限、用途地域などについて定めている。住居地域、商業地域などの線引きは自治体が行うが、根拠は基準法の集団規定に含まれる用途地域によるものであるということになる。この用途地域の線引きが特に郊外住宅地がこれから生き残ることを阻む。とくに第一種・第二種低層住居専用地域では、今後縮減する中で住宅地には住宅しか存在しないということになり、その不都合は例えば空き家を積極的に活用することを阻む。空き家を手近な買い物ができる店舗に改装する、人々が集うカフェや食堂、レストランを開く、デイサービスセンターをつくる、地元で仕事ができるようシェアオフィス化する、貧しい人々のためのこども食堂などボランティアの拠点をつくるなどの地域の活性化に資する活用の可能性を狭めてしまう。

人々が郊外住宅地において地域ごとに自立した生活をするためには「共」による多彩な仕事やサービスの生産の場とし自らマネジメントし続けるほかない。現況の規制はそれを阻む。

また一定の時間を経た古くからある住宅地の豊かさは、そこに建つ住宅それぞれの歴史がつくる景観によることが多い。比較的広めの敷地にそのような状況はある。豊かな庭と手間のかかった姿の住宅がつくり出す景観である。こうした住宅は今日そのまま住宅として使い続けることが難しいことのほうが多い。これらの住宅は使用人によるサポートを前提とするような規模の大きなものであったりもするのだ。住居専用地域にあることにより壊され小分けされ、多くは狭小な住宅による戸建て住宅群に姿を変えるしか道がないのである。売り買いの結果として税収を生み、宅地の細分化は合法的なルートとして存在している。将来文化財としての価値を生むかもしれない景観、住宅地、それを視野に入れることがあれば、これら住宅は何らかの積極的活用が許されるべきであろう。郊外住宅地にさまざまな新しいサービスが求められると同様、こうした住宅の多様な活用、例えばレストランに、結婚式場に、ホテルになど転用し生かしていくこともあってよいはずではないか。一部条例を策定した自治体はあるが多くの地域でいまだ手がつかないままである。

9

宅地デザインの可能性

「共」の住宅と住宅地を実現するためには、個々の住宅をデザインすること以上に住宅地をトータルにデザインすることが必須である。特に郊外住宅地ではこのことの重要性を思う。ソーラータウン府中を事例として述べたように、住戸の外部環境を整える、外部環境をひとつひとつの住宅にとっても利益となるよう組み立てることが肝心だからである。ひとつひとつの住宅がひとりひとりの個人によりそれぞれの都合により建てられ、そして短期に建て替えられ改変することを普通のこととする現状の住宅地のままであっては、これはまったく叶わないことになる。ひとつひとつの住宅が周辺や他者を考えることはないからである。結果こうした住宅地においては、お互いの利益をお互いが損ない合う結果となる、そう考え、それを何とかして少しでも整え直すことが賢明なのではないか。住宅地がこの難問を片づけてより豊かな場となるための知恵を巡らせたい。

9-1　分譲住宅地はなぜ平らなのか、ゼロから考える

これまで住宅地のデザインを建築家が手掛けることはあまりなかった。建築家もディベロッパーも住宅所有者も誰もが宅地造成されたひな壇のような分譲地にひとつひとつの住宅をつくることとしているのだ。誰もが考えず、工夫せ

ず、疑わずに受け入れているこの仕組みは、いつから普通のこととなったのだろうか。そんな疑問が私にはある。

ゼロから考えよう。本来、地形は斜面で構成されているはずである。自然地形に水平なところはない。起伏は自然のつくり出す個性である。その自然の地形をひな壇に造成し、平場をつくる必要がなぜあるのか。土地を小分けにして有効に売る、つまり効率化がただひとつの目的ではないか、ほかは考えられない。結果として地形という個性、場所性はまったく失われ、そこにあった一木一草はすべて消え失せる。我々の意識の中で宅地造成＝ひな壇化が風景としても手段としても異様でなく普通のこととなった結果、住宅地は丘を征服し山に登ることになったと考えることもできよう。

ひな壇状の宅地造成にはもうひとつの理由がある。住宅地が造成され平らであってほしいと考えるのは、工業化住宅やプレファブ住宅を供給する企業の都合である。工業化住宅は基礎の型枠までが規格化されている。面倒なことは避けたい。地形までもが標準化されていてほしい。彼らの都合はそうなのだ。反面、建築家が関わりまちの大工や工務店がつくるものであれば、ひとつひとつの住宅が異なることは何の問題もない。違いは問題にならない。敷地が自然のままであり平坦でなくても何の問題もないはずだ。

道路を考えてみても、必ずしも土を盛り擁壁をつくって道を通すことが土地活用に貢献するというわけではないだろう。改めて考えるとひな壇造成はそこに載せる家の都合なのだ。造成とは切り土と盛り土を上手くバランスさせ平坦な土地をつくることを言う。切りと盛り、いつの間にか住宅地とはそういうものだと買い手も売り手もそう思うようになり丘は殺風景な擁壁とその上に載る退屈な住宅で埋まった。その風景を普通のことと思い思考が停止する。その結果が現代の住宅地の風景をつくっているのではないだろうか。最近の住宅地は斜面地を切り拓き山に登る。切り土と盛り土が繰り返される。雨は土に浸透せず、表面を流れる。言うまでもなく切り土は崩れやすい。最近の豪雨による災害の多くがこうした新興の斜面地で発生していることも故あることなのではないか。

本当にそれしか方法はないのだろうかと考える責任が私たちにある。習慣を疑わぬ社会がこうした諸々の不都合や矛盾を存命させ続けさせるのではないか。どれだけこれについて熱っぽく議論ができるか、さまざまな問題に対しゼロから考えることを普通のこととするムーブメントがありさえすれば、社会のシステムは劇的に変わり得るはずである。そうでないと、既存のつまらないバリアが生き残り、前例主義がはびこり改革から遠い制度を崩すことができない。

新たな仕組みの登場を期待すると「法律」がその最も厄介なバリアになることがある。法律とは制約であるばかりでなく誘導でもあるからである。法律を守るだけでは社会はもちろん良くはならない。法律だけではない、社会のルール、習慣をどうにかしてより新しい意味のあるものに直し続けること、より良いと思われるものに絶えず置き換えていくことこそ重要である。法は昨日までのルールである。昨日に縛られ続けては、明日は昨日と同じものにしかならないであろう。

建築家にとって住宅をつくる作業は何より面白い仕事のはずだ。比較的大きな建築物を仕事とすることがあっても住宅の仕事をもう片方において、その両方を考えたいと思っているはずだ。両方の関係を考えることを日常としておきたい、多くの建築家はそう考えている。住宅を考えることは建築を考えることのスピリットとでも言うべきものであり、住宅を考えることは建築を濃く深く考えることと言えるのである。「ヒューマンスケール」＝「人間の器の尺度」としての建築は住宅にある。住宅を考えることにより建築家の適性は試される、と言えよう。中でも自然の中なら百歩譲って別荘地でも分譲地につくるよりよほど面白い。周辺に個性がある。それが多くの場合は自然地形と樹木を可能な限り残すことを使命とするもので、自然の只中での仕事であるからであろう。

別荘地の敷地にはさまざまな勾配やアンジュレーションがある。宅地造成はされていない。目印になる木々があり遠方の山々が見える。どこにどのようにどれほどのものを設えるか、自然をいかに尊重することができるか、考えることの楽しみがある。答えの可能性は無限にある。応答がさまざまな答えを導く。構想することが正直で豊かな作業であり答えは実感をもってそこにあらわれる。

地形や樹木そして景観など、場の個性はつくるべき住まいのかたちを誘導する。それを地に伏せるものにすべきか、高くそびえるものとすべきか、時に半地下をつくることやテラスをつくることを導く。それらの応答は地形という個性の中で最善を探す作業を誘発しその実感を豊かに私たちにもたらす。もちろん別荘分譲地にも条件はある。そうであっても宅造された分譲住宅地との違いは明らかであろう。

3・11以降の東北では高台移転のために山を削る大規模な造成工事がなされている。さまざまな事情があることは承知する。急ぎ事を成さねばならない事情もわかる。しかし自然の地形を生かさず早急に乱暴に無思慮に同じことがここでも繰り返されているように見える。きわめて残念なことだと思う。

9-2 縦割り組織の弊害が宅地のデザインを阻害する

ひな壇造成には、もうひとつの理由があるようだ。

かつての公団の団地では、自然地形を生かし計画するものがあった。その筆頭に挙がるのが多摩地域や千葉でのいくつかの団地計画であろう。百草団地（1970年）、高幡台団地（1971年）を見学した折には住棟それぞれを敷地の勾配となじませながら工夫し豊かに配置しているのに感心したことを記憶する。大規模開発で知られる多摩ニュータウン（1966年事業着手）は百草などより少し前に始まった計画であり、大阪エリアの千里ニュータウン（1961年着工）、そして先の名古屋エリアの高蔵寺ニュータウン（1966年着工）と並ぶ最大規模の団地計画である。私が勤めた設計事務所を束ねた建築家である大高正人はこの計画に当初から関わっていた。多摩ニュータウン計画はその初期、大高によるマスタープランが作成されている。その計画の骨格はなんと広大な多摩丘陵の地形と雑木林を活用するものであり、その中の適地を注意深く選定しながら住宅群を配していくというものであった［図1］。初期の公団はそうした考えかたに同調していてその可能性を追求していたはずであった。それがいつの間にか退けられ宅地を造成しそこに住棟を置くという土木優先とでも言うべきものが主流になった。先に触れたように以前の住宅団地でも大高案と同様

［図1］南多摩ニュータウン自然地形案
1966-69

『建築家　大髙正人の仕事』
蓑原敬、松隈洋、中島直人著　エクスナレッジ　2014年刊の自然地形を巧みに利用した住棟配置がいくつか実現してもいる。しかし多摩ではそうはいかなくなったのだ。その事情が住宅公団の体質にあるという話を聞いたことを思い出す。真偽は不明だが、噂では用地を担う部隊と住宅を担う部隊の二重構造を組織が克服できなかった結果であるという。そうであれば、計画のもつ本来の意義より組織の都合が結果に関わるということなのであろうか。大高事務所の先輩からこの結果について残念で悔しかったという話を聞いたことを思い出す。こうあるべきだと思ういわば理想が、人の都合、組織の都合によって異なる方向に向けさせられるのは世の常かもしれないし、今もあることのように思う。しかしこれは本来あってはならないことであり、これがまかり通るとすると悲しい。何らかの利権とでも言うべきものをそこにもち込むからにほかなるまい。「共」のないところでは「公」の任務に悪しき「私」はたやすくまとわりつくのではないか。

9−3　宮脇檀の宅地デザイン

ひな壇造成で上手くいかないところ、難しい地形の処理を建築家に依頼するそんなケースがある。ディベロッパーが頭をひねってしまう、そのような面倒くさい土地が建築家に回ってくる。例えば宮脇檀は80年代以降そんな戸建て住宅地のランドスケープデザインをハウスメーカーなどから依頼され多く手掛けた人である。宮脇檀の手掛けた住宅地は、斜面の造成が難しくいわば使いようがない余ったところなどを面白く緑化することにより、住宅地にほかと違う豊かさをつくり出している。東京・日野市にある高幡鹿島台ガーデンとフォレステージ高幡鹿島台［図2］に実際に訪れてみたが、その効果は今日に至り他と異なる豊かさを見せている。通り一遍の住宅地との大きな違いを見せつけている。

強いて言えば、宮脇の計画した宅地の多くはハウスメーカーが主導するディベロッパーの手によるものであった。宮脇自身の設計による住宅がそこに建つのではなくプレファブ住宅が建つ、そのことを前提にするものであった。そうであっても街路に面する門扉、植栽などは彼の手によっているし、街路そのもののデザインは植栽、ストリートファニチャー、路面を含め彼自身の手によるものでありきめ細かい配慮の行き届いたものだ。宮脇檀の仕事をご存じだろうが、その多くは都市の中に建つ小ぶりな戸建て住宅であり、これが何より素晴らしい。「松川ボックス」などに代表されるボックスシリーズは特によく知られる仕事である。いっぽうでその頃の建築家が手を染めることのなかった戸建て住宅地の計画を数多く手掛けていたこと、今日それらが時間の中でみごとに

整備されてから月日が経ち緑が生い茂るフォレステージ高幡鹿島台の街路

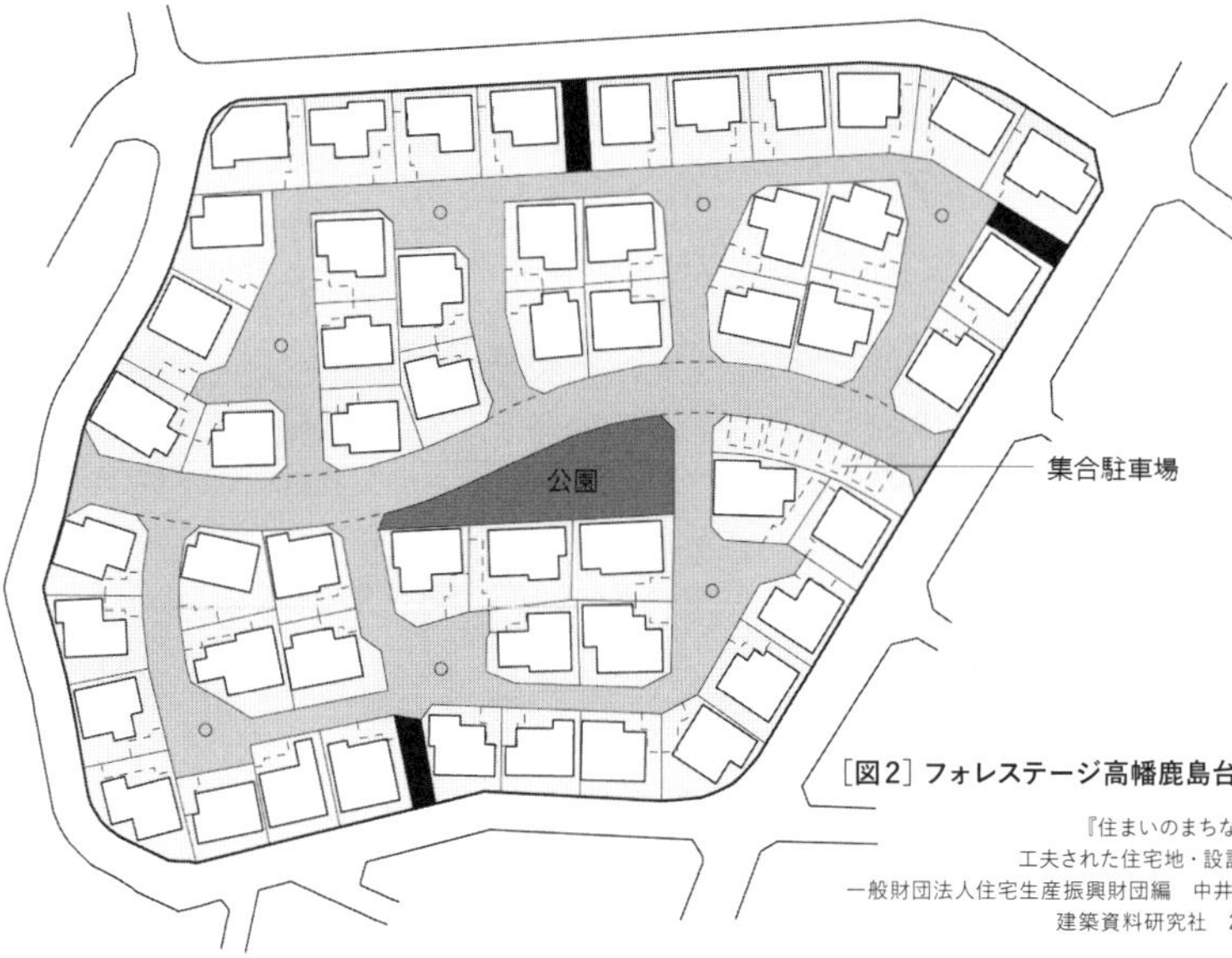

[図2] フォレステージ高幡鹿島台の街区

『住まいのまちなみを創る
工夫された住宅地・設計事例集』
一般財団法人住宅生産振興財団編　中井検裕監修
建築資料研究社　2010年刊

成熟していることに改めて注目したい。ここに現れた景観は彼が計画を経て数十年後、その場所がどのような景観になるであろうかということを考えていた証左であろう。

彼のデザインした住宅地は緑あふれ穏やかに成熟している。建築家の仕事は本来こういう仕事なのかもしれない。この住宅地では建物は建て替わるかもしれないが緑はより豊かになり街路もより豊かになるだろう。そして宅地としての価値が向上することにより、ここでは暗黙の「共」を獲得しているように見える。もちろんここは「私」の集積である。懸念はないわけではない、しかしここがもつ豊かな住宅地としての価値は「共」のものであり、それが価値としてあり続けていることは十分ありそうだ。私はそうあることを祈る。是非そうあってほしいと思う。

都市を考えることが建築家の仕事の一部であった時代があった。宮脇たちの世代はそうした時代を先導した人たちであり率先して集落調査やサーベイ、都市研究を担った人たちでもあった。我々はそれに引きずられその後を追った世代である。宮脇の住宅地もそうしたサーベイの裏付けをもつ実践であったのだろう。なぜかその後建築家たちは一斉に都市から撤退する。都市を考えることが徒労になり成果が見えない、そんな状況に立ち至ったのである。まだ、都市の多くの場所が「共」の領域であった時、建築家は都市を考えることの手掛かりを模索し都市を考えることの手ごたえを感じていたはずであった。職住が近接し、自らが生活する都市の自治運営に市民が主体的に参加することが当たり前だった時代、そこには「共」の領域があった。経済成長とともに職住が分離し、社会が定住型から流動型に移り変わると、「共」の領域は市民に代わって「公」が管理する場所へと次第に置きかわっていった。さらに、都市が徐々にディベロッパーという「私」の開発にゆだねられていくことも、撤退の要因であったのではないか。小ぶりでもいい、住宅を考えることを広げていく。そして住宅地を考えること、住宅地を手掛かりに「共」のエリアとしての近隣を考えること、「私」を開き「私」の中にささやかな「共」を引き受けることができる仕組みを忍び込ませる。そうなればコモンはそこに住むひとりひとりのものとなり、ひとりひとりをつなぐものとなるのではないか、そう思うのである。

9-4　直すための仕組み

ひな壇状の分譲地のことを考える中、思いがけない住宅を見た。藤原徹平の「稲村の森の家」である。江ノ電の稲村ヶ崎駅から北へ道が伸び山にぶつかる。あたりは50年ほど前に斜面地をひな壇状に造成したエリアであり目指す住宅はこの道の突き当りにある。この比較的時間の経つ分譲地はすでに世代の交代が始まっている。今のオーナーがこの土地に出会ったときここにあった住宅はすでに解体されていたという。買い手がなく放置されていたのは土地が裏につながる3000㎡ほどの山林をもつものであったことによるのではないかという。オーナーはむしろこの特別な条件の土地を気に入り取得し、設計を依頼したのだ。藤原は2mを超す既存の擁壁を取り払い住宅を建てている。彼は住宅をつくることよりも擁壁を壊しなだらかな元々ここにあった地形に「戻す」ことを計画の主題としたのだと思った。地形をもとに戻す、整える、復元することを。そのことが擁壁の上に近隣から隔絶して建つはずの「私」の家を道路につなげ地続きにし「共」＝コミュニティに開かれたものとしている。斜面は緩やかな石積で整えられ緑が覆う。住宅は開かれ風が通り抜ける。置かれた家具はまるでカフェのような設えであり昼間は本当にカフェとして使われていて周辺の人のたまり場になっているという。北側に抜ける大きな開口は北のピロティの向こうに見える樹林に続く。ここにあるすべては仮に擁壁が以前のままそびえていたら決してつくり出すことができないものであろう。擁壁とともにあったコンクリート製のガレージが画廊として生かされているのも面白い。宅造地の擁壁の上段の住宅は特に周辺からの隔絶が大きい。「私」を「共」に開く、ここ

擁壁を取り払い共に開かれた「稲村の森の家」（写真©Nacása & Partners Inc. FUTA Moriishi）

に今あるものを疑う、だれもが普通のことと思い込んでいる宅地造成を疑う、面白い事例だと思う。

斜面地をそのままに住宅地として計画した事例として横浜市がプロポーザルのかたちでマスターアーキテクトと住宅の設計者を公募し建設した「MINA GARDEN十日市場」がある［図3］。横浜市の所有する小ぶりの用地での住宅地計画である。横浜市、横浜市住宅供給公社、設計者、施工者、環境工学者、ランドスケープアーキテクト等が参加した産官学の連携によるプロジェクトである。建築家・飯田善彦、小林克弘が企画段階からマスターアーキテクトとして参加し、飯田のほか横河健ら3チームが実際の住宅設計者として参加している。敷地は大きく二段の勾配のある土地なのだがこの傾斜を加工せず傾斜を残しそのままの地形に11棟の住宅を配置し群としており、中央の斜面緑地を残しここを「みんなの庭」と呼ぶ共有地としている。この計画が各住居の敷地を50年の定期借地として設定していることがそれを可能にしているという。共有の緑地の借地料が住宅分の借地料にいくばくか加算されていることになる。月ごとの地代に加え共有地の管理のための費用も徴収可能であることも緑地の安定的な保全に役立っているという。この共有地を含め敷地全体に散策路を巡らされているが、これが勾配のある景観をより優れたものにしているように見える。

空地率は一般的な住宅地に比べて高い。横浜市の試みは先駆的であり住民の「共」への関わりは成果の大きなものとなっている。

自らが住む住宅地を自らが積極的に関わる場所として維持し成長させその実感を自身が得る、自らが自身により管理運営する、そんな「共」の場なることが最も優れた姿なのではないかとも思うのだ。もちろん所有は「公」のままであっても「私」が各々でもち出したものであってもどちらでも構わない。自らが運営し管理し、成果としてここを「共」の場とすることがコミュニティを開かれた豊かなものとするであろう。「東村山」「府中」の経験からそう考えるのだ。

［図3］定期借地権を利用し「共」を生み出した「MINA GARDEN 十日市場」

敷地中央にある緑豊かな「みんなの庭」

10

整えること、片づけること

空き家の数が急速に増えている。２０１９年の数字で８４６万戸、住宅総数は６２４２万戸であり、すでにその13・６％が空き家ということになる。数年前に報じられた脱走囚の捕り物劇で彼が逃走中に広島の向島でいくつかの空き家をねぐらにしていたとの報道があったが、そこは空き家が１０００棟に上るとあった。１章で紹介した民間機関の予測によれば２０３３年には全住宅の１／３、２１６７万戸が空き家になると予測されている。２０３０年の人口は予測によれば1億１９００万人ほどであるという。最初にも触れたが２１００年、いまから80年後の人口はなんと今日から半減の約６０００万人との推計がある。２０３３年の空き家の予測数から類推すれば住宅必要戸数は約５０００万戸である。２１００年にはどれほどの住宅戸数が必要でありこのままではどれほどの空き家が発生するのだろうか。多く見積もっても２０１９年の時点で使われている住宅数５３６６万戸の半数、２１００年に必要とされる住宅数は２７００万戸ほど、ということになるではないか。今日の住宅数６２４２万戸の約６割が不要であり何らかの処置をとらない限りそれらは空き家化し廃墟化する可能性があるということになる。恐ろしい荒廃の風景を私は想像する。80年後とは住宅寿命を考えればそう遠い先ではない。そんなことを考えると、必然的に今のままの路線を走っていて良いのだろうかと考えることになる。戦後の経済成長を担いあわただしくまちや建築をつくってきた我々には、次世代への膨大な負の遺産を残すことは許されまい。それらを片づけ整えそして去ることが求められているのではないか、そのための着実で実効性のある手立てを考え、それを着実に達成する責任があるのではないか。

もちろん戦後の人口増、それを構成する我々ひとりひとりにその直接の責任があるわけでないことは言うまでもない。生まれてみたらそんな時代であったということではある。が、歴史上日本列島にこれほどの数の人々が住んだことはもちろん例がない。都市は過密になり田園は住宅地と化し山にまで住宅地が登攀《とはん》した。そしてご存じのと通り人口カーブはすでに急速な縮減に向かっている。ジェットコースターはもう下り始めている。間もなくこの国の人口は江戸期からの穏やかな自然のカーブ、その延長上の線に戻るように見える。戦争に向かい「坂の上の雲」を目指した明治以降、その結果としての急激な人口増、その反動としての人口減、このカーブを除いてみよう。来たるべき時代は穏やかな平準の中にあるのかもしれないではないか。その時代の都市、その時代の郊外、その時代の田園、その時代の山野をイメージし、考えることが私たちに求められているのではないか。

3・11の震災の直後、偶然ではあったのだが私は内村鑑三の『デンマルク国の話』［＊1］を読んだ。岩波文庫の中でもごく薄い一冊だ。1894年（明治27年）の彼の講演を書き起こし明治30年に初版が刊行されたものだ。ちなみに講演のあった年は日清戦争勃発の年でもある。彼の講演はこの国の海外進出、大国になる道を諫めるものであり、小国が必ずしも豊かな国でないことはない、大国が必ずしも豊かな国であることもない、我が国は外に出るよりも内を発見し豊かさを内に求めるべきであると説いていた。2011年の最大級の災害、特に原子力発電所のメルトダウンという後世に長く災禍が継続する事故を目の前にし原子力災害という人災で、大国にならんとした時代以降1945年の敗戦後も経済大国を目指すという名目でなおその路線を歩み続けた私たちの生きてきた時代について考えざるを得なかった。そして一世紀前の内村はこの路線に対し警鐘を鳴らしていたのだ、と気づいた。大国を目指す人工的な人口増それは戦時の標語である「産めよ殖やせよ」に端的に表れている。人工的な無理な人口増は急激な人口減により終わるのだろう。再度確認したい。住宅は100年使い続けることができるものである。とすれば今日われわれが建設している住宅、そして都市は100年後の人々の住処であり都市であるはずである。

今ある前例や制度は徹底的な改変が迫られている。これらは今までの時代を

＊1――『後世への最大遺物・デンマルク国の話』内村鑑三著 岩波書店 2011年刊

前提とするものであり、必ず来ることがわかっている明日を考えたものではない。私たちは思考停止してはならない。

これからのまちをつくっていく専門家そして市民ひとりひとりそしてそれらによる「共」が知恵を絞り、意図的でクリエイティブである新たな制度を構想することが重要なのだろう。今すぐ始めなければなるまい。

どのようなことが可能だろうか。これからの社会に合った適正なまちや都市を構想しつくる、そのためにまったく新しい制度仕組みをつくり出す。そのキーワードは「片づける」ということではないか、と私は思う。

10―1　減築の創造性――ドイツ、ライネフェルデの場合

今日の集合住宅はヨーロッパの産業革命による工業化にその端を発するという。工場主がそこで働く雇用者のための集合住宅をつくる、福利としての意味もあった。エベネザー・ハワードの田園都市構想もそうした流れの中にあると言っていい。時代は異なるが明治期に来日したウィリアム・メレル・ヴォーリズは、宗教家、建築家、教育者などさまざまな面をもつが、企業家としての活動がその最も主たるものであり「メンターム」で知られる近江兄弟社が拠点であった。彼はその工場に附設する従業員住宅の建設を行い学校を併設している。

これは産業革命期の起業家の理念と行動をそのままを受け継いだものなのであろう。

急激な都市化とそれに伴う都市周辺の集合住宅建設の跡はヨーロッパ諸都市に顕著だ。とくに第一次大戦後の都市部への人口集中に対する対応、答えとしての都市を取り囲む大規模な集合住宅群は今も見ることができる。近年世界遺産の指定を受けたブルーノ・タウトなどによるベルリン周辺にあるたくさんの住宅団地群はその典型と言えるだろう。そして第二次世界大戦後、大都市は再び飽和し都市は周辺、いわばその郊外へ新たな住宅団地を建設し膨張していくこととなる。これらの動きはイギリス、オランダ、ドイツなどに顕著だが、これがいわゆる「ニュータウン」と呼ばれるものである。日本の郊外住宅地開発、特に公団による千里、多摩、高蔵寺といった大型のニュータウン建設はこれらをモデルとして計画されたものだ。

戦後つくられた団地のひとつで、その後の団地再生プロジェクトの先進性が注目されたものとして、旧東ドイツに立地するライネフェルデ団地がある。私も21世紀初頭、何回かここを訪れる機会があった。ミレニアムのヨーロッパ社会がここでの試みを新しい世紀に必須なモデルとして欧州連合（EU）が顕彰した団地である。団地は旧東ドイツ、チューリンゲン州にあり最新の工業団地

改修後のライネフェルデの住棟

とともに1960年代につくられている。当時東ドイツにとって西側へ東の仮の豊かさを見せることを目的にしたショールームのような存在であったという。東西国境にきわめて近い立地なのだ。統一による旧東欧の凋落とそれに伴う人口減はきわめて顕著でこの団地にも崩壊の危険が訪れる。統合後の新たなショールームとしての役割は再びこの団地の使命となる。旧東欧エリアには同様の崩壊しつつある住宅団地が無数にある。人口が激減する中、これら団地は時代遅れであり管理は劣悪であった。エレベータのない5階建て、住戸規模が小さい、必須の設備である中央暖房システムは以前から停止している、などである。旧東欧圏が抱えていた諸問題、とくに生活圏の難題の解決はヨーロッパにとり焦眉の急であった。それがここライネフェルデを舞台に試みられたのである。2000年ヨーロッパは新たなスローガン、サステイナブルソサエティ一色であった。

ライネフェルデは恰好のモデル事業となった。多くの建築家が設計競技に参加し、各住棟のリノベーション案を競うことになった。その結果団地は一変することとなる。策定されたマスタープランは団地を含むエリア一帯の再生をもくろむものであり、この団地の新たな適正な人口を従前からほぼ半減させるというものであった。新たな工場を誘致し、鉄道網を再生整備し、高速道路網の再整備などを行うことで地域を一新、団地を再生する。そうすることで安定した人口を確保、住み続けることができる地域社会の再構築が想定された。そしてそれに沿いこの団地再生の計画が実行されたのである。

マスタープランに基づきブロックごと、住棟ごとの再編を計画し、取り壊すもの、縮減するもの、用途を変更するものなどが決定した。基本的には階を減らし住棟ごとの住戸数を減らす、いわゆる減築を行うのである。そして各住棟の計画は一棟ごとに公募の競技設計とされたのである。既存住棟は一律の5階建てである。提案され実施された改修はさまざまなかたちをとるものであり景観、風通し、緑化など住棟ごとにさまざまな提案をされ、その姿を変えることになる。例えばバルコニーを付加するテラスハウスとし庭を用意する、エレベータを付け加えるなど快適性を高める、2戸を1戸とする、1、2階をつなげメゾネット住宅とするものなどである。提案はさまざまな工夫に満ちたものであった。減築は5階建てをなんと平屋にするものまであった。もちろん外壁の断熱性能を高める、窓を新たな複層ガラスのサッシとする高性能化など、居住性能は今日の環境水準と変わらないものへと改修されることになる。昔のままなのは躯体のコンクリートだけである。

私にとっては既存のパネル式コンクリート住宅をさまざまに再構築するため

の工法がここで提案され試みられていることが実に面白かった。改修は新築にない新たな技術を必要とし、新たな部材すら生むのであって決してつまらない仕事ではなくむしろ新鮮な仕事であることに気づかされた。そしてこの国で行われている30年ほどでコンクリートの建築を解体除却することの恐ろしいほどの愚を思い知らされたのである。

10-2 減築の実践——愛農学園農業高等学校本館再生

ライネフェルデをヒントに3階建てのコンクリートの校舎を2階建てに減築した「愛農学園農業高等学校本館再生」という私が携わったプロジェクトがある。日本で「減築」を本格的に行った初期の作品であろう。

きっかけは、知人からプロポーザルに手を挙げてみたらと言われたことだった。要綱を見ると、今の建物の耐震性が不十分で危険なため、木造で同規模のものを提案してほしいということだった。しかし現地に赴くと、それは奥村組が設計施工した築50年ほど、約1500㎡の鉄筋コンクリート造の校舎であり建築デザインとして優れているというものでもなく、鉄製のサッシはさびて膨張し動かないなど、たしかに問題のある建物ではあった。しかしコンクリート造の建物を50年で除却というのは、私の物差しとしてはちょっと違うと思った。ライネフェルデの減築事例を知るものとしてはどうしてもそれが脳裏に浮かぶ。ストックを将来的に長く使えるものにすることこそが、これからの仕事のはずだ。ストックを今の生活、今日の要求に合わせ「今日化」し「適正化」することがこれからの建築家の仕事ではないか。ライネフェルデも時代に合わせて団地を適正化していくというものであり、全部壊してつくり替えるという考えではないと思ったのだ。

言うまでもないことだが建築とは資源の巨大なかたまりである。つくるにも壊すにも巨大なエネルギー、資源が必要である。資源を投入してつくられたコンクリート建築の解体に伴うムダは実に大きい。ライネフェルデの減築の根拠にも少なからずこのことが影響しているだろう。

サステイナブルとはブルントラント委員会により提唱された概念に由来する。サステイナブルディベロップメント＝持続可能な開発とは、実はささやかなものを何とか直しながら長く使い続けるというニュアンスらしい。デュラブル＝耐久性のあるという語とは異なるニュアンスであるという。

私はヨーロッパ諸国での持続可能な社会＝サステイナブルソサエティを指標とするさまざまな21世紀計画＝ミレニアムプロジェクトを見てきた。ライネフェルデもそのひとつであった。これと同じ考え方をこの国のプロジェクトでも

できないかと思っていた。そんな時に愛農学園農業高等学校の本館再生というプロジェクトに出会った。時間を経た建築がよみがえりこれからの建築となり生きていく、ここでそんなプロジェクトをやってみたいと、構造家の友人である山辺豊彦さんに相談し、学校に提出されていたこの建築の耐震診断書を見直すことにした。行われた耐震診断によれば、耐震性の回復は見込めないという結論であった。もちろんこの診断には「減築」のアイデアはない。そこで私たちがさまざまな検討をした結果、3階建て各階500㎡ほどの校舎の最上階1層分の荷重を除去すれば、あとの2層は大丈夫、という結論に至ったのである。3階建ては例えれば3人が肩車をしているようなものだ。上のひとりがいなくなると下のふたりが楽になる。ライネフェルデでの減築という手法を耐震改修として使う。各階500㎡、延床1500㎡ほど、500㎡はなくなるが躯体の1000㎡分は残る。この分は改修すればいい、新たにつくらなくてもよいということになる。外壁は断熱改修する、窓は複層ガラス入りのサッシにする、屋上に遮熱のために屋根を載せOMソーラーシステムを採り入れ空気集熱し暖房と換気を施す、などの手法により建物を再生することを学校に提案することにした。高性能なスペックを施してもコストが合う。躯体分のコストがストックを利用することで必要ないからである。一般に学校建築はそれほ

愛農学園農業高等学校本館の工事前(上)と工事後(下)

ど潤沢でないコストで建設することが求められる。そのため今日の新築においても性能を十分なものにすることが難しい。通常の学校建築は今日でも通常これほどの性能を施すことができていない。愛農のスペックは標準的な学校建築に比べると高い環境性能である。既存改修は実は明らかに優位にある。そして解体した500㎡分は新たに木造建築として新築する、これが我々の提案であった。

ありがたいことに学校は一度決定していた建て替えの方針を変更し我々の提案を受け入れてくださったのであった。繰り返す。既存の建物を全て壊してイチからつくるとなると、壊すコストがかかり、圧倒的な環境負荷が発生する。建て替えに伴うCO_2は実に膨大である。

コンクリートの建築の1階分をカットすることなどできるのか、と思われるかもしれない。これが可能な企業はあちこちにあった。愛農ではダイヤモンドワイヤーソーでコンクリートを切断する業者がごく通常の仕事として切断を引き受けてくれた。ただ、500㎡のコンクリートの建物を水平に切るということは彼らにもあまり前例がなかったようだ。庇だけを取るとか、増築のため邪魔になる部分など、ちょっとだけコンクリートを切るというのが主流とのことであった。ここでは新たなテクノロジーの登場はなく既存の技術で粛々と切

上／カッターで切断され撤去される3階RC躯体の一部
下／切断した柱の柱頭の主筋の定着部

D-2b
D-2c

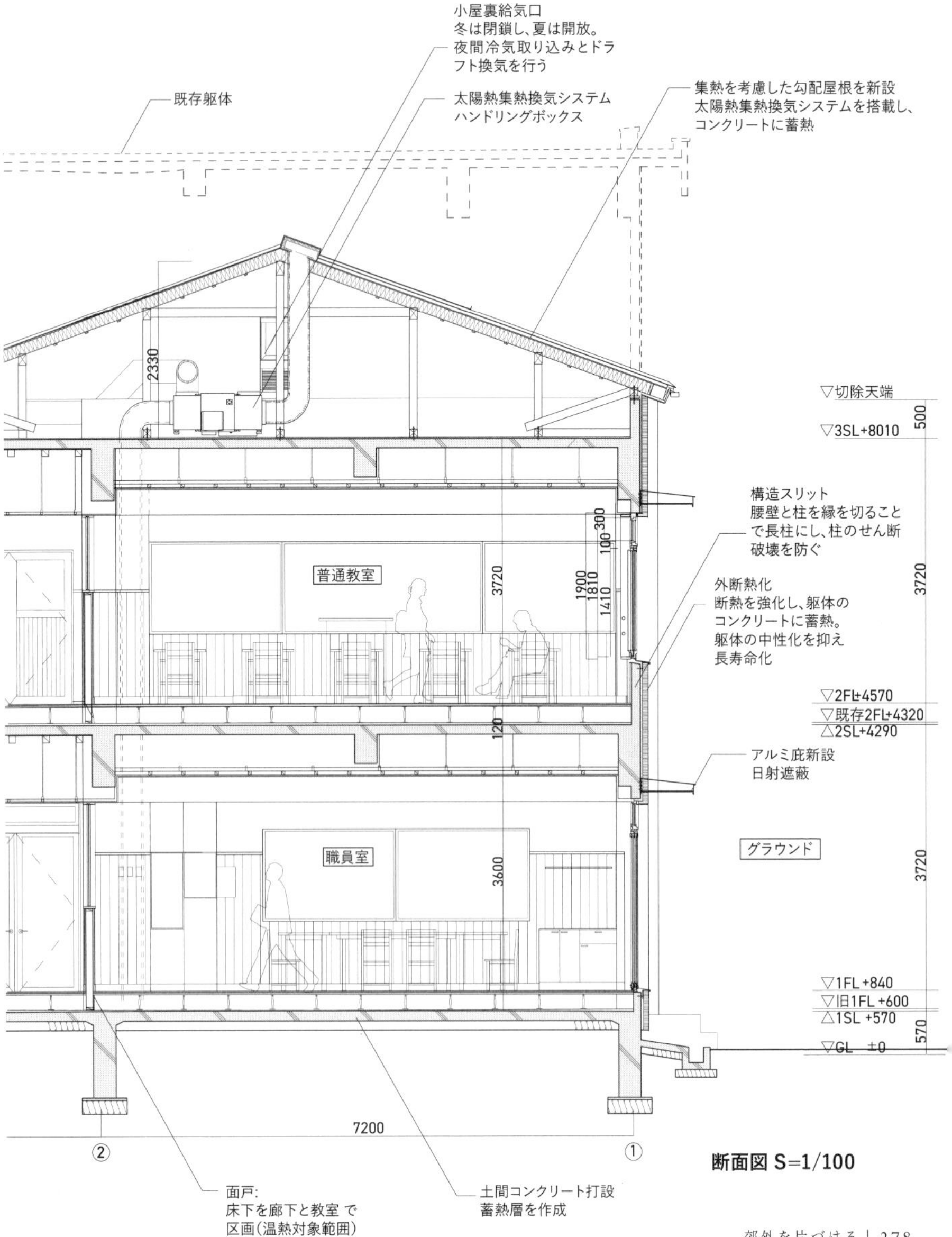
小屋裏給気口
冬は閉鎖し、夏は開放。
夜間冷気取り込みとドラフト換気を行う
既存躯体
太陽熱集熱換気システム
ハンドリングボックス
集熱を考慮した勾配屋根を新設
太陽熱集熱換気システムを搭載し、
コンクリートに蓄熱
▽切除天端
▽3SL+8010
500
2330
構造スリット
腰壁と柱を縁を切ることで長柱にし、柱のせん断破壊を防ぐ
普通教室
3720
300
100
1900
1810
1410
外断熱化
断熱を強化し、躯体のコンクリートに蓄熱。
躯体の中性化を抑え
長寿命化
▽2FL+4570
▽既存2FL+4320
△2SL+4290
120
アルミ庇新設
日射遮蔽
グラウンド
職員室
3600
3720
▽1FL +840
▽旧1FL +600
△1SL +570
▽GL ±0
570
7200
②
①
面戸:
床下を廊下と教室 で
区画(温熱対象範囲)
土間コンクリート打設
蓄熱層を作成

断面図 S=1/100

改修後断面図

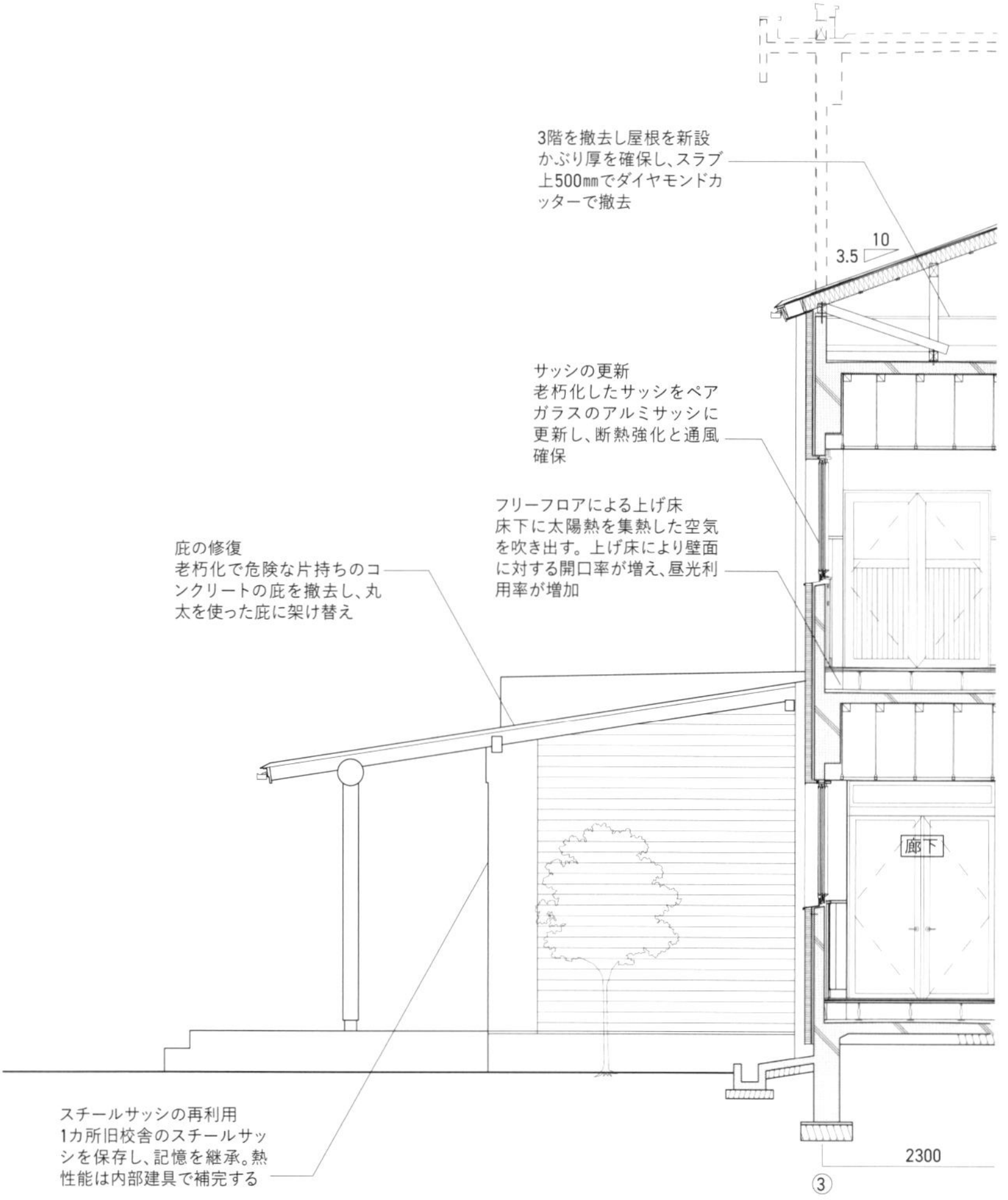
3階を撤去し屋根を新設
かぶり厚を確保し、スラブ上500㎜でダイヤモンドカッターで撤去
3.5
10
サッシの更新
老朽化したサッシをペアガラスのアルミサッシに更新し、断熱強化と通風確保
フリーフロアによる上げ床
床下に太陽熱を集熱した空気を吹き出す。上げ床により壁面に対する開口率が増え、昼光利用率が増加
庇の修復
老朽化で危険な片持ちのコンクリートの庇を撤去し、丸太を使った庇に架け替え
廊下
スチールサッシの再利用
1カ所旧校舎のスチールサッシを保存し、記憶を継承。熱性能は内部建具で補完する
2300
③

断は行われた。この切断という工事はそれを見る立場からは物珍しく面白かった。一番面白そうにしていたのは構造担当の山辺さんだったことも思い出す。既存の技術といってもここには新たな工夫が凝らされている。専門的になるが少しだけ説明したい。例えば柱の主筋の定着をどうするかを考えなくてはならない。定着とはコンクリートと鉄筋がきちんと定められた形で固着されていることを言う。鉄筋は、地震時に周囲のコンクリートから抜けてはならないのである。通常は柱の主筋の頭部を水平に曲げ、梁に長く入れ梁の主筋と重ねるということをする。その長さも定められている。今回のように2階までコンクリート建築を切断してしまうと、柱の主筋の断面が顔を出してしまう。そのままであれば定着していないため、地震などで力がかかったとき主筋がコンクリートと離れ抜けることが考えられる。対策は柱の上部に厚い鉄板を当て主筋と溶接し補強する。仕事は鉄筋の部分のコンクリートを一部とり鉄筋を出す、鉄板にその位置をマークし穴を開ける、そして鉄筋に差し込み溶接するのである。直す、整えるとき、こうした新たな宿題が必ず発生する。新しいアイデアやデザインの答えがないと成立しない。ここで、まだない技術を考える、これがとても面白いのだ。

実は、最も大変だったのは、技術的なことではなかった。それは何か。実は許認可を得ることだったのである。何とか説得し実現することができたが説得は大変な作業であった。昨今日本の生産性の低さが問題とされるがこうした規制が生産性を下げる要因であることを指摘したい。既存の制度ががんじがらめであり、考える主体としての技術者、建築家の自主性を重んじない。つまらない不毛の応答が実にもったいない。作業の時間と労力を大きく損ねる。耐震改修はこういうものとこういうものというメニュー、マニュアルが存在する。国交省から通達されたものである。それ以外のものにはうんと言わない。つまり前例主義、もっと言えば性悪説がある。マニュアル以外はありえない、何か悪いことを企んでいる、そんな姿勢である。性悪説で縛り前例主義でコントロールするのは間違いなく後ろ向きではないか。新しい試み、将来の社会に役立つ仕組み役立つ技術をつくり出すことのすべを否定することにつながる。まったく不毛なことだ。もっと言えば禁忌を犯した時にのみ新たな前例ができ、それが前例になる。誰かが違反することをしたときにのみ初めて前例ができるとすればこんなおかしな国はない、そう思う。今回はマニュアルにはなかったことを何とか説得し通したことによる成果である。実はこの減築による耐震改修は日本建築防災協会主催の耐震改修優秀建築賞という賞をいただいた、審査に来ていただいた耐震建築の権威から高い評価をいただき前例としての意義をお褒めいただいたのだが、私は申請の段階での苦労を思いながらそれを聞いたのであった。

10―3 直すための仕組み

住宅は当然ながら時間を経てあちこち修繕が必要になる。ストックを活用して長く使い続けるためには、壊れたり劣化したりした箇所を定期的に修繕し壊れた部品の交換などが前提となる。

ここで、メンテナンスフリーと言われるものの現況を見直してみよう。通勤の道すがら見るアルミのフェンスは端部のプラスチックが劣化し変色していたり外れたり、場合によっては格子の一部が破損したままになっていたりしないだろうか。アルミニウムはメンテナンスが不要であるといっても副資材として使われているプラスチックは思いのほか短命なのだ。部品を取り寄せて修理しようと考えても多くの場合すでに部品は存在せず、その機種は廃番です、全部交換しましょうというのが普通であろう。そんなことなら木製のフェンスを10年ごとに取り換えるほうがよほど優れている、ということにならないだろうか。こんな例はたくさんある。サイディングは毎年のように柄が変わる、数年前のものはもう廃番であることもある。サイディングのつなぎ目に使用する充填剤、コーキングの寿命は10年ほどではないか、そうであればこの外壁の寿命はサイディングの寿命ではなくコーキングの寿命と考えたほうがいいのかもしれないのである。10年ごとに手入れがいるのであればほかにもさまざまな素材が考えられよう。

そもそも建材は、短期寿命で生産されている。

住宅は建材、資材、機器によって構成され、時に応じて変わる。伝統的住宅のそれはほぼすべて自然素材でできている。極端に言えば建築は長く藁、紙、木材、そして土、石によってつくられてきた。そんな建築であれば廃墟になったとしてもほとんどのものは自然に回帰する。長い間人のつくり出すものはすべてそうであった。ただ当時彼らの家がそうした材料によっていることを彼らが意識したり認識することはもちろんなかったであろう。ごく普通のことであるからだ。ついこの前まで、さまざまな職種の職人が「建材」とは言えない、いわば「素材」を駆使し家をつくることは普通のことであった。私の育った家はそうした家であった。そこに工業化された建材はほぼ見当たらなかった。大工、建具屋、経師屋、左官、畳屋など、彼らがすべてをつくった。施主が支払う工賃は彼ら職人の手間としてのものであった。今日、住宅を構成するそれらすべては住宅建材、住設資材、住設機器メーカーがつくり出すものにそれは置き換わっている。そして私たちも過去の人々のようにそのことを疑わない。それらは例えばサイディング、アルミサッシ、システムキッチン、トイレ、ユニットバス、フローリング、壁紙、ドア、屋根材、樋、果ては押入れセット、階段セット、そしてエアコン、給湯器など設備機器などだ。大工が組み立てる構造体も工場であらかじめ加工され現場にもち込まれる。いわゆるプレカットと呼ばれるものによることが今日大半を占めている。私だけのカスタマイズされた家といってもそれは実はどこにでもあるものによる、どこにでもある不自由なアセンブリーに過ぎないのだ。今日の住宅はまったくさまざまな出来あいの既製品やその組み合わせによるのだ。それ以外を望むと通常驚くほど高価なものになる。

住宅の寿命が短いこととこれら建材、資材、機器の寿命は間違いなく連動している。これらの寿命も実はきわめて短い。いやむしろメーカーにより意図的に短く設定されているのではないかとさえ思う。型式は頻繁に変更され部品の供給は短期に停止される。機器は一定の使用期間を過ぎるとなぜか壊れる。サイディングの柄はすぐに廃番になる。機器の故障による修理は高額である。または交換すべき部品がない。このことにより私たちは結果、すべてを取り換えるという局面にたち至る。その結果時によって住宅そのものを建て替えようか、

［参考］資料①各国の標準的な住宅コスト

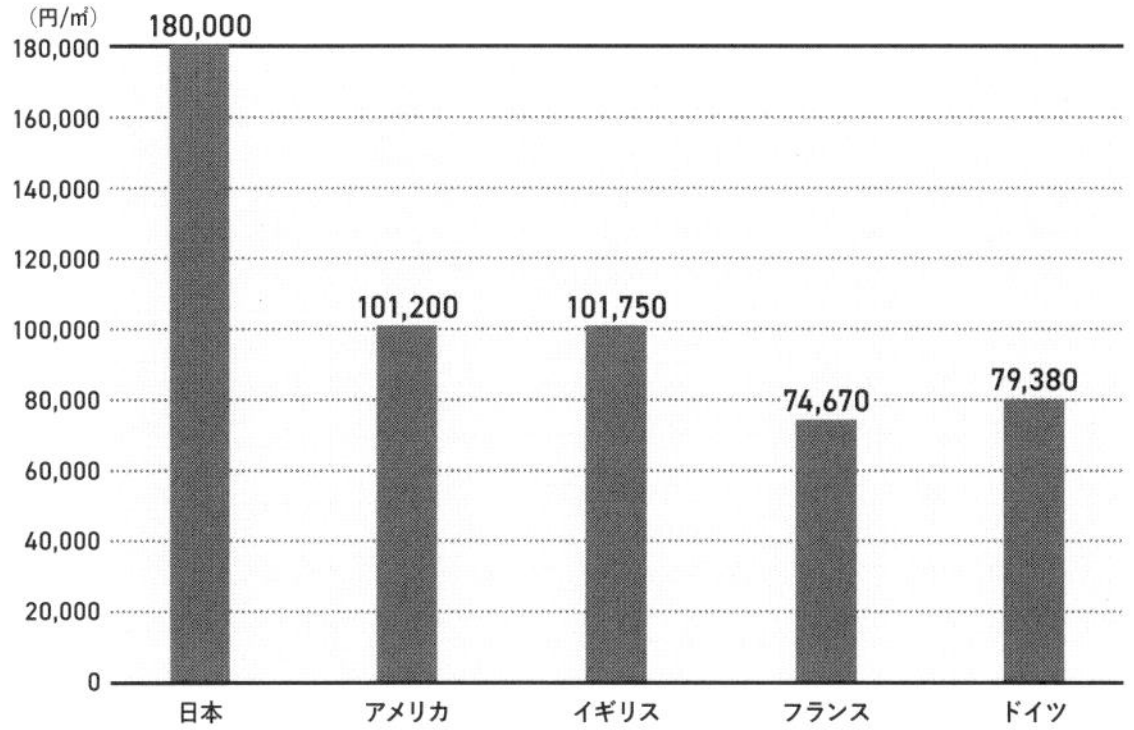

資料②各国の標準的な住宅のコスト（材料費）

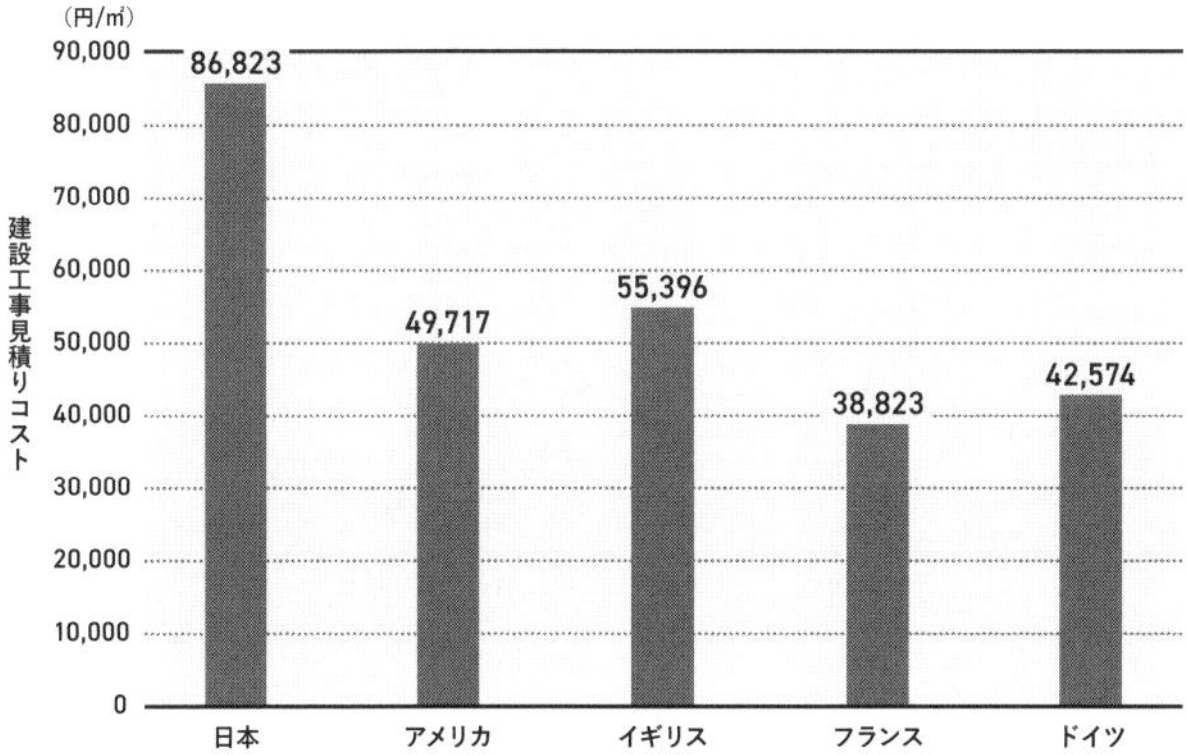

資料③各国の標準的な住宅の材料費

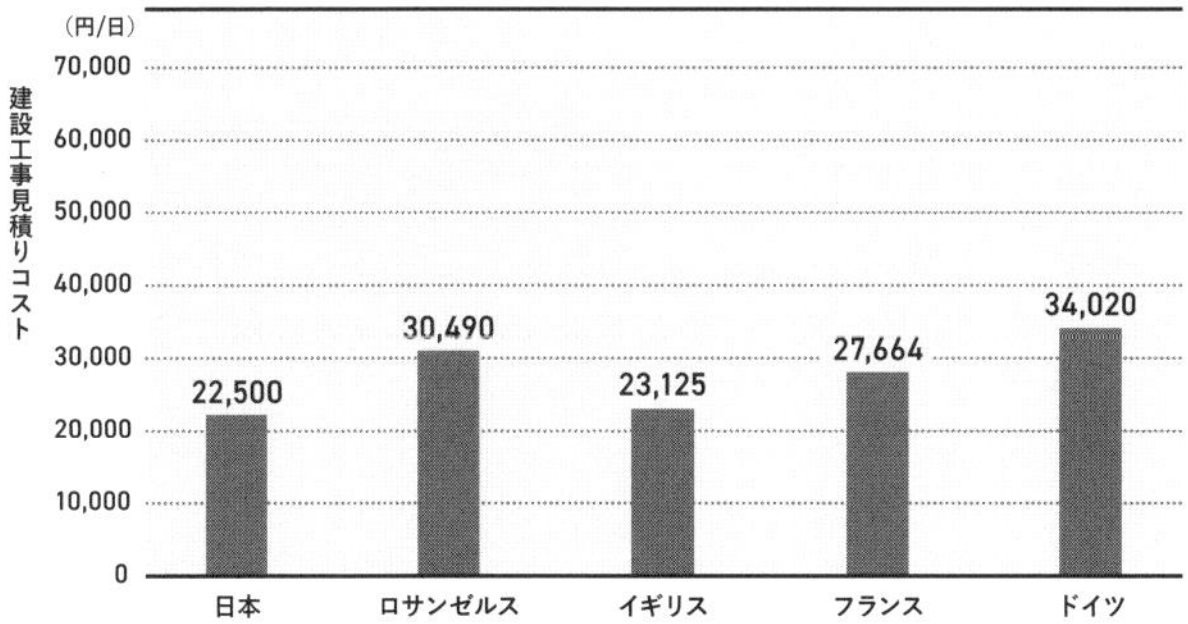

サトウファシリティーズコンサルタンツwebページ「世界の戸建て住宅のコスト事情」※2020年版より作成

ということになるのである。とすれば、この流れは住宅の周辺にうごめくさまざまなメーカーにとり何とも「思う壺」なのではないか［参考］。儲かるのである。そのうえ、日本の住宅の価格は決して安くはない。

私の家は私自身の設計で25年ほど前に竣工している。5章で触れたが当時私は知人の建築家とともに住宅の消費エネルギーのことを考え太陽熱利用を何とか実現したいと考えていた。石油ショックを経てのことだ。自宅のことでありそんな家をつくろうともくろんだ。しかしもちろん建設コストは最小に抑えたい、断熱などの性能はもちろん担保したい、その難問の中で何とかさまざまに知恵を絞った。そんなことを思い出すが、とくに困ったのはサッシ、建具の選定であった。今日に至り幾分の向上が見られるが、四半世紀前のアルミサッシは断面がきわめてデカイものでありしかもシングルガラスが普通であった。アルミはきわめて熱伝導率が高い。気密についてはそこそこ考えても断熱についてはまったく考えていない、そんな代物であったのだ。熟考の結果、私は当時ささやかに並行輸入されていたアメリカの木製建具の採用にたどり着いた。サッシの外側にアルミのカバーがつけられ風雨に耐える性能もある。これはアメリカでごく一般に流通するサッシで、この国で言えばＹＫＫ ＡＰやＬＩＸＩＬに当たるサッシであり、決して高価なものではない。これなら複層

相模原の住宅の木製サッシ

ガラスの空気層の厚みも12㎜と満足できる。木製の枠はもちろんアルミのように熱を通すこともない。竣工後の実際の性能についても満足のいくものであった。ガラス面から寒さを感じることもないし窓際も寒くない。

このサッシについては後日談がある。これをぜひここで話しておきたい。実は我が家のこのアメリカ製の窓、その一部は庇のない壁面につけられているものがあった。当時私は長く突き出た庇を避けモダンに見える家、庇のない家に幾分の憧れをもったのかもしれない。この庇のない部分のサッシの障子（サッシの動く部分を私たちは障子と呼ぶ）の一部に長年の風雨により雨水が侵入、腐ってきたのだ。湿潤で多雨なこの国の建築が長い庇をもつことの重要な意味をこの時思い知ったが、それよりも驚きをもって思い知ったのは、この木製サッシの障子のことである。これは今日でもまったく同じものが簡単に取り寄せられるということを知った時であった。輸入業者はこともなく障子を交換しましょうといった。そのうえ傷んでいないそのほかのサッシの経年により劣化したパッキンなどのパーツの交換も手際よく行ってくれたのであった。考えてみれば25年ほど前にセットしたサッシはそれ以前から商品として存在していたものである。それは少なくともその10年前、ひょっとするとそれ以上20年前、30年前から商品としてあったものかもしれない、そう思っていいだろう。その部品の交換、メンテナンスが今もまったく無理なくできること、そのことを普通のこととしている彼の国の常識、この常識が我々の国の常識といかにかけ離れたものであるか、私はそう思った。

ひるがえって考えると彼の国のユーザーは建材にこのような長期にわたるサービスがなければ烈火のごとく怒るのであろう。怒るのが普通のことなのであろう、そう考える。怒ることが普通のことであり、そうあるべきと考える習慣がそこにあるからであろう。であるからメーカーもそれに備える。そのうえ、半世紀より前のものが実は成熟した性能をもち、今日に至ってもそのまま使用可能なのである。もちろん彼らも次世代に向け別途新たな商品の開発をも手掛けているのだが。彼の国の常識は住宅を長期にわたり使用することを必須なこととする。そしてそのためのサービスがそこにある。

そう考えると、この国の住宅の寿命を決めているのは怒ることをしない私たち消費者が原因であるのかもしれない。短寿命による妙味を享受するのは決して私たちではない。私たち消費者の無自覚な習慣を利用するのは必ずしも金融、法律、不動産など、制度ばかりではない。もちろんハウスメーカーもしかり、住宅生産に関わるさまざまな産業もその妙味を十分に享受しているのではないか。

10−4　残すための仕組み——①求道学舎

東京で最も長持ちしているコンクリート建築をご存じだろうか。一番長く使われている、そして今後も長く使われることが保証されているコンクリート造の集合住宅は「求道学舎」というコーポラティブ住宅だ。コーポラティブ住宅とはコーポラティブの意味する通り、住まいを求める人々が集まり共同で住宅を建設、維持していくという形態で達成された「共」による住宅のひとつのかたちである。もちろんヨーロッパ発祥であろう。

１９２６年に京都大学で教鞭をとった戦前の著名な建築家である武田五一の設計で宗教法人求道会が建てたコンクリート造の学寮を、近角真一が２００６年に改修設計し、定期借地に建つコーポラティブ住宅としたものだ。定期借地権は60年、建設時から考えるとこの建築は少なくとも延べ１４０年の命が保障されていることになる。定期借地権の終了後もここに建ち続け使い続けられることも十分に期待できよう。コーポラティブに応募した住まい手の人々によって、建物は大幅に改修されまったく新しい集合住宅となったのである。このスキームを裏で支えたのも、ソーラータウン府中で「園路」に地役権を設定するという知恵を与えてくれた田村誠邦さんである。

この国でこれまで試みられてきたコーポラティブ住宅の多くは集まって共同

住宅をつくる、ここまでは「共」ではあるのだが金融機関の融資の制限などから建物を共同で所有することができないものがほとんどであったと思う。本来の意味のコーポラティブ住宅であれば住宅の所有そのものを「共」のものとし、所有するのではなく利用するべきである。「共」のものを世代を超えて引き継ぐことを可能としなければならないはずであるが、実際はなかなかそうはなっていない。コーポラティブ住宅として建設されたものの中には住まい手が各自の望みに沿った室内の造作ができることを最大の特徴とし、協働によるストック建設とは異なる様相を見せていたものもあったのである。個人の資金により個人が所有する区分所有を前提にしたいわば分譲マンションのイージーオーダー版とでも言うべき通称「コーポラティブ住宅」であった。これでは本来の「共」とは言いにくいのだ。建設時の工事費等諸費用は民間の分譲マンションとは異なりより透明性の高いものになることは期待できる。しかし個人所有、区分所有が前提であれば一般的な民間分譲住宅と同様、後年必ず継承時の問題が発生することになる。立地によっては相続税の対象にもなろう。あくまでこれは「私」住宅の集積と考えるべきものではないか。求道学舎はそれと異なる。ここでの定期借地権は60年、それを過ぎると借地権は解消する。建物住宅所有者が解体するかまたはそのままであれば土地を所有する求道会のものになるで

定期借地権を利用しコーポラティブ住宅として再生した求道学舎
（写真提供：集工舎建築都市デザイン研究所）

あろう。その場合、この住宅を所有する求道会はその後の居住者を求めてもいいし今までの居住者に引き続き新たな契約のもと住んでもらうことももちろんできるだろう。建築は「金融」ではなくストックとしてあり続けることが可能である。このようなことが可能なのは、特異な例ではあるが所有が宗教法人という「私」ではないもの、「共」のものだからである。

10－5　残すための仕組み──②紀寺の家

奈良の町家、そのひとつひとつはとても小さい。京都の町家に比べ小ぶりだ。国際観光地奈良は思いのほか宿泊客は少ないとも聞く。奈良には泊まらずに観光だけして帰ってしまうという。ここで空き家になった町家数棟を取得し、それらをみごとに改修し一軒貸の宿泊施設として新たな仕事、新たな街並み、新たなにぎわいをつくり出している建築家がいる。藤岡龍介である。宿泊施設は「紀寺の家」という。改修は実に本格的で町家は豊かな空間である。彼自身が一流の伝統木造建築の深い技を身に着けた経歴をもつ建築家である。一軒貸だから安くはない。名門奈良ホテルと同じほどの宿賃であるが、たくさんの顧客があるという。私もお世話になったが実に快適であった。人口縮減の進行するこれ以降の社会の中での成熟の可能性のヒントはこんなところにあるのではな

町屋を改修し宿泊施設となった「紀寺の家」（写真Ⓒ藤岡龍介＋藤岡建築研究室／撮影：喜多 章）

いか。ただここでは問題はないのだが、既存の住宅地の多くでは建築基準法の制約が立ちはだかり住宅以外の利用は制限される。住居専用地域での宿泊などの商業利用は許されない。地域ごとの土地利用を単一にすることの意味はないわけではないかもしれないが、本来地域とはさまざまな人々がさまざまな仕事や生業を営むことで豊かさをつくり出してきたものとも言えよう。既存の法体系や規制が地域社会が活性化するきっかけを妨げている。

10−6 残すための仕組み——③住宅遺産トラスト

私自身が関わるものとして「園田邸」の保全と活用の事例がある。1955年竣工の園田邸保存継承の動きがあった。自由が丘に建つこの家はピアニストの園田高弘さんとその奥様のため、吉村順三が設計したものであった。小さいながら実に気を配った設計の名作である。この住宅を何とか残したい、奥様の願いでもあり相談を受けた私たちは「建築と音楽が響きあう集い」という集まりを数年にわたり開き継承してくれる人を探しながらその可能性を探ることを続けていく。その間の集まりも楽しいものであったし奥様はその間の時間の猶予を下さった。継承は数年の期間を経て成功裏に終わった。新たな継承者が現れ壊されることなく同じ場所でこの住宅は存続することになった。

次世代に継承された吉村順三設計の「園田邸」（写真©齋藤さだむ）

この動きに関わったことは私にとってなかなかない経験であった。住宅を見ることは実は建築家にとってもそうはないことだと再確認したし、実はとても珍しいことであると思った。考えてみればこれほど入りにくい建築物は住宅のほかにない。私物であることの所以だが、そうであるとすれば住宅という建築でどのような試みがなされてきたかを体験し検証することは難しいが、実に重要である。建築家も意外と住宅を知らないとさえ言えるのかもしれない。

園田邸の継承をきっかけに、有志は住宅の継承を手助けするための組織「住宅遺産トラスト」を設立することにした。トラストは一般社団法人である。ここで壊される危機にある住宅を新たな継承者に引き受けてもらい救うという活動を始めることになった。今日までに数棟の住宅が新たな住まい手の手にわたり使い続けていただいているが、この中には将来重要文化財に指定されることを視野に入れることができる住宅までもが含まれる。

戦後たくさんの住宅がつくられ、たくさんの建築家が生まれている。戦後のモダニズム住宅に端を発するこの国の建築文化は、スクラップ・アンド・ビルド、大量生産、大量廃棄が一般的な社会の中の唯一と言っていい成果であるのかもしれない。しかしそのいっぽうで建築を時代の文化として考え、建築を設計しつくり出すことを尊重することを社会が一致して合意し楽しむ熟度には残念ながら程遠いと言えよう。

以下、側聞した話で信頼性は低い、よくできたつくり話なのかもしれないのだが、経団連の会長が会長室に招いた外国の要人に「この建築を設計された建築家はどなたか？」と聞かれたが会長はそれを知らなかった、というジョークがある。質問をした彼の国では、文化としての建築、それを担う建築家そしてその建築家を選び彼に仕事を依頼した自身を誇りと考えられているということだろう。建築後解体され新たにつくられること、この国においてスクラップ・アンド・ビルドはなにも住宅に限らない。時によればものの十数年〜数十年しか経たない超高層ホテルが解体されることも珍しいことではない。寿命は短い。寿命が短いと建築に投じられる投資も少ないものとなりがちである。建築は安直なものにならざるを得ないということである。これもこの時代の宿命であるのであろう。何とかしたい。

10－7　直し、片づけるための人的ネットワーク

いわゆる地方は実は豊かなのではないかと思う。地域に根ざして生きる建築家に会うとそう感じることが多くある。私の知る多くの地域に生きる建築家は自らの仕事に自信があるように見える。時間の過ごし方も都市部に比べ圧倒的

にゆとりがあるようだ。なぜだろう。多くの場合彼らは彼らの仕事が目の前にありその結果を見続けていること、またその建築物などの存在が地域に何らかの影響を与えていることを実感をもって知っていることによるのではないか。クライアントの反応、行政の評価などが身近でありその結果の充実があるのだろう。私はそんな風に思っている。仕事の手ごたえを実感しているのだ。役に立つ、ということほど人が生きることに自信をもつことはないだろう。

同様のことは地域で責任をもち仕事をする工務店の人々にも思う。仕事のかたちが新築から改修などにシフトしていってもこれら建築家や工務店の役割は一向に減じないであろう。建築は一度建てたらそれでいいというものではない。サステイナブル・ソサエティ＝持続可能な社会においては維持管理、手入れの多寡こそが問われることになろう。そうであれば今までメンテナンスフリーと称して放っておいたものにまで手入れが必要ということになりそうだからである。彼らの仕事の取り組みを見ながら、人口の急激な縮減が地方を滅ぼすとの言説は違うなと私は思う。彼らから感じるのは、地域は地域の特徴を底力にしながら特徴を生かし豊かに保持していくに違いないということだ。地域には自らが出向き自らが何らか「共」を引き受けることを厭わない人々の存在が今もある。場合によってはおせっかいなほどそれはあるのではないか。それが地域を豊かなものに整ったものにしているのだろう。その人々の中にもちろん建築家の存在、工務店の存在がある。家をつくることからつながる、まちを片づける・整えることも彼らの仕事であるからだ。

この国のこれからの風景がどのようなものになるのかはもちろん不確定である。未来は本当は予測できない。ただ人口の動態はかなり正確に予測可能であるという。今日の出生数が未来に直接つながるからだ。その意味に限れば未来は予測可能でありこの国の人口縮減は予測不可能な未来ではない。もちろん先行するヨーロッパのように大量の移民を受け入れるなど人工的措置があれば話は別だ。だがそうであるとしてもそれが今より十数年前からその取り組みの必要に気づき大量の人々の流入がすでに始まっていた場合であろう。

今日の1/3の人口、そのイメージは1世紀前の日本であり内村鑑三の時代の風景である。イザベラ・バードが東北を歩き『日本奥地紀行』〔*1〕に記した風景はその15年前の日本の風景である。

大高正人は福島の三春という田園と山々を原風景とする建築家であった。そして焼け跡、廃墟と化した1945年の東京をはじめ各地の都市をもうひとつの原風景とした建築家であった。彼は荒廃した都市を片づけることを役割と

*1――『日本奥地紀行』イザベラ・バード著　高梨健吾訳　平凡社　1880年

する。香川県坂出市で坂出人工土地を建設し、広島市での基町高層アパートをつくる。ふたつの住宅地計画はどちらも住宅地改良事業としての位置づけである。住宅地改良事業とは「不良住宅が密集し保安衛生等に関して危険または有害な状況にある地区において環境の改善を図り健康で文化的な生活を営むに足る住宅の集団的建設を促進すること」を目的とするものであり基町の例で言えば戦後自然発生的に現れたいわゆる原爆スラムを改良「健康で文化的な生活を営むに足る住宅の集団的建設」をもくろむものであった。この時代の誠実な建築家にとり職能としての役割はまさにこのことにあったと言えよう。いっぽうこれらの仕事をしながら大高の単体の建築はほかの多くの建築家の仕事の興味の中心である「都市」にはなじまず、彼ひとりだけがそれから離れているように私には見えた。初期の彼に見られるのは異常なまでの農協に対する期待である。農村風景の中に拠点としての小さな建物をつくる、農地の広がる「建築の無い」風景にぽつんとランドマークとしての屋根をつくる、そんな仕事である。復興する農村地域の拠点、その象徴、それへの夢である。ヨーロッパの村々の風景の中にある教会建築、私にはそんな風景を直接に連想させるものでもあった。

そして晩年に至るまで彼はいくつもの博物館、美術館、ホールなどの公共建築を手掛けるが、それらのほとんどは大きな屋根をもつものになる。実は現代建築は屋根がない。現代建築が拒否した屋根である。大高の建築は一時期ジャーナリスティックな評価の対象からも外れていく。

故郷三春で過ごした中学生時代の夏、丘の上から街道沿いに屋根の連なる家並を飽かず眺めていたと懐かしそうにその記憶を私に話したことがある。農村は彼の奥にある懐かしく忘れることがないものとしてあったのではないか。そしてそれは荒廃する都市とは対極の風景として彼の中にたびたびよみがえるものであったのではないか、私はそう思う。そしてこれから訪れるこの国の穏やかな風景は大高の内にあったものにきわめて近いものになる、そうなってほしいとも思う。

大高が亡くなったのは2010年、3・11の前年の夏であった。三春はフクシマの被災地にきわめて近い。被災地そのものであると考えてもいい。私は彼が3・11を見ることなく亡くなったことに幾分ほっとしたことも思い出す。片づけることの難しさはこのことからもわかる。片づけなくてはならないことがわかっていながらまだ手を付けることをしない、もう少し大丈夫ではないかと思いたい、それがさらに大きな災禍を招く。3・11の津波についても東北大の箕浦幸治さんは発生の20年前に可能性について指摘していたし、具体的に予測していたというではないか。彼自身の地道な考古学的調査によってだ。

郊外住宅地は果たして穏やかで豊かな田園風景に戻るのであろうか。内村鑑三の言う「豊かな小国」は訪れるのであろうか。

座談——「片づける」ことのクリエイティブ

野沢正光×真壁智治×三浦祐成

※2019年1月談

住宅のファスト化が風景を劣化させた

真壁　20世紀後半から21世紀初頭を通観すると、成長型社会から定常型社会への移行期です。成長期に住宅街が郊外へスプロールしますが、人口縮退期に入り定常型社会に移行する中で、住宅街では空き家などが増え衰退期を迎えます。パラダイムシフトする中で、住宅産業の変化は上手くいっていないのではないでしょうか。

本書で野沢さんは「郊外を片づける」と表現していますが、これは住宅産業のあり方を新たな文脈の中で捉え直すことだと思います。これからの持続可能社会に向け、リフォーム市場など産業構造の再編や、郊外の風景を維持するための新たな技術について議論を深めたいと思います。

まず、住宅産業の動向について新建新聞社の三浦さんにお伺いします。

三浦　人口の増減と住宅産業の衰退・活性化はイコールと言えます。

２０００年代、１９７１〜74年生まれのいわゆる団塊ジュニアが30代になり、住宅取得期に入ります。住宅の需要が旺盛になり、住宅着工数は１２０万戸くらいに伸びました。もうひとつのポイントは、１９９０年代初頭にバブルが崩壊し、平均所得が下がるデフレ期でした。そのタイミングで団塊ジュニアが住宅取得期に入ったため、ローコスト住宅が市場化されます。つまり、たくさん住宅が建つ時代にデフレが来て、ローコスト住宅のビジネスが生まれたということです。

その追い風に乗って、タマホームや飯田グループなどパワービルダーといわれる企業が成長します。日本が貧乏になったことと、住宅がローコストになっていったことが重なっています。同時に、工務店をはじめとする住宅産業も変わっていったというのが私の認識です。
当時の文化的キーワードでいうと「ファスト化」。自分たちの身の丈で、自分たちが担える範囲で、コストパフォーマンスが最良のものを「これでいいじゃんと」と選んでいく。服や食がファスト化する中で、住宅もファスト化していったというのが、2000年代だと思っています。

真壁 パラダイムシフトのもうひとつの側面に、環境問題があります。1997年に京都議定書が採択され、CO_2削減のため住宅は長寿命化、ZEHの方向へと転換します。そうした大義とともに、高気密高断熱の閉鎖的な住宅が大量に供給されています。野沢さんは、そのことで住宅の外部環境が悪化していると指摘していますね。

野沢 空き家が増加するいっぽうで、狭小敷地の中で外部に閉じた住宅が供給され続けているということを問題視しています。
そのひとつの要因として、コンピュータ技術の革新があった。技術的に環境シミュレーションができるようになり、エンジニアにとっては、住宅の室内の温熱環境に面白さと可能性が見えたのではないか。高性能住宅の誘導政策もあり、住宅が閉鎖化したとも思っています。その結果、住宅の所有者や設計者も、皿の上にのった料理（建築）に興味はあるけれど、その皿（周辺環境）に興味を持たなくなっていった。
その前提となる法律も、容積率や建蔽率などを満たせば、狭小敷地の中で住宅が閉じていくことを規制せず容認してきたのだと思います。

三浦 成長期に広がったニュータウンと、パワービルダーによる住宅地開発は、まったく違うモデルです。

ニュータウンは、何もないところに分譲住宅をつくるビジネスモデルですが、パワービルダーは、まちの1区画を買って、数区画に分割することで買える値段まで落として販売をする「虫食いモデル」と表現されるモデル。それで、庭がなくてもエアコンがあればどうにかなるという家になってしまい、さらに景観を損なうものになるという指摘がありますよね。

2000年代のもうひとつの大きなトピックは、シックハウス問題です。住宅が産業化し、たくさん建てるために新建材を大量に使うようになります。けれど住宅は高気密なため換気できない。そこで2003年、シックハウス対策に関わる法令が施行されます。

実はこの問題をきっかけに、工務店の読者が多数である「新建ハウジング」の部数もガアッと伸びました。なぜなら、これからは自然素材の木の家とパッシブデザインに立ち返り、外の環境を住宅の中に取り入れよう、これこそが、地域の工務店の生き残る道である、という気運が高まったからです。シックハウスがきっかけで、新建材の密閉住宅から、外に開く住宅をつくろうというアンチテーゼが生まれたわけです。美しく語れば、それがパワービルダーの家との差違になり、地域の工務店が復活していくストーリーになったと思っています。ただ、その揺り戻しは常にありますね。

野沢　コストの問題が大きいのかな。

住宅がファスト化する以前、中産階級の上くらいの住宅市場が一定量ありました。OM住宅など自然素材や自然エネルギーに興味をもつ顧客層は、楽しみとしてのクオリティを求めていて、工務店もそこに対する設計料を要求することができていた。

私たちが木造ドミノ（5章）を手掛けた頃になると、東京都から坪単価50万円と言われるわけです。2010年代は1500万円で住宅をつくる時代に突入しているのではないでしょうか。そうなると低コストの量産住宅にアンチとなる自然素材をつかったハイクオリティの住宅は、もうションボリしてくる。

三浦　バブル崩壊以降、30代の所得は年収で100万円くらい下落傾向が続いています。それくらい落ちると、住宅の建設費は1500万円〜2000万円が相場になる。東京の場合はとくに地価がそれほど下がらなかったから、相対的に建物単価を落とすプロジェクトが必要になったのだと思います。

もうひとつは、いかに工務店がアンチテーゼを掲げても、あるいは建築家が風景を整えようとしても、マジョリティ（大多数）にはならない。日本のマジョリティが求めるものは、ハウスメーカーやパワービルダーによる量産住宅。それはずっと変わらない。工務店の中にも、質より大量供給重視のところが常に存在してきたので、風景問題は一部の人によってしか改善してこなかったのではないでしょうか。

ゼロ円住宅は郊外を元気にするか

野沢　人口縮減時代に郊外がどうなるのかがとても気になるところで、本書執筆のきっかけです。

国木田独歩の『武蔵野』を読み解いた『武蔵野をよむ』（赤坂憲雄著・岩波新書　2018年刊）によると、明治20年頃から郊外は外側に向かってどんどんと広がっていく。私自身、東京の国分寺に育ち、農村がだんだんと郊外住宅地に変わっていく風景を小学校、中学校の頃見て育った経験があります。その印象が大きく、自身が東京郊外の人間であるという認識が拭えない。

定常型社会になり、フィルムの巻き戻しのように人口集中が郊外から都心に向かうとすると、郊外は空虚になっていくしかないという気がします。郊外でも駅周辺はタワーマンションなどが建ち、人口集中があるかもしれませんが、そこから離れたところに建つパワービルダーによる住宅街がどうなってしまうのか。住宅の寿命が20~30年だとすると、2050年に人口が1億人を下回るかどうかという状況になったときにどのような風景が現れるのか。

あと半世紀で人口が8000万人になると言われている時代、郊外の片づけ方を誰が担って、誰が整え、誰がそこを生き生きとした場所にしていくのかということが問われている。もうすでに手を付けなければならないのではないか。

三浦さんが言うようなデフレ以降の経済状況の社会にその余力があるのか。悲観すると、ロンドンの郊外の空き家群のように、バンダリズムによって不法占拠されたり、危険な場所になったりする可能性がないわけではない……。

三浦　私たち団塊ジュニアよりさらに若い世代の住まい方にパラダイムシフトが起こることを期待しています。成長期を知らない世代は、自分たちなりの豊かさや幸せを模索する人が多く、それが多様性につながっていく。その多様性の中で、働き方、お金の稼ぎ方、自己実現に対して私たちの世代とは違うヴィジョンを描くことができるのではないかと。

そこにICTや働き方改革が重なると、郊外の家で働く人も今後増えていくでしょうし、それが豊かだと思うような人が増えていくと思います。

真壁　つまり、住宅環境がより重要な時代になっていくということですね。

三浦　そうですね。

経済の捉え方も変わり、大儲けより、小商いを集積させた年収と生活コストバランスで、自分なりの豊かさを見つけていく。そうしたときに、郊外に住む方が生活コストは安くなる可能性が高い。

都心暮らしは便利だし、タワーマンションや、狭い敷地の中の虫食いの分譲住宅にマジョリティは残るとは思いますが、そうではない、新しい郊外暮らしを若い世代が選ぶ可能性はあると思いますね。

野沢　小商いで郊外暮らしを志向する人が、今後も土地を取得して家を建て住宅ローンを抱えなければならない制度が残ったままだとすると、大きな負担になりますよね。

車を所有する若者が最近は少なくなったと言われていますが、住宅も所有せず、余剰住宅を使うというようになれば、住宅の流通も切り替わらざるを得ないのではないかと思います。

三浦　まさに現在、ゼロ円住宅という問題が起きています。相続税が払えず、無料で引き取ってほしいというものです。それをやりとりするインターネットサイトもあるくらいです。不動産業者としては儲からないから、従来の不動産情報では扱っていなかったけれど、ネットで情報が流れ、そこに建築をくっつけると、商売になるという意味で面白いと思っています。

人口減少が進む郊外や地方で住宅が無料になっていくと、住宅が資産価値であるという概念がなくなります。必然的に、現金化という概念もなくなっていく。いっぽうで、ゼロ円とまではいかなくても、価値が下落すればするほど、家を使う側としては限りなく嬉しい話。所有価値だけを考えるとお先真っ暗ですが、利用価値を考えると郊外もまだ可能性はなくはない。

真壁　利用価値を支えるのは、生活者による見立てや、読み取る力ですよね。

三浦　何が起こせるのかは、まさに見立ての力ですよね。

野沢　活用されるゼロ円住宅はよいと思うのですが、850万戸あるといわれている空き家とか、放置されるものが問題だと思います。風景の話にも関わるし、治安の問題にも関わりますから。

郊外を片づける担い手は誰か

三浦　風景論の話をするのであれば、行政がどこまで担うかという議論が必要です。

手垢のついた話ですが、住宅は個人資産であるとともに社会資本です。でも、日本の行政は責任をとりたいのか、個人資産だとしてきた。ゆえに風景に対する責任も個人にある、と。

野沢　行政とはそういうものだろうと思います。では、その責任をだれが担い、面白いことを起こしていくのか。

本書の226頁で紹介している新狭山ハイツでは、NPOによるユニークなマネジメントがありました。建築家の藤村龍至さんに言わせれば「遠郊外」にある有楽土地が開発した民間の大きめの団地。そこはNPOが運営をしていて、空いているところに集会所をつくってバーにしたり、木工所を共有して自分たちで工作したり、耕作放棄地で農業をしたり、住人が自発的にやっています。民間の開発だからできることかもしれないけれど。そのNPOとは別に空き部屋を買って、シェアハウスにして貸している起業家もいました。

団地全体が健全にメンテナンスされているから、それも可能なのだと思います。

長池公園自然館の管理をするＮＰＯフュージョン長池の初代理事長・富永一夫さんによると、公園と同様に住宅地を経営することは、僕たちでもやればできると言っています。所有はできないけれど、公団所有や、個人所有が集積している郊外住宅地ならば、いわゆる管理型の管理ではなく、運営型の管理が可能だというのが彼の主張です。マネジメントや運営型の管理は、むしろ行政にはできない。

新狭山ハイツの事例をみると、団地全体としては高齢化や空室などの問題を抱えているからこそ、サバイバルというか、健闘をしているのではないか。そういう事例を見ると、民の力を束ねる方にリアリティがあると思います。

管理者というよりは、もう少しフレキシブルな立場の人が意志決定できる仕組みが必要なのかもしれません。行政から見ると指定管理者のようなものかもしれませんが。住宅地経営をするというイメージが出てくると思っています。


三浦　賛成できるところと、そうではないところがあります。

まずポジティブな話をすると、公民連携（ＰＰＰ）など、官が持て余している案件の運営を組織が受託し、官と民が連携しながら、ビジネス化していく仕組みが近年は動き始めています。

住宅とカテゴリーは違いますが、星野リゾートでは、ホテルを所有せずに運営だけを受託するプロデュース事業があります。所有者、運営事業者、さらに利用者にとってもプラスになるモデルだと思います。

そうしたプロデューサー的な役割が住宅街でもあり得るかもしれない。まだ小粒かもしれないけれど、自分の地域をプロデュースしている人が地方では少しずつ生まれてきていると思います。

真壁　どういう業種の人がそこにコミットしやすいのでしょうか。

三浦　工務店と本当は言いたいですが、まずは住宅とコミュニティをブリッジするような人、最終的に地域のコミュニティとビジネスのデザインができる人ではないかと思います。

野沢　ひとりが担うというよりは、連合軍というイメージを私はもっています。地元の住民もその中にいて、発言権や責任を持っていないとならない。関わる建築設計者も、地域に立脚している人がよい。さらに工務店も含めた知的な集団がよいのではないかと思います。

三浦　連合軍であるけれど、秋元康みたいなプロデューサーがひとり必要ですよね。

野沢　日本の各地にそういう場所があるわけだから、秋元康のように全国を束ねるリーダーよりは、地域毎にプロデューサーが必要なのだろうと思いますね。

三浦　そうですね。そういう事例が少しずつ出始めていることはポジティブに受け止めています。

いっぽう、ネガティブな見解としては、地域をマネジメントするという価値観がマジョリティにはまだなり得ていないこと。私たちメディアの責任かもしれませんが、そういう面白い取り組みを取り上げ、情報としては流れるのですが、そうではない団地や住宅をどうするのかはまだわかりません。

普通の住宅、普通の人が、これから人口減少の中でどのように余剰となる住宅を片づけていくのかは、深刻な問題。この問題は、まだだれも解いていないと思います。

真壁　ビジネスとしての可能性が高まるとよいのではないでしょうか。例えば、家の劣化や長寿命化などを見る住宅診断士の資格がありますが、もっとほかの角度から長い目で見た住宅のライフ・プランニングなどを行う業態があってもよい。家をどの段階で修繕を入れるか、あるいは手放せばよいかとか、家を中心として、所有者や関係する人のライフ・プランを提示する業態です。そのネットワークの中に工務店や金融、不動産などの専門家がいるというような。

三浦　地域のマス・プロデュースと、個々の家をどうするか、両方の視点が必要ですね。

　個々の住宅のライフ・プランニングのサポートを一番やりやすいのは、工務店だと思います。実際に、工務店もファイナンシャル・プランナーの資格を社員に取得させたりしていますから。住宅ローンなどお金の将来計画の提案に家を組み込んで、家を売るだけでなく安心な一生を提案しつつ、その中のひとつに家があるという考え方ですね。その家を最終的には処分するのか、あるいは活用するのか、キャッシュ化するのかを提案できる工務店も増えています。

真壁　統計的に、工務店は何世帯に1件あるのでしょうか。

三浦　工務店は全国に約6万社くらいあります。全国の世帯数が約5340万世帯なので、単純に割り算をするとおよそ900戸に1工務店。ただし、実際にビジネスとして成立しているのは1万社といわれています。とはいえ、それくらいの工務店が日本各地に散逸的にある。

　土地と建物で資産になるので、ライフ・プランの提案をしてしかるべきだと思いますが、なぜ、土地活用の問題と建築物の問題をこれまで切り離してきたのかという疑問について、建築家の野沢さんにお伺いしたいです。

野沢　小さな土地でも購入して住宅を建て、個人が住宅を所有するようになったのは戦後の政策です。経済成長、経済活動として住宅取得を煽った。建築家もそれを飯の種にしてきたという側面がありますね。
　戦前は、大きな住宅でも土地は借地だったりしますから、所有することが慣習になったのはたったの数十年前。前の時代とは全然違う戦後の所有の形態が今臨界点を迎えているということだから、今後、ドラスティックに変わる可能性はあるかもしれません。

縮退時代のRE《リ》−DEVELOP《ディベロップ》と創造性

真壁　これから郊外を片づけていくための建築技術や知恵について語りたいと思います。
野沢　家の外壁がサイディングで何がいけないの？　空地が駐車場しかなくてもいいじゃない！　という感覚がマジョリティだとすると、その中でわれわれに何ができるのかという問題ですよね。
　住宅に関して、不動産活用や土地利用というよりは、建築家の主な役割は設計だったし、工務店も建設に興味があった。でも、それでは立ちゆかなくなった状況が、郊外の風景問題のベースとなっていることは間違いない。そうすると、住宅地を継続していく技術や制度を、なんらかの格好で普通のこととせざるを得ない。
三浦　現実的に起きている片づけ的現象として、郊外の住宅を事業者が安く買って、それを４００万円くらいでリフォームして１０００万円後半程度で売るというのがあります。その会社は年商６００億だそうです。
　業態をどう呼ぶかは定着していませんが、このような中古住宅をリフォームして建て売りとして売る事業をしている、中古専門のディベロッパーが散逸的ですが浮上してきています。

野沢　RE-DEVELOPER《リ・ディベロッパー》（笑）。
安く買われた住宅は、もしかするとそのまま放置しておけばゼロ円住宅になるものかもしれないわけですよね。そうだとすると、それらを残すものと片づけるものに選別し、例えば公共的なサービスを付随させたりしながら、経営していくことをリ・ディベロッパーがやれば、その先には可能性がありますよね。

三浦　そうですね。ただ、新築であれ中古であれ、ディベロッパーはあくまでも商売なので、風景よりもとにかく利幅重視になる。そういうところには、先ほどから話に出ている、プロデューサーのような人がいるとよいと思います。

野沢　もともと住んでいる住人にとって、それは重要なテーマだから、まちの人たちが参画していくということもあるのかもしれませんね。
まちの次のかたちを模索しながら、中古住宅など今ある建物をリノベーションしていく。つまりまちとしてリノベーションをしていくことになる。そのときに、建築設計者や工務店がいままでの仕事の領域よりも、もう少し引き受ける領域を広くもつ、広く考えるということが地域社会の中で大切になってくるでしょうね。

縮退のための技術とデザイン

三浦　片づけるための要素技術について言うと、野沢さんがやられている減築は面白い。
北陸などでは、ほぼ減築だけで経営が成り立っているリフォーム専門の工務店が出てきています。見学会をやると行列ができるそうです。

北陸の住宅は大きいので、単純に平屋にしたいというニーズが多いそうです。平屋は今人気で、「住まいの設計」のアンケート調査を見ても3割くらいが平屋に住みたいと。それなら、新築するより減築して平屋にした方が安いということです。そうした片づける技術と、最先端のニーズを組み合わせていくとよいと思いますね。

減築は公共建築のような大きなものにも生かせますから、ひとつの要素技術として今後は絶対的に進化していくと思います。

真壁 減築の場合、住宅ローンは組めますか?

三浦 大丈夫です。今、リノベーションに関するいろいろなローンがありますから。

野沢 毎世代毎世代ローンを組むと、各世代が損をしますからね。

真壁 東京大学（当時）の松村秀一さんが、住宅産業における外国人労働者について研究をしているそうです。つまり、今後、大工職人が減っていく。そうなると伝統的な建築技術が継承できないという問題も出てくるのではないでしょうか。

三浦 本当にその問題は深刻です。減築とかリノベーションよりも、日本では新築の方が強い。その方が技術的に簡単だからです。今、パネル構法などで、簡単に速く新築をつくることができてしまう。

いっとき、大工さんが日本には約90万人いましたが、2030年代には20万人を割り込むと言われています。現段階では減築やリノベと格好よく言われますが、大工さんが本当にいなくなってしまったときに……。

野沢　パネル構法しか残っていない（苦笑）。

三浦　つまり、組み立て工でもできる簡単な構法に標準化されていくということですよね。理想的な片づけ方と、技術者の問題にはギャップが生じることになる。

先ほども言いましたが、郊外の普通の家を現実的に片づける方法論はまだありません。郊外の空き家にスナックを復活させようとか、先端的で面白い話はたくさんありますが、普通の住宅をどうやっていくかというのは、本当に難題だと思っています。

野沢　長期的視野に立った住宅地のリ・ディベロップメントをやってみたいですね。

住宅長寿命化で幸福な継承へ

真壁　野沢さんが各世代でローンを組むと毎世代損をすると言いましたが、例えば3世代でローンを組むとか、戦略的にやるとよいのではないかと思います。

三浦　それは面白いテーマですね。

身も蓋もない話をすると、住宅寿命が短いこと、住まいを重視しないことの根底に居心地がよくないということがあるのではないかと思っています。

ある統計によると、日本人は在宅時間が少なく、レジャーに行く傾向があるそうです。家にお風呂はあるけれど、スーパー銭湯に行く。それは、居心地がよくないからなのか、そもそも家にいることが日本人は嫌いなのかはわかりませんけれど。

野沢　これは持論ですが、居心地の中でも視距離が重要だと思っています。カーテンを開けても気にならない外部をもっているかどうか。家の中以外に視野が届くところがない狭小住宅やマンションだと、外出が増えるのではないかと想像します。

もうひとつ、次世代の人が居心地が悪いと感じる原因があるとすると、最初の施主のためにきちきちにつくって、インフィルが固定しているからだと思います。それでは次に住む人が困ってしまいます。例えば木造ドミノだと箱だから、住む人によって中はどうにでもなりますよと。

真壁　これまで家をつくるときに、3世代で使うことがこの家をハッピーにするし、可能ですよというプロパガンダはないですよね。

三浦　3世代で住むとなると、都心で新築というよりは、郊外に今ある大きな家を生かすというのはない話ではないですよね。

野沢　3世代が同居しているというよりは、同族で継承しなくても、100年くらい継続して、誰かが住んでいるというイメージですよね。

ゼロ円住宅を誰かが改修して住むのも、住宅が継承されているということだから、直しながら住むと2世代目、3世代目のローンの負担は圧倒的に少ないはずですよね。世の中がシュリンクしていく中では、その方が圧倒的に賢い。

地域経営の価値づけ

野沢　行政任せではなく、自分たちで地域経営をやる事例がヨーロッパにはあります。社会の成熟や人口縮減が日本より早かったドイツではシュタットベルケというエネルギー公社があります。電気、ガス、水道などのインフラをもち、受益者負担で地域を経営しています。インフラと住宅は切り離せませんから、日本でも長寿命住宅を政策で進めるのであれば、それ自体を社会化しなければならないと私は思っています。

国内の事例を挙げると、住宅をエネルギーゼロで稼働させるために工夫した西方里見《さとみ》さんの秋田県・能代市の木造公営住宅があります。冬は風が強いので、風力発電を使っています。

そう考えると、どの地域にも自律的にマネジメントできるポテンシャルがあり、そのくらいまで経営の視野が開けると、事業が生まれ得るということですよね。戸建て住宅ひとつを考えて、それがゼロエネルギーになるという話もあるけれど、それだけでは面白くない。

三浦　例えば電鉄が分譲したエリアに、その電鉄会社が音頭をとって「このエリアに住めば電気代がタダになります」とか、エネルギーのレイヤーを被せていくことに今後のリ・ディベロップの可能性はあるかもしれませんね。

真壁　地域集約型の産業になり得ると。

野沢　多摩ニュータウン内には管理組合単位があり、面白くマネジメントされているところと、そうでないところでは、同じ団地内でも住み替えが起こっているそうです。住宅自体は同じようなものだから、管理のクオリティが問われるということです。今後の住宅地は、エネルギーがタダになっているとか、面白くマネジメントされているとか、具体的なベネフィットが問われていくのかもしれませんね。地域経営がすごく大事になってくるのだと思います。

三浦 まち間競争が起こるとすると、人口を減らさないために、特定のエリアだけでも片づけていく、リ・ディベロップしていくというのは、現実的にあり得るかもしれない。

儲けるためにでも、もう新しいディベロッパーや、もしくはかつて分譲開発したディベロッパーがプロデューサーを雇って、地域の人を巻き込みながら…とか。広範囲をやらなくてもよいと思うのですが。

真壁 そういう視点は大学教育にも必要ですよね。例えば地域再生ディレクター養成講座とかね。

野沢 住宅遺産トラストをやっていて思いますが、建築家の知恵は、最終的に嘆いて終わりというところがありますよね（笑）。

やはり、不動産の法令に関する知識とかを持っている人が出てきてくれないと、上手くいかない。不動産領域と社会領域、それから建築、まちの話がつながっていくフィールドをつなげ、信頼できる措置を講じないとなりませんから。

三浦 そういう方向に大学や行政をアジテートしていくということは重要かもしれませんね。

真壁智治

都市・建築プロジェクトプランナー。プランニングオフィス「M・T・VISIONS」主宰。武蔵野美術大学造形学部建築学科卒業。東京藝術大学大学院美術研究科建築専攻修了。都市と建築を広く社会に伝えるプロジェクトに注力し、独自の企画・研究による自著のほか、多くの建築家、研究者に執筆や表現の機会を与える書籍シリーズやウェブマガジンのプロデュースを行う。2021年度日本建築学会文化賞受賞

三浦祐成

新建新聞社代表取締役社長、「新建ハウジング」発行人。新建ハウジング編集長を経て現職。「観察者」の視点から住宅産業の動向、生活者の住まい・暮らしに対するニーズと変化を読み解き、工務店のとるべき道筋を提示する。ポリシーは「変えよう!ニッポンの家づくり」。主な著書にシリーズ「住宅産業大予測」(新建新聞社)がある

郊外を片づける —— 2025年のリアリティ

三浦祐成

この座談の原稿を読み返してみると、郊外をどう「片づける」べきかという絶対的な解には至らなかったものの、いくつかの視点や切り口が提起されていて、そこには私が勝手に「社会派建築家」と呼んでいた野沢さんのスタンスや思想が鮮明に表れていると改めて感じました。

座談はコロナ禍以前に行ったのですが、その後はオフィス回帰の流れもあるいっぽうで、郊外に住みながら完全在宅勤務をする、あるいは週1~2回だけ出社するという柔軟な働き方も大都市圏で定着しました。座談で私が触れていた「郊外の家で働く人が増える」「それを豊かだと感じる人が増える」といったパラダイムシフトが、思いがけずコロナ禍によって現実のものとなったのです。また、インフレや投資需要によって都心の住宅価格が高騰する中、割安感のある郊外居住へのニーズが高まっています。

座談では郊外での小商いの可能性にも触れました。スモールビジネスで起業する人やお店を開業する人は当時より増えていますし、空き家や空き店舗、店舗併用住宅をリノベーションして小商いの場として提供するだけでなく、自らもそこで小商いを手掛ける地域プロデューサー的な若い建築人も増えていて、本書やこの座談で提起した内容は、そうした若い建築人たちにも共感されるように思います。

空き家が無償、もしくはそれに近い価格で取引される「ゼロ円住宅」にも触れていますが、郊外の安価な空き家を安く購入してリノベーションやＤＩＹを行い、セカンドハウス的に利用するケースも増えています。賃貸による収益を狙った投資対象としても人気が定着、立地によってはインバウンド向けの宿泊施設として国内外の投資家が空き家を購入する事例も見られます。まだそんな需要は限定的・選別的ではありますが、空き家活用の可能性が拡大しているのは確かです。

こうしてみると、価値観や社会経済の変化によって様相が変わる郊外は、日本の縮図と言えます。それゆえ、座談当時と比べると、価値観や社会経済の変化により「郊外を片づける」ことの可能性が広がっています。

とはいえ人口減少は加速、それに伴って郊外の過疎化、高齢化、人手不足、さらには防犯やインフラ維持といった課題も深刻化していきます。それらを解決するために（実質的に）移民を受け入れることになれば、新たな郊外居住需要が生まれる可能性はありますが、同時に混乱や対立が深まる懸念もあります。

このように、新しい課題と可能性が常に発生するため、完全に郊外が片づくことは永遠にないのかもしれません。

率直に言えば、当時の私は野沢さん世代の建築人に、郊外という課題を生み出したことへの憤り、その解決を後の世代に押しつけることへの憤りを抱いていました。ですがこの原稿を読み返して、私の世代も、その後の世代もまた日本の縮図である郊外に向き合うべき当事者であることに気付かされました。本書を通じて、そんな世代が郊外に可能性や面白さを見いだし、前向きな視点を持っていただければ幸いです。

２０２５年２月

あとがき

勧められ書き始めて数カ月が経つ。台風接近の休日、数日前からの新聞は「負動産時代」という連続記事シリーズの新たな特集を掲載している。記事は長文で3回にわたりサブリースリスクを取り上げている。最終回に添えられた上空からの写真が痛々しい。広がる農地に建てられた賃貸アパート群である。ここには相続税対策を口実に郊外、農村を舞台に暗躍するサブリース契約を前提としたアパート建設業者がある。記事に取り上げられているのは東証一部上場の大企業である。オーナーにはすでにサブリースで保障されているはずの家賃の値下げを、業者が申し入れてきているという。暗躍の背後には人口減に危機感を持つ自治体の思いがある。市街化調整区域の比較的厳しかった建築制限が２０００年を機に自治体の条例により大幅に緩和することができるように改悪されたことにより、この大手企業の暗躍が可能となったのだと記事にある。

この緩和後も地域の人口減は止まってはいない。アパート需要はない。むしろこれら賃貸アパート建設に伴い行政は上下水道等のインフラ整備に追われているとも書かれている。なにもいいことはない。誰にとってもいいことはない。直接の最大の被害者はオーナーであり、広範な風景は壊滅的に荒廃する。いいことがあるのはサブリース業者だけだ。

私がこの著作で確認したいのは、きわめて原則的な話だが住宅は社会的なものであるということ。これを株主に奉仕することを最大の目的とする株式会社の手に委ねることの矛盾であり、株式会社が仮に住宅供給の主体であったとしてもその社会的責任をきわめて大きなものとして事業に取り組まねばならないということに尽きる。この新聞記事はこの最も〝あざとい〟事例に触れるものであると言えよう。

もうひとつ最新の嘆息を書こう。私の住まいの近傍に時折世話になる総合病院がある。緑豊かな敷地に病棟が建つ。周辺は戦前私鉄の乗客確保のため住宅地開発をもくろんだが成果を上げることができなかったエリアだという。周囲には戸建て住宅が林立している。病院用地は第一種住居地域だ。病院機能を前提にしているため比較的規制が緩い。周辺は第一種低層住居専用地域に隣接する。ここには、一定の規制があり、低層住宅のほかは建てることができない。病院は親企業の業績不振により用地の一部売却を行う。結果ここに11階建て193戸の巨大集合住宅が今まさに現れつつある。このいわゆるマンションの広告の惹句に驚く。「駅徒歩2分にして、この空、この解放感」——第一種低層住宅地域に隣接しているから見晴らしがいいと言うのである。この空はマンションのものではない、戸建て住宅群のもののはずではないか。法の許す合法の最も大きな建築物が背後に迫ることにより見降ろされる戸建て住宅側のことはまったく無視される。「合法であればいい」ではないだろう。

住宅の金融化、それを誘導する法制度（とくに相続税制度）、いつの間にか普通のこととする住宅の個人所有という習慣、それらが本来長期にわたる資産であるはずの住宅のありようを見失わせ、都市、市域、郊外、田園それぞれの計画的ビジョンに基づくコントロールをまったく失わせることとなっているのである。そして急速な人口縮減である。

文中にも書いたことだが、私自身は建築を設計することを仕事とするものであり、社会学者ではない。これまでも気になっていたこの問題についてじっくり考えてみたいと思っていた。戸惑いながら考えたことを正直に申し上げる。どれほど正確な資料に基づき論旨を進めることができたであろうかと。いっぽうで仮に一部の根拠の怪しさについては研究者の指摘を待ちたいとも思う。調べることを続けていては、上梓はいつのことになるのかわからないからだ。

執筆に当たり多くの方々にお目にかかり現場を見せていただきながら改めて貴重な話を伺った。長池公園の運営管理を指定管理者として続けられ今は公園管理のスペシャリストであるNPOフュージョン長池の富永一夫氏、住宅問題や工務店の課題を日々追うジャーナリストである新建新聞社の三浦祐成氏、新狭山ハイツの改革的運営を担い続けるNPO法人グリーンオフィスさやまの毛塚宏氏、盟友であり協働者である相羽建設の迎川利夫氏、不動産コンサルタントとして冷静にしてフェアな見識を持つ友人田村誠邦氏　そして建築家の飯田義彦氏をはじめとする多くの友人達である。また資料の整理などさまざまな作業を担ったのは私の事務所のスタッフであった。とくに岩﨑遊のサポートと最初の読者としての助言に助けられた。お礼申し上げたい。

※登場する所属団体、社名は執筆当時のものです

２０１８年７月　野沢正光

本の消息①

次世代に託すもの

本書は文字通り、建築家野沢正光のラストメッセージとなるものだ。本書入稿を前にして、刊行を見ることなく急逝された。

私と野沢さんとは年齢も近く、ともに歳を重ね老いてきた仲で、いつも身近に感じ合う存在だった。よく二人で建築家の老境・晩節の在り方について語り合えるうちに語り合っておこう、その時になったらもう遅い、とばかりに議論してきていた。言わば残日談義である。

私たちの議論のひとつの帰結は、次世代に何をいかに託せるのか、そして次世代に託せるものをつくっておきたいね、というものだった。これは建築家が老境に立ち至った時に考えなければならない後進・次世代に託すべきテーマを整理し、成果としての指標も示し道筋をつけておこうという言わば覚悟に尽きる。これこそが本質的な建築家の終活で老年期での役割の変転となるべきものではないのか。これは次世代に託したいことの先送りではなく、テーマの継承・発展となるべきものだ。

野沢さんがもっとも心を痛め、先々を案じていた大きな問題は、都市近郊の郊外に際限なく拡張する同じような均一開発プログラムによる戸建住宅群が生み出すジェネリックな光景の行方であった。その光景に未来はあるのか、そこに集まって住む・暮らす豊かさが真に醸成されてゆくのだろうか、果たしてそこに次世代に引き継がれるべき持続可能なものとして良質性が担保されてゆくのだろうか。

過密状態の住宅スプロールの外延ほど、狭小住宅の密集地になっている。郊外地の中心でも虫食い状態で狭小住宅密集化が見られる。ここになんらか手を入れてゆく方策がないものだろうか。最大のミッションは郊外地の居住環境価値の回復を図ることにある。そのために郊外を片づけ・整える道筋を次世代の地域ディレクター、建築家、工務店、住民、行政に伝え、野沢が郊外で試みてきた作業を託していくしかない。そうした野沢の想いや問題意識から書き起こされたものが、本書「郊外を片づける」の骨子になっている。

合理な眼力が拓くもの

野沢正光は合理な眼力に秀でた稀有な建築家であった、と私は思う。一般論として建築家に求められる資質として合理思考が不可欠なものとして挙げられるが、野沢の合理な眼力は、合理性だけでは到底描けない常識・常軌を乗り越えた自由で豊かな成果を生み出す面白さがあり、そこにこそ稀有な建築家の所以が潜むのである。だから議論していても楽しいし、一向に飽きない。そして、合理な眼力が正しいと判断したことはどこまでもトコトン追求しないと済まない気質は、吉村順三や奥村昭雄とも一脈通じるものがあろうか。そうした野沢の熱い資質を、盟友の秋山東一は「健康なエンジニアリングへの希求」と呼んだ。

例えば野沢の発想・成果の内に合理な眼力の一端をいくつも窺うことができる。昨今の安易なスクラップ&ビルドの風潮の裡で、歴史上価値のあるモダニズム住宅が消失してゆくのもその例外ではない。この憂慮すべき事態に、野沢の合理な眼力が黙ってはいない。それが「住宅遺産トラスト」への挑戦であり、モダニズム住宅の文化価値を不動産価値の域まで押し上げた。社会にモダニズム住宅を文化遺産として承認させ、さらにはそれを流通させる。これは並の合理性だけでは叶わない合理な眼力以外の何物でもない。モダニズム住宅を残し、伝えるこの仕組みこそは次世代に継承されなければならない。

「減築」への野沢の試みも見てみよう。「減築」は持続可能化社会への有効な対応策のひとつとして認識されるダウンサイジング手法で、既存建築のボリュームを削減し、CO_2排出量、ランニングコストやライフサイクルコストを軽量にする狙いから「減築」は行われる。しかし、対象の既存建築物のどこをどのように削減したら、どのような軽量効果が得られるのか合理的にはうまく説明がなされていない。それに対して野沢は、解体・新築への安易な道よりも、減築化の検証のためにも減築・改修の道を選択した。これも野沢の合理な眼力によるものだ。

そしてなによりも野沢の合理な眼力が最大に発揮されたプロジェクトは都市近郊での「木造ドミノ」によるまちづくりではなかったか。合理性を体現するスケルトン&インフィルの構造躯体のその先を見据えた、住まい手の豊かな暮らしを引き出す仕掛けをもつプランや工務店と協働した究極のコストパフォーマンスへの挑戦や、敷地全体の中に住民からの同意を取り付けての「コモン」となる路地空間を捻り出したことなどは、いずれも野沢の合理な眼力の賜物であり、評価されるべき成果となるものだ。

本書の端々に、建築家野沢正光の超合理な面白さが埋め込まれているから、見つけ出して楽しく読んでほしい。そして、ぜひとも本書で野沢が次世代に託した郊外を片づける発想と作業に向き合って、当事者意識をもってほしいと思う。なによりも次世代の建築家の仕事の内向きを気づかっていた野沢の願いに応えるためにも。

真壁智治

本の消息②

これまで野沢さんが郊外について公の場で話されることはあまりありませんでした。本書では、野沢さんの広い見識や思考を紐解きながら、なぜ住宅が住宅地を駄目にしているのか、利益追求以外の価値観で住宅・住宅地をデザインできないのかという問いの答えを探りました。推測も混ざりますが、野沢正光建築工房での日々の設計業務と本書の内容がどのように結びついていたのか改めて振り返り、私たちに残された宿題について考えてみたいと思います。

野沢さんは1969年に大学を卒業し、まさに高度経済成長の時に建築家としての仕事をスタートされています。今の時代から見ると、若手の建築家としてはいい時代だったと言えるかもしれません。日本の経済成長とともに進んだ無秩序な都市開発を横目に見ていた者として、今の郊外住宅地の状況は自分たちの世代に責任の一端があると考えていたようです。将来の人口推計のグラフ（55頁）をレクチャーでたびたび使われていました。現在の日本の人口は明治維新以降の経済成長がもたらしたもので、2008年を境に人口が減り、2100年には明治時代と同じくらいの定常状態になることが読み取れます。「今の状態が異常なのだから、正常に戻る将来のことを意識した設計をすべきだ」というのが、いつもの主張でした。

野沢さんは環境建築家と言われることが多かったと思います。今では当たり前になっている持続可能な建築に早くから興味があった建築家のひとりでしたが、近年住宅の高性能化が進む中で、必ずしも性能値が高ければ良いというスタンスではありませんでした。住宅が高気密高断熱化し、都市部では特にエアコン頼みの生活になることで、ますます家の中に閉じ、庭や外部空間はなくてもよいという生活になっています。性能が良いということよりも、豊かに暮らす、周囲と関わりながら生きるということの方が大事でないかという本質的な意味での環境、持続可能性を志向されていました。「住宅遺産トラスト」での活動が代表的ですが、壊して新しくするのではなく、引き継がれてきたもの、既にあるものを最大限使うということも大切にされていました。愛農高校のRC校舎の改修工事や2024年に竣工した全日本海員組合本部会館の改修工事がその代表例です。

1998年に竣工した「いわむらかずお絵本の丘美術館」以降、多くの木造設計を手がけられましたが、地域の材を使い地域の大工の手でつくることができる木造にすることが持続可能性に貢献するという考えがベースにありました。木造ドミノ住宅は、建物の寿命が短くならないよう誰か特定の人のためのデザインにせず、構造的、環境的な裏付けのもと、合理性を追求しています。その木造ドミノ住宅が複数集まってできた「ソーラータウン府中」は、野沢さんの住宅地に対する思想がかたちになったものと言えます。敷地の中央に地役権によってもたらされた園路があり、そこがコモン(共)になっています。各住戸が園路の一部を所有し利益を得ることで主体性と責任が生まれ、公でも私でもない場所として生き生きと使われています。各住戸に園路への関りを等しく促せていることが肝だと、野沢さんは強調されていました。

196~197頁のスケッチは、「ソーラータウン府中は新築ですが、それが既存の住宅地を巻き込んでいくとどのような姿になるのでしょうか?」とお願いして、この本のために描いてもらったものです。一見するとどこがソーラータウン府中かわからない感じで、まち全体が豊かな緑に覆われ、建築が主役でない建築の絵になっています。野沢さんなりの片づけられた郊外のまちの姿なのかもしれません。

野沢さんはあえて多くを語られませんでしたが、まだたくさんやりたいことがあって道半ばで亡くなったはずです。ソーラータウン府中の次の展開も頭の中にはあって、建築を通して世の中に問題提起したいことがもっとあったに違いありません。「建築家である前に良きシチズンたれ。」——建築学生向けのある授業で贈ったメッセージが、今でも時々思い出されます。私たちは、良きシチズンとして前例にとらわれることなく社会のためになる建築・都市をつくるという使命を野沢さんから受け継いだのだと思います。野沢さんが持たれていたような個人の利益や好みを超えた客観的な視点が、これからの豊かで持続可能な社会のための建築や都市のデザインに求められていくのかもしれません。

郊外住宅地に関する本の出版の話を持ち掛けていただきともに考えてくださった真壁智治さん、野沢さんの語り口を残したまま多くの方に届きやすい文章にしてくださった有岡三恵さん、細部までこだわり硬くなりがちな内容を読み進めやすいデザインに落とし込んでくださった岡本健さん、長期にわたり辛抱強くサポートしていただいた今井章博さんには大変お世話になりました。また、図版やデータを集めるのにも多くの方のお力をお借りしました。最後に、野沢さんのメッセージを世に出すことにご尽力いただいた三浦社長をはじめとする新建新聞社の皆様に感謝申し上げます。

野沢正光建築工房　現所員・元所員を代表して　**岩﨑遊**

参考文献

『森林飽和　国土の変貌を考える』　太田猛彦著　ＮＨＫブックス　ＮＨＫ出版　２０１２年刊
国立社会保障・人口問題研究所　日本の将来推計人口（平成29年度推計）死亡中位仮定・出生中位推計
『人口減少時代の土地問題　「所有者不明化」と相続、空き家、制度のゆくえ』　吉原祥子著
中公新書　中央公論新社　２０１７年刊
『荻窪風土記』　井伏鱒二著　新潮社　１９８２年刊
『私鉄郊外の誕生』　片木篤編　柏書房　２０１７年刊
『現代日本ハウジング史１９１４～２００６』　住田昌二著　ミネルヴァ書房　２０１５年刊
『人口減少時代の住宅政策　戦後70年の論点から展望する』
山口幹幸・川崎直宏編　鹿島出版会　２０１５年刊
『新築がお好きですか？　日本における住宅と政治』　砂原庸介著　ミネルヴァ書房　２０１８年刊
映画「人生フルーツ」　監督：伏原健之　製作・配給：東海テレビ放送　２０１６年
『自然の家』　フランク・ロイド・ライト著　富岡義人訳　ちくま学芸文庫　筑摩書房　２０１０年刊
『低炭素経済への道』　諸富徹　浅岡美恵著　岩波新書　岩波書店　２０１０年刊
「ＣＡＳＢＥＥ-戸建（新築）評価マニュアル（２０１９年版）
編集：一般社団法人日本サステナブル建築協会（ＪＳＢＣ）、
企画・発行：一般財団法人建築環境・省エネルギー機構（ＩＢＥＣ）

『ナショナル・トラストの国　イギリスの自然と文化』　藤田治彦著　淡交社　１９９４年刊
東京都都市整備局委託事業「長寿命環境配慮型住宅モデル事業に係わる
省エネルギー・省CO_2削減効果に関する調査研究報告書」２０１６年９月、
首都大学東京（東京都立大学）　都市環境科学研究科　建築学域　須永研究室
『老いる家　崩れる街　住宅過剰社会の末路』　野澤千絵著　講談社現代新書　講談社　２０１６年刊
『イギリスはいかにして持ち家社会となったか：住宅政策の社会学』　スチュアート・ロー著　祐成保志訳
ミネルヴァ書房　２０１７刊
『イギリス住宅政策と非営利組織』　堀田祐三子著　日本経済評論社　２００５年刊
「英国における居住格差の拡大と新たな住宅政策」　漆原弘　「月間　住宅着工統計２００７年12月号」
「住宅の寿命について」　小松幸夫　建築雑誌２００２年10月号
「建築寿命に関する研究～２０１１年における我が国の住宅平均寿命の推計～」　鎌谷直毅　小松幸夫
「海外建設・不動産市場データベース　イギリス」　国土交通省
「家とまちなみ」　第49号　２００４年３月　一般財団法人住宅生産振興財団発行
『後世への最大遺物・デンマルク国の話』　内村鑑三著　岩波書店　２０１１年刊

野沢正光（のざわ・まさみつ）

一級建築士。1944年東京生まれ。東京藝術大学美術学部建築学科卒業、大高建築設計事務所を経て、1974年野沢正光建築工房設立。横浜国立大学工学部建築学科非常勤講師、武蔵野美術大学客員教授などを歴任。2023年逝去。「全日本海員組合本部会館改修」「AQ Group本社屋」「飯能商工会議所」「ソーラータウン府中」「熊本県和水町立三加和小中学校」「愛農学園農業高等学校」「立川市庁舎」「長池公園自然館」「いわむらかずお絵本の丘美術館」「世田谷区立宮坂地区会館」などを設計。主な著書に、「野沢正光の建築」（エクスナレッジ）「パッシブハウスはゼロエネルギー住宅」（農文協）「住宅は骨と皮とマシンからできている」（農文協）「地球と生きる家」（ジェイ・インターナショナル）など。

著者 ―――― 野沢正光
監修・企画構成 ―――― 真壁智治
企画協力 ―――― 岩﨑遊、今井章博
協力 ―――― 野沢正光建築工房
編集協力 ―――― 有岡三恵／Studio SETO
ブックデザイン ―――― 岡本健＋

郊外を片づける
住宅はこのまま滅びるのか

2025年3月20日　初版第一刷発行
発行者 ―――― 三浦祐成
発行所 ―――― 株式会社新建新聞社
東京本社
〒102-0083　東京都千代田区麹町2-3-3 FDC麹町ビル7階
TEL 03-3556-5525
長野本社
〒380-8622　長野県長野市南県町686-8
TEL 026-234-4124
印刷・製本 ―――― TOPPANクロレ株式会社

Printed in Japan　ISBN 978-4-86527-150-8